B 贵州蓝皮书

U0958832

# 普安县经济社会发展报告（2019）

ANNUAL REPORT ON ECONOMIC AND SOCIAL DEVELOPMENT OF PUAN COUNTY OF GUIZHOU(2019)

主 编 / 黄德林

中国社会出版社
国家一级出版社 · 全国百佳图书出版单位

**图书在版编目（CIP）数据**

普安县经济社会发展报告. 2019 / 黄德林主编. —北京：中国社会出版社，2019. 10

ISBN 978 - 7 - 5087 - 6241 - 8

Ⅰ. ①普…　Ⅱ. ①黄…　Ⅲ. ①区域经济发展—研究报告—普安县—2019 ②社会发展—研究报告—普安县—2019　Ⅳ. ①F127. 734

中国版本图书馆 CIP 数据核字（2019）第 246933 号

---

**书　　名**：普安县经济社会发展报告（2019）
**主　　编**：黄德林

---

**出 版 人**：浦善新
**终 审 人**：尤永弘
**责任编辑**：秦　健

---

**出版发行**：中国社会出版社　**邮政编码**：100032
**通联方式**：北京市西城区二龙路甲 33 号
**电　　话**：编辑室：（010）58124864
销售部：（010）58124848
（010）58124842
**网　　址**：www. shcbs. com. cn
shcbs. mca. gov. cn
**经　　销**：各地新华书店

中国社会出版社天猫旗舰店

---

**印刷装订**：北京九州迅驰传媒文化有限公司
**开　　本**：170mm × 240mm　1/16
**印　　张**：15
**字　　数**：200 千字
**版　　次**：2019 年 12 月第 1 版
**印　　次**：2019 年 12 月第 1 次印刷
**定　　价**：36. 00 元

中国社会出版社微信公众号

# 《普安县经济社会发展报告（2019）》
# 编纂领导小组

组　长：吴大华　贵州省社会科学院院长、研究员

　　　　农文海　中共普安县委书记

　　　　龙　强　中共普安县委副书记、县人民政府县长

　　　　张盛琦　普安县人大常委会主任

　　　　孙有林　普安县政协主席

成　员：唐显良　贵州省社会科学院副院长

　　　　郑云跃　贵州省社会科学院副院长、研究员

　　　　李　胜　贵州省社会科学院副院长

　　　　黄　勇　贵州省社会科学院副院长、研究员

　　　　刘启万　中共普安县委副书记、县委党校校长

　　　　吴立社　中共普安县委常委、县委组织部部长

　　　　龚德雄　中共普安县委常委、县委政法委书记

　　　　熊华禹　中共普安县委常委、县人民政府常务副县长

　　　　陈　刚　中共普安县委常委、县纪委书记、县监委代理主任

　　　　罗　立　中共普安县委常委、县委宣传部部长

　　　　姚开元　中共普安县委常委、县人民政府副县长

　　　　潘　伟　中共普安县委常委、县委统战部部长

　　　　刘明江　普安县人民政府副县长

　　　　王　濉　普安县人民政府副县长

　　　　庹锦涛　普安县人民政府副县长

　　　　张维海　普安县人民政府副县长

# 《普安县经济社会发展报告（2019）》编委会



作　者（以文序排列）：
陈玲玲　黄德林　王义飞　杜双燕　李　高
甘正刚　马家丽　张　钧　李玖美　黄琚能
朱正敏　刘　平　李顺红

# 主要编撰者简介

**黄德林** 贵州省社会科学院社会研究所所长、三级研究员，贵州省省管专家，贵州省宣传文化系统“四个一批”人才，贵州社会治理与社会建设研究中心主任，贵州省社会科学院应用社会学重点学科负责人，贵州省社会科学院学科带头人。

主要社会兼职：中国社会学会理事；贵州省社会学学会常务副会长兼秘书长；中共贵州省纪律检查委员会、贵州省监察厅特约研究员；中共贵州省委党校研究生导师；贵州中医药大学硕士生导师。

近五年的主要科研成果：主持并完成国家社会科学基金项目 1 项，主持并完成国家软科学计划项目 1 项，主持并完成贵州省软科学重点项目 3 项、一般项目 3 项，主持并完成贵州省省长资金课题 1 项，主持并完成贵州省政府委托项目《贵州省贯彻执行黔府发〔2013〕6 号文件执行情况评估报告》、贵州省扶贫生态领导小组委托项目《贵州省扶贫生态移民配套政策研究》、《贵州省“十三五”民政事业发展规划》等重大委托项目。其中：《贵州省贯彻执行黔府发〔2013〕6 号文件执行情况评估报告》于 2015 年 1 月 27 日获时任贵州省省长陈敏尔同志的肯定性批示；2013 年主持完成的《贵州省扶贫生态移民配套政策研究》项目，已转化为贵州省 22 家省直厅局文件，2015—2016 年主持完成《贵州省民政事业发展第十三个五年规划》已全文转化为政府文件、主持完成《贵州省养老服务体系建设“十三五”规划》已全文转化为政府文件；2018 年 2 月主持完成的贵州省社科院院级重大课题《贵州新时代农民讲习所研究》成果获贵州省委书记孙志刚、省长谌贻琴、省委常委宣传部长慕德贵、副省长吴强等省领导同时肯定性批示。出版个人学术专著 2 部，分别荣获贵州省第十、第十一次哲学社会科学优秀成果评奖著作类三等奖；编著6部；在《中国社会科学报》《上海师范大学学报》《贵州社会科学》等刊物上发表学术论文50余篇。

# 摘 要

本报告以党的十九大、习近平新时代中国特色社会主义思想和省委十二届历次会议为指导，系统总结了2018年贵州省黔西南布依族苗族自治州普安县经济社会发展取得的成绩和亮点，分析了普安县经济社会发展存在的问题与挑战，预测了2019年普安县经济社会发展方向。报告对普安县经济和社会发展形势及综合评价、茶产业、红色文化资源、长毛兔产业、易地扶贫搬迁、东西部扶贫协作项目、旅游产业、社会治理等方面进行了专题研究。

报告认为，普安县牢记嘱托、感恩奋进，树牢“四个意识”，坚定“四个自信”，坚决做到“两个维护”，坚持新发展理念，坚持稳中求进的工作总基调。2018年是普安县决战脱贫攻坚年、深化改革年、加快城乡建设年、加快民生改善年，也是普安县社会发展取得明显成效的一年。在这一年，深化供给侧结构性改革，守好发展和生态两条底线，全力打好三大攻坚战，在稳增长、促改革、调结构、惠民生、防风险上主动作为，经济运行呈现总体平稳、稳中有进、稳中育新、稳中有为的特点和经济结构不断优化、质量效益稳步提升的态势，2018年普安县社会发展展现了五大亮点，呈现出七大基本发展走势，全县经济社会发展取得显著成效。

报告认为，2019年无论是对全国、贵州省还是普安县来说都是不寻常的一年。2019年是深入学习习近平新时代中国特色社会主义思想的重要一年，是深入开展“不忘初心、牢记使命”主题教育活动的重要一年，是贯彻落实贵州省十三届人大二次会议精神的重要一年，是脱贫摘帽年，也是决胜脱贫攻坚的总攻之年，普安县将继续贯彻省委、省政府和黔西南布依族苗族自治州的各项举措部署，按照中央经济工作会议、全省经济工作会议，十二届县委六次全会部署，坚持稳中求进的工作总基调，继续以脱贫攻坚统揽经济社会发展大局，把握“六稳”总要求，坚定不移走高质量发展之路。2019 年普安县社会发展将随着决战脱贫攻坚战的不断推进、决胜脱贫攻坚基础的不断夯实、民生保障的不断改善、社会治理与社会建设的不断加强，加上国家、省、州等多重战略及政策的延伸，必将产生政策叠加效应，为普安县打赢脱贫攻坚战提供强大支撑，必将以优异的成绩为中华人民共和国 70 周年华诞献礼。

本报告由 11 篇研究报告组成。共分为五个部分，分别是总报告篇、评价篇、理论篇、调研篇和案例篇。

# Abstract

In the guidance of the 19th National Congress of CPC, General secretary Xi Jinping's series speeches spirit and previous Plenary Session of the CPC Guizhou provincial party committee of the twelfth, this report has systematically summed up the new bright points of economic and social development of Pu'an County of Guizhou Province and scientifically studied the main economic and social development problems of Pu'an County in 2018. and predicts the economic and social development direction of Pu'an County in 2019. It also makes special studies on the analysis and forecast of the economic and social development situation of Pu'an County, tea industry, red cultural resources, long - hair - rabbit industry, relocation program for poverty alleviation, poverty alleviation cooperation between the East and the West, tourist industry and social governance in this report.

The report indicates that it keeps the entrustment in mind and be grateful and strive, maintains political integrity, think in big - picture terms, follow the leadership core, and keep in alignment with confidence in the path, theory, system, and culture of socialism with Chinese characteristics of Pu'an county. Adhering to the principle of "two maintenance" with the new development concept and the general principle of seeking progress in stability for Pu'an county, it is a year for decisive battle against poverty alleviation, deepening reform, accelerating urban and rural construction, and accelerating people's livelihood improvement, and also a year in which social development has achieved remarkable results for Pu'an County of 2018. In this year, it deepens supply - side structural reform, adheres to the two bottom lines of development and ecology, fight three major battles with all strength, takes the initiative in stabilizing growth, promoting reform, adjusting structure, benefiting people's livelihood and preventing risks. The economic operation is characterized by overall stability, steady progress and development, steady improvement of quality and efficiency of economic structure, it continues to optimize economic structure in 2018. The social development of Pu'an County shows five highlights and seven basic development trends, and the economic and social development of the county has achieved remarkable results.

According to the report, it was an unusual year for Pu'an County, Guizhou Province and China in 2019. It was also an important year for studying Xi Jinping Thought on Socialism with Chinese Characteristics for a New Era, an important year for launching a campaign on the theme of "staying true to our founding mission", and for implementing the spirit of the two session of the Thirteen National People's Congress of Guizhou Province, and an important year for the decisive struggle against poverty. It will continue to implement the various measures and arrangements of the provincial and State Party committee and government, in accordance with the central and provincial economic work conference and the Sixth Plenary Session of the 12th county Party committee by Pu'an county. It also firmly adheres to the general tone of seeking progress in stability, continues to grasp the overall situation of economic and social development through poverty alleviation, grasp the general requirements of "six stability" and unswervingly follow the road of high – quality development of Pu'an county. It is predicted that it will continue to advance with the decisive battle of poverty alleviation, the foundation of decisive battle of poverty alleviation, the improvement of people's livelihood security, the continuous strengthening of social governance and social construction in social development areas of Pu'an county in 2019, as well as the extension of multiple national, provincial and state strategies and policies, which will produce policy superposition effect and provide strong support for decisive battle of poverty alleviation of Pu'an county. It will present its excellent achievements to the 70th birthday of the people's Republic of China for Pu'an county.

Made up of 11 research reports, this report is divided into 5 parts that are general report, evaluation section, theory section, investigation & research and case study respectively.

# 目　录

## 总报告篇



## 评价篇



## 理论篇



## 调研篇

## 案例篇

# CONTENTS

## General Report



## Evaluation



## Theory



## Investigation & Research

## Case Study

# 总报告篇

# B.1 2018—2019年普安县经济发展形势分析与预测

陈玲玲[①]

**摘要：** 普安县隶属贵州省黔西南布依族苗族自治州，2018年面对我国和贵州省经济下行压力加大的外部环境，普安县坚持稳中求进的工作总基调，深化供给侧结构性改革，全力打好三大攻坚战，统筹推进稳增长、促改革、调结构、惠民生、防风险各项工作，经济运行呈现总体平稳、稳中有进、稳中育新、稳中有为的特点和经济结构不断优化、质量效益稳步提升的态势，成为贵州省一个极具发展潜力和活力的县。报告总结了2018年度贵州省普安县经济发展形势，分析了普安县经济发展中存在的若干问题及其原因，在此基础上进行合理的预测分析并提出对策建议，为普安县脱贫攻坚与全国同步小康提供理论支撑与智力支持，助推普安县在黔西南布依族苗族自治州乃至贵州省经济发展中作出更多更大的贡献。

**关键词：** 普安县　经济发展　分析预测

2018年是实现“十三五”规划承前启后的关键一年，也是打赢脱贫攻坚战的关键之年，面对复杂多变的外部环境和艰巨繁重的脱贫攻坚任务，普安县抓住机遇，勇挑重担、攻坚克难，全县上下深入贯彻新发展理念，以脱贫攻坚统揽经济社会发展大局，牢牢守住发展和生态两条底线，坚持稳中求进的工作总基调，深入推进供给侧结构性改革，实施了一系列稳增

---

① 陈玲玲，贵州省社会科学院社会研究所助理研究员。

备注：本报告中2018年数据均来自国家、贵州省、黔西南布依族苗族自治州和普安县2018年统计公报、统计月报、政府工作报告，文中不再一一标明。

长、调结构、促改革、惠民生、防风险工作举措，开创了全县经济稳中有进、稳中向好、稳中提质的良好局面，为2019年脱贫攻坚总攻之年各项目标的实现打下了坚实基础。

## 一、2018年普安县经济发展形势分析

2018年以来，受国际国内宏观经济环境复杂多变、政治形势错综复杂的影响，我国经济GDP同比增长达到6.6%，圆满完成预期增长目标，但经济下行压力依然较大。从贵州省的情况看，受外部经济环境的变化以及增长方式的转型影响，2018年全省经济增速为9.1%，进入个位数运行区间，位列全国第二，经济从高速发展向高质量发展转变，发展的韧性、包容性、协调性不断增强。从黔西南布依族苗族自治州的情况看，2018年黔西南布依族苗族自治州地区生产总值依然保持着12.0%的高位增长，与此同时，脱贫攻坚、生态环境保护、风险防控的压力加大，经济发展的不确定性因素增加。从普安县的情况看，2018年以来，普安县克服宏观经济下行影响，经济继续保持平稳较快的增长势头，支持经济迈向高质量发展的有利因素不断累积。

### （一）经济持续稳定快速增长，综合经济实力进一步增强

2018年度，普安县国民经济实现持续稳定快速增长，综合经济实力进一步增强。全县地区生产总值完成89.35亿元，超额完成目标任务，为计划的100.4%，同比增长12.1%，增速高于全州平均水平0.1个百分点，高于全省3.0个百分点，排全州第6位。

从经济规模占比看，全县地区生产总值占全州地区生产总值的比例达7.378%，比上年同期提高了1.034个百分点；占全省地区生产总值的0.6024%，比上年同期提高0.0796个百分点。从人均经济规模看，2018年，全县人均地区生产总值达到34936元，全州排名第5位，位次比上年提高1位。经济发展的群众满意度为84.8%，经济发展综合测评在全省县域经济第二方阵中排第10位，比2017年上升2位。

从三次产业来看，第一产业增加值19.39亿元，同比增长7.0%，增

速同比提高 0.7 个百分点，高于全州和全省平均水平 0.1 个百分点，发展势头良好；第二产业增加值 35.21 亿元，同比增长 11.6%，增速同比下降 0.7 个百分点，发展动力有所减弱，但增速高于全州平均水平 0.1 个百分点，高于全省 2.1 个百分点；第三产业增加值 34.75 亿元，同比增长 15.3%，增速同比下降 3.3 个百分点，增速高于全州平均水平 1 个百分点，高于全省平均水平 5.8 个百分点，第三产业中现代服务业产业发展空间较大，发展潜力仍有待挖掘。

从经济结构上看，普安县第一、第二、第三产业占地区生产总值的比重为 21.7∶39.41∶38.89，三次产业结构为 22∶39∶39。相比较 2014 年，第二产业占比有所下降，第三产业占比有所提升，与第二产业占比十分接近。从图 1 可以看出，2014 年以来，第三产业占地区生产总值的比重不断增加，表明经济增长主要由依靠第二产业拉动转变为依靠第二、第三产业联合拉动，进而实现三次产业结构优化，协调发展。

**表 1　2014—2018 年县、州、省地区生产总值与三次产业增加值及其增速比较**

单元：亿元，元，%

| 区域 | 项目 | 2014 年 | 2015 年 | 2016 年 | 2017 年 | 2018 年 |
|---|---|---|---|---|---|---|
| 普安县 | 地区生产总值（增长率） | 50.45（15.9） | 60.10（13.5） | 70.93（14.3） | 81.94（13.3） | 89.35（12.1） |
| | 第一产业增加值（增长率） | 8.67（7.2） | 14.45（6.2） | 16.77（6.7） | 18.42（6.3） | 19.39（7.0） |
| | 第二产业增加值（增长率） | 23.27（17.2） | 25.30（13.6） | 27.81（13.5） | 32.08（12.3） | 35.21（11.6） |
| | 第三产业增加值（增长率） | 18.51（17.3） | 20.35（15.9） | 26.35（20.3） | 31.45（18.6） | 34.75（15.3） |
| | 人均生产总值（增长率） | 19703（17.67） | 23386（17.4） | 27653（14.5） | 32040（15.9） | 34936（—） |

续表

| 区域 | 项目 | 2014 年 | 2015 年 | 2016 年 | 2017 年 | 2018 年 |
|---|---|---|---|---|---|---|
| 黔西南布依族苗族自治州 | 地区生产总值（增长率） | 670.96（14.6） | 801.65（13.6） | 929.14（13.3） | 1016.7（12.5） | 1163.75（12.0） |
| | 第一产业增加值（增长率） | 113.42（6.6） | 168.3（6.5） | 188.84（6.2） | 204.08（6.6） | 212.92（18.3） |
| | 第二产业增加值（增长率） | 240.55（16） | 273.29（13.5） | 298.31（12.3） | 340.68（10.7） | 375.80（11.5） |
| | 第三产业增加值（增长率） | 316.99（15.6） | 360.06（15.6） | 441.99（17.2） | 522.84（16.2） | 575.05（14.3） |
| | 人均生产总值（增长率） | 23821（14.6） | 23464（13.6） | 32833（12.8） | 37471（11.8） | 40608（11.4） |
| 贵州省 | 地区生产总值（增长率） | 9251.01（10.8） | 10502.56（10.7） | 11734.43（10.5） | 13540.83（10.2） | 14806.45（9.1） |
| | 第一产业增加值（增长率） | 1275.45（6.6） | 1640.62（6.5） | 1846.54（6.0） | 2020.78（6.7） | 2159.51（6.9） |
| | 第二产业增加值（增长率） | 3847.06（12.3） | 4146.94（11.4） | 4636.74（11.1） | 5439.63（10.1） | 5755.54（9.5） |
| | 第三产业增加值（增长率） | 4128.5（10.4） | 4715（11.1） | 5251.15（11.5） | 6080.42（11.5） | 6891.37（9.5） |
| | 人均生产总值（增长率） | 26393（10.4） | 29847（12.7） | 33127（9.8） | 37956（9.4） | 41244（—） |

资料来源：省、州数据来源于2014年以来《贵州省统计月报》；普安县数据来源于2014年以来普安县《领导干部统计手册》。

注：“—”表示暂无数据。

### （二）农业经济增长平稳，生产运行总体良好

2018年，普安县深入贯彻落实“振兴农村经济的深刻产业革命”，从思想观念、生产方式、市场培育、基层组织、工作作风等多方面推进农业产业结构战略性调整，积极探索适合县域实际的发展道路，在农业发展上充分挖掘特色、培育特色、壮大特色，农业经济保持较快增长态势，为全县经济发展注入了强大动能。2018年，全县完成农林牧渔业增加值20.29

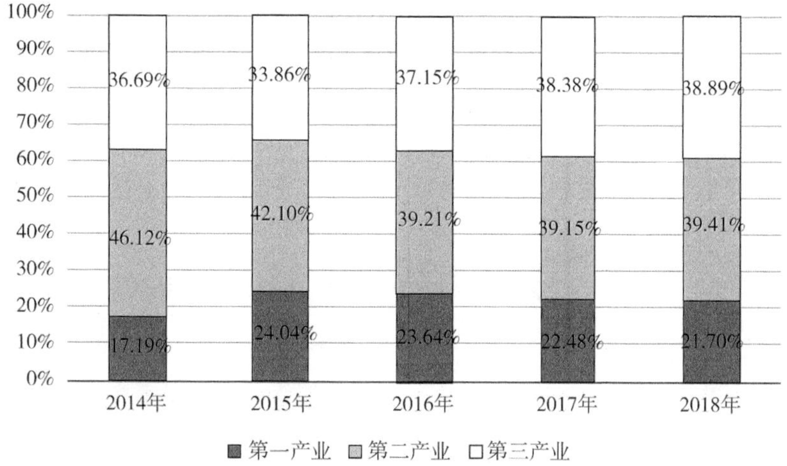


**图1　普安县2014—2018年三次产业增加值占地区生产总值比重**

资料来源：2014年以来普安县《领导干部统计手册》以及2018年12月《普安县经济月报》。

亿元，同比增长7.0%，增速高于全省0.2个百分点，其中畜牧业增加值占农林牧渔业增加值的比重为23.4%。

在农业发展上，普安县着力改变农民传统的种植模式，革除小农经济落后的思想意识，帮助农民树立现代市场经济理念。2018年，全县完成低效籽粒玉米替代作物种植9.07万亩，占玉米调减任务总数的117.22%，全州占位第三名；完成蔬菜种植10.3万亩，精品水果种植4.45万亩，中药材种植0.92万亩，经济作物比重达60%以上。创新农业产业化发展模式，推广“公司+合作社+农户”的模式，重点建设的农业产业项目有草地生态畜牧业、长毛兔、薄壳核桃、芭蕉芋、茶叶等。通过强龙头、创品牌、带农户，广泛开展“三品一标”认证，2018年完成“三品一标”产地认证10家企业共80344.5亩。深化创新“1+5”“8统一”产业发展模式，全力打造“普安红”全产业链、全利益链发展，形成企业主导、茶农参与、政府监管的利益共同体，引领茶产业转型升级。2018年，全县新建农业专业合作社134家，新植茶园4.4万亩，实现干茶产量7150万吨；建成“白叶一号”感恩茶园2000亩；采取公司“五提供、一保底”，政府“四补助”的方式，新建长毛兔养殖小区178个，实现所有村（社区）全覆盖；大力推动农特产品触网销售，稳步推进农商联动示范县项目建设，开办电商企业 32 家，新建农村淘宝服务站 19 个，完成电子商务交易额 6500 万元，各类农特产品网络零售额 1121.39 万元。2018 年以来，农产品加工转化率为 42%。

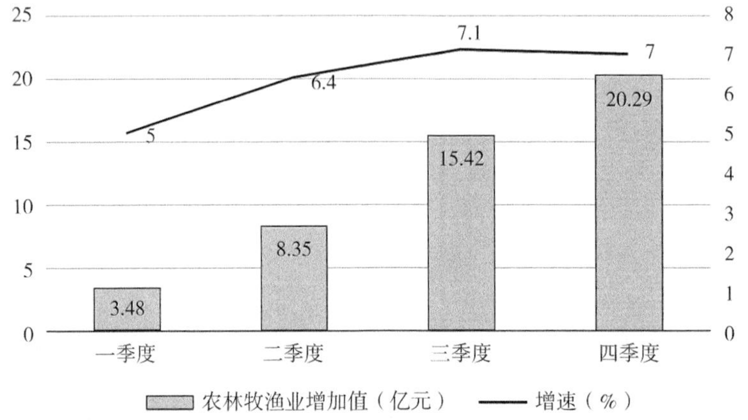


**图 2　普安县 2018 年一至四季度农林牧渔业增加值及增速**

资料来源：2018 年 3 月、6 月、9 月、12 月《普安县经济月报》。

## （三）工业经济运行平稳，增速企稳回升

2018 年，面对外部环境不确定性增加和经济转型任务艰巨的现实，普安县积极应对，主动适应新常态，积极贯彻新发展理念，加快推进供给侧结构性改革，走新型工业发展道路，全面实施工业强县战略，突出工业"主引擎"，全县工业经济平稳增长。2018 年实现 2000 万元以上规模工业总产值 52.67 亿元，同比增长 9.0%。完成 2000 万元以上规模工业增加值 26.86 亿元，同比增长 11.3%，排全州第 3 位，增速低于全州 0.1 个百分点，高于全省 2.3 个百分点。从主要工业产品产量看，2018 年煤炭产量 378.9 万吨，同比增长 12%；电力生产产量 44095.4 万千瓦时，同比增长 110.4%；白酒产量 6969.8 千升，同比增长 32.4%；精致茶产量 1915.6 吨，同比增长 77.9%；商品混凝土产量 101.9 万立方米，同比增长 101.9%；中药饮片 29.9 万吨，增速同比下降 92.6%。完成工业投资

32.83亿元，实现规模以上工业总产值51.5亿元。从经济类型来看，2018年1—12月，轻工业总产值13.99亿元，同比增长16.3%；重工业总产值38.68亿元，同比增长6.6%。国有企业总产值1381万元，同比增长10.6%，股份制企业总产值44.38亿元，同比增长6.7%；其他企业总产值7.17亿元，同比增长13.2%，其中国有控股企业总产值3.28亿元，增速同比下降36.7%。2018年以来，规模以上工业企业产品销售率为99.2%，比上年同期增长了2.2%。

2018年，普安县继续实施“三去一降一补”，坚持生态保护优先，推动需求结构不断优化，促进工业高质量发展。在去产能方面，对高耗能产品进行改造升级，积累推动煤矿“五化”进程，完成6对煤矿智能化升级改造，8对煤矿实现综采，10对煤矿实现综掘，关闭天普等5对煤矿，合理化解产能90万吨，煤炭过站量167万吨（其中：原煤过站量137.04万吨，洗选煤过站量29.97万吨），完成县下达150万吨任务的113%。按照“一个园区、一个主导产业、一个行业领军型企业、一条完整产业链条”的原则，全县工业园区发展迅速，2018年完成工业园区投资13.12亿元，新增入园企业7家，实现总产值45.5亿元。中电（普安）电厂一期项目实现投产发电，助推全州电力装机突破1000万千瓦。完成工业企业入库10户，占年度任务8户的125%。滚动实施“双千工程”，完成11户企业改造，引进省外项目11个，合同投资总额53.42亿元。完成新兴产业产值2.99亿元，占年度任务1.5亿元的199%。

### （四）服务业发展迅速，对经济增长的贡献率进一步增大

2018年普安县新增入库服务业企业4家，其中非营利性企业1家，营利性企业3家，排全州第2位，增速133.1%，排全州第3位，完成营利性企业收入总量2677.1万元，排全州第8位，服务业发展向前进位。深入推进“旅游+”产业发展，推进农业园区与旅游、康养等现代服务业融合发展，推进农旅结合与“互联网+”融合，打造普晴拓展区（东城区）一二三产融合发展示范区。以“奇行圣境·茶源普安”为理念，全面实施《普安县全域旅游发展规划》，坚持“科学规划设计、分类分步实施”的原则，

2018 年主要完成了自行车主题公园、神农祠等旅游项目的建设，完善了世界茶源谷景区旅游配套设施，打造了马家坪古茶树保护区、茶马古道等旅游景点并推出了“奇行圣境、溯源朝圣、古道探秘、健康养生”等观光线路。成功举办黔西南布依族苗族自治州第四届旅游产业发展大会及中国山地自行车公开赛等赛事及系列活动。2018 年全年接待游客 148.2 万人次，增长 58.6%，旅游收入 11.1 亿元，增长 56.3%，旅游产业实现“井喷式”增长。

## （五）固定资产投资较快增长，大批重点工程项目加快建设

2018 年以来，普安县积极推进交通、电力、脱贫攻坚、易地搬迁、旅游发展、农业产业项目工程建设，一大批基础设施、民生工程、产业发展重点建设项目加快推进或建设完成，固定资产投资保持平稳较快增长。2018 年全县完成固定资产投资（500 万元统计口径）87.72 亿元，增长 20.5%，增速同比下降 2.1 个百分点，增速排全州第 2 位，增速高于全州 1.7 个百分点，高于全省 4.7 个百分点，位次比 2017 年提升了 5 位。其中，产业投资占比为 30.8%。5000 万元以上新增项目入库 85 个，完成任务数 66 个的 128.8%，排全州第 3 位；新增入库资金 111.91 亿元，完成任务数 89 亿元的 125.8%，排全州第 5 位；入库通过率 95.51%，排全州第 1 位。完成工业投资 32.83 亿元，占年度任务 30 亿元的 109%，完成技改投资 8.8 亿元。

2018 年，建成“组组通”公路 172.9 千米，完成普兴一级公路项目前期工作，省道 216 龙吟至普安段提等升级工程全面建成投用，重建修复灾毁、水毁公路 129.48 千米，累计建成通村同组路网覆盖项目 900 千米。完成水利固定资产投资 6.8 亿元，五嘎充水库大坝实现封顶，大洼、荒田、三岔河、白水等水库工程建设有序推进；县城管水网正式贯通，甲金水库实现向县城供水。完成 20 个农村安全饮水工程、48 个农网改造升级项目，建成易地扶贫搬迁安置住房 4163 套，完成旧房拆除复垦复绿 1226 套。完成古镇一条街房屋修复与保护工程，投入 1.05 亿元完成龙吟州级示范小城镇移民主体工程、生活垃圾转运站、污水处理厂等项目建设。固定资产投

资的稳定增长为全县经济实现快速发展提供了有力支撑。

2018 年普安县共有省州级重大工程和重点项目 24 个，总投资 249.7 亿元，投资目标为 95.71 亿元。2018 年完成重大项目投资 107.2 亿元，完成年度目标的 112.02%。新引进省外项目 51 个，完成年度目标任务 45 个的 113.33%，合同投资总额 53.42 亿元，完成目标任务 60 亿元的 89.03%；项目到位资金 74.08 亿元，完成目标任务 60 亿元的 123.47%；资金到位率 94.23%，完成年度目标任务 65% 的 144.97%，投产项目 47 个，完成目标任务 40 个的 117.5%。

**表 2　2014 年以来县、州、省固定资产投资及增速比较**

单元：亿元,%

| 区域 | 项目 | 2014 年 | 2015 年 | 2016 年 | 2017 年 | 2018 年 |
|---|---|---|---|---|---|---|
| 普安县 | 投资额 | 59.13 | 73.79 | 59.35 | 72.8 | 87.72 |
| | 增速 | 31 | 24.8 | 22.4 | 22.6 | 20.5 |
| 黔西南布依族苗族自治州 | 投资额 | 786.31 | 995.46 | 800.16 | 981.4 | — |
| | 增速 | 31 | 26.6 | 22.3 | 22.7 | 18.8 |
| 贵州省 | 投资额 | 8778.47 | 10676.7 | 12929.17 | 15288.01 | — |
| | 增速 | 23.6 | 21.6 | 21 | 20.1 | 15.8 |

资料来源：省、州、县数据来源于 2014 年以来普安县《领导干部统计手册》。省、州 2018 年数据来源于《贵州省统计月报》，县 2018 年数据来源于《普安县经济月报》。

## （六）城乡居民收入水平进一步提升，收入差距有所缩小

2018 年以来，全县城乡居民收入均保持不同程度的增长，收入水平和消费能力进一步提高。从农村和城镇看，2018 年全县城镇居民人均可支配收入为 29164 元，排全省县域第二方阵中第 13 位，比上年度提升了 4 个位次，同比增长 9.6%，增速同比增加 0.3 个百分点，排第 2 位；农村居民人均可支配收入为 8822 元，排全省县域第二方阵中第 22 位，与上年排位持平，同比增长 10.6%，增速同比下降 0.7 个百分点，排第 4 位。农村居民人均可支配收入增速比城镇居民人均可支配收入增速高出 1.0 个百分点；城乡居民收入比为 3.31，比上年缩减 0.05，城乡收入差距进一步缩小。与全州、全省同期相比，城镇居民人均可支配收入比全州城镇居民人均可支

配收入低1243元，增速比全州平均增速高0.1个百分点，比全年提升了1个位次，比全省平均增速高1.0个百分点，在全省88个县（市、区、特区）中排名仅比增速最高的册亨县低0.3个百分点（9.9%），排全省第3位；农村居民人均可支配收入比全州农村人均可支配收入低663元，增速比全州平均增速高0.3个百分点，比全省增速高1.0个百分点，仅比全省增速最高的大方县、正安县（10.9%）低0.3个百分点。

收入增加有力地促进了居民消费能力和消费水平的提高，城乡消费规模持续扩大。2018年，全县社会消费品零售总额完成10.49亿元，同比增长9.5%，增速同比下降3.4个百分点，排全州第3位，比2017年提升一个位次，高于全州0.7个百分点，高于全省1.3个百分点。其中，批发业完成2.91亿元，同比增长15.8%，排全州第3位；零售业完成14.13亿元，同比增长19.2%，排全州第1位；住宿业完成0.27亿元，同比增长12.3%，排全州第4位；餐饮业完成2.75亿元，同比增长15.8%，排全州第4位。

**表3　2014年以来县、州、省城乡居民人均可支配收入及增速**

单位：元，%

| 区域 | 项目 | 2014年 | 2015年 | 2016年 | 2017年 | 2018年 |
|---|---|---|---|---|---|---|
| 普安县 | 城镇居民人均可支配收入 | 19957 | 22132 | 24346 | 26610 | 29164 |
| | 增长率 | 11.3 | 10.8 | 10.0 | 9.3 | 9.6 |
| | 农村居民人均可支配收入 | 5729 | 6439 | 7176 | 7977 | 8822 |
| | 增长率 | 14.3 | 12.4 | 11.3 | 11.3 | 10.6 |
| | 城乡收入比 | 3.48 | 3.44 | 3.39 | 3.34 | 3.31 |
| 黔西南布依族苗族自治州 | 城镇居民人均可支配收入 | 21300 | 23342 | 25419 | 27758 | 30407 |
| | 增长率 | 10.5 | 9.6 | 8.9 | 9.2 | 9.5 |
| | 农村居民人均可支配收入 | 6345 | 7059 | 7779 | 8596 | 9485 |
| | 增长率 | 13.4 | 11.3 | 10.2 | 10.5 | 10.3 |
| | 城乡收入比 | 3.36 | 3.31 | 3.27 | 3.23 | 3.25 |

续表

| 区域 | 项目 | 2014 年 | 2015 年 | 2016 年 | 2017 年 | 2018 年 |
|---|---|---|---|---|---|---|
| 贵州省 | 城镇居民人均可支配收入 | 22548 | 24579.64 | 26742.62 | 29080 | 31592 |
| | 增长率 | 9.6 | 9.0 | 8.8 | 8.7 | 8.6 |
| | 农村居民人均可支配收入 | 6671 | 7386.87 | 8090.28 | 8869 | 9716 |
| | 增长率 | 13.1 | 10.7 | 9.5 | 9.6 | 9.6 |
| | 城乡收入比 | 3.38 | 3.33 | 3.31 | 3.28 | 3.21 |

资料来源：省、州、县数据来源于2014 年以来普安县《领导干部统计手册》。省、州 2018 年数据来源于《贵州省统计月报》，县 2018 年数据来源于《普安县经济月报》。

**表 4　2014 年以来县、州、省社会消费品零售总额及增速**

单位：亿元，%

| 区域 | 项目 | 2014 年 | 2015 年 | 2016 年 | 2017 年 | 2018 年 |
|---|---|---|---|---|---|---|
| 普安县 | 社会消费品零售总额 | 6.3 | 7.74 | 8.73 | 9.86 | 10.49 |
| | 增长率 | 12.5 | 11.7 | 12.9 | 12.9 | 9.5 |
| 黔西南州 | 社会消费品零售总额 | 156.75 | 192.13 | 216.82 | 243.92 | 223.49 |
| | 增长率 | 12.7 | 11.8 | 12.8 | 12.5 | 8.6 |
| 贵州省 | 社会消费品零售总额 | 2479.53 | 3283.02 | 3708.89 | 4154.00 | 3971.21 |
| | 增长率 | 12.9 | 11.8 | 13.0 | 12.0 | 8.2 |

资料来源：省、州、县数据来源于2014 年以来普安县《领导干部统计手册》。省、州 2018 年数据来源于《贵州省统计月报》，县 2018 年数据来源于《普安县经济月报》。

## （七）财税收支、金融信贷快速增长，财政实力、金融支持能力进一步增强

2018 年完成金融机构人民币存贷款余额 174.9 亿元，同比增长 3.65%。其中，金融机构人民币存款余额 86.98 亿元，同比下降 10.73%；金融机构人民币贷款余额 87.92 亿元，同比增长 17.87%。实际使用外资 1.74 亿元，实现出口创汇 1036 万元。

2018 年以来，全县财政收支、金融信贷实现不同程度增长，财政、信贷规模进一步扩大。在财政收支方面，全县 2018 年完成财政总收入 13.22 亿元，同比增长 0.37%，增速同比下降 0.03 个百分点。

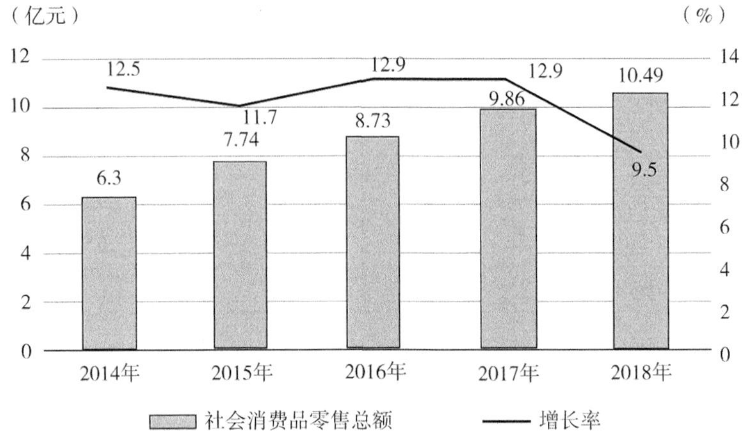


**图3　普安县2014—2018年社会消费品零售总额及增长率**

资料来源：2014—2017年普安县《领导干部统计手册》以及2018年12月《普安县经济月报》。

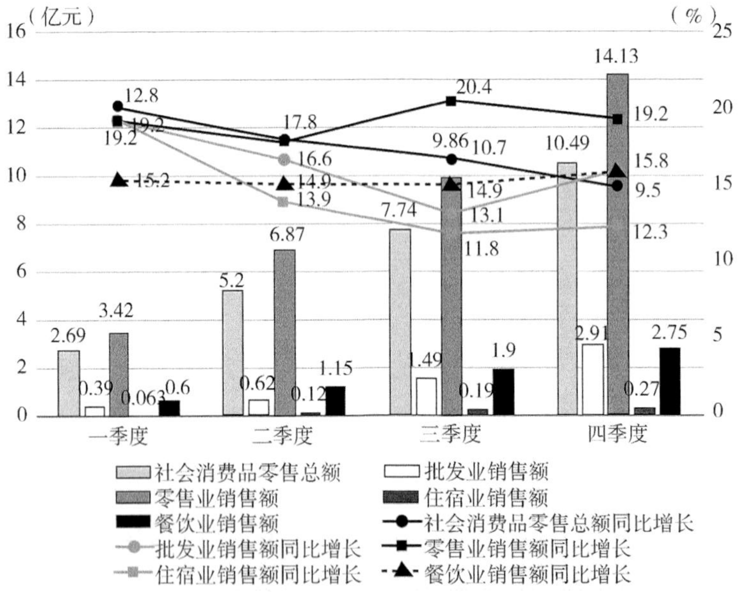


**图4　普安县2018年一至四季度消费市场情况**

资料来源：2018年3月、6月、9月、12月的《普安县经济月报》。

全年完成一般公共财政预算收入8.82亿元，同比名义增长3.97%，增速同步下降0.03个百分点。税收收入完成57661万元，比上年同期下降

1.59%，占一般公共财政预算收入的65.39%。其中增值税收入8051万元，同比增长0.79%；企业所得税收入1537万元，同比下降-3.46%；个人所得税收入1686万元，同比增长48.97%；城市维护建设税收入1351万元，同比增长21.76%；耕地占用税收入18587万元，同比下降16.62%。契税收入6400万元，同比下降22%。非税收收入30521万元，同比增长16.39%，其中专项收入2016万元，同比下降23.63%；行政事业收费收入2530万元，同比增长41.47%，罚没收入3764万元，同比增长124.64%；国有资源（资产）有偿使用收入18659万元，同比增长124.64%。一般公共预算财政支出310602万元，同比名义增长5.62%，增速同步提高1.38个百分点。人均一般公共预算收入绝对数3438元，排全州第2位。其中一般公共服务支出68470万元，比上年同期下降了11.67%；国防支出325万元，比上年同期下降了5.67%；公共安全支出11229万元，比上年同期增加了36.90%；教育支出68253万元，比上年同期增加了7.24%；科学技术支出8013万元，比上年同期增加了31.32%；文化体育与传媒支出2991万元，比上年同期增加了28.48%；社会保障和就业支出32407万元，比上年同期增加了3.10%；医疗卫生支出29104万元，比上年同期增加了8.92万元；节能环保支出3540万元，比上年同期下降了45.69%；城乡社区事务支出23182万元，比上年同期增加了20.93%；农林水事务支出23942万元，比上年同期下降了29.99%；交通运输支出9923万元，比上年同期增加了108.13%；国土资源气象等事务支出1944万元，比上年同期增加了6.77%；粮油物资储备等管理事务支出51万元，比上年同期增加了100%。

在金融信贷方面，2018年末，全县金融机构人民币（存款+贷款）余额两项之和完成174.9亿元，同比增长3.65%。全部金融机构各项存款余额达到86.98亿元，同比下降10.73%，其中储蓄存款余额448925万元，同比增长14.3%，全部金融机构人民币贷款余额87.92亿元，同比增长17.87%。实际使用外资1.74亿元，实现出口创汇1036万元。

## 二、2018年普安县经济运行过程中面临的主要困难

2018年，普安县经济发展速度依然保持着两位数的高位运行，受外部

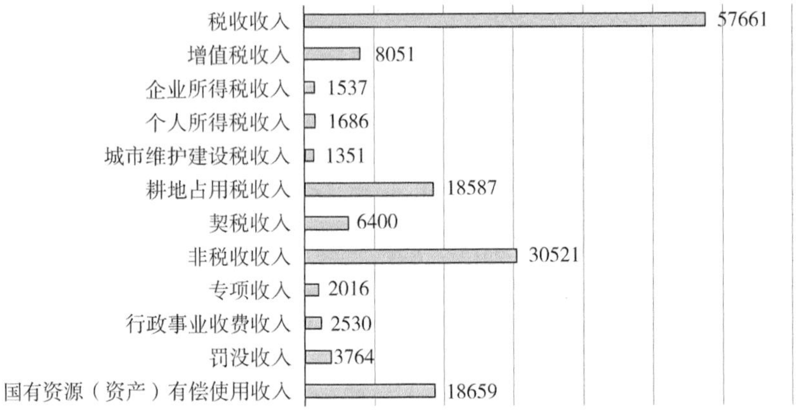


**图5　2018 年普安县公共财政预算收入情况（万元）**

资料来源：普安县 2018 年 12 月的《普安县经济月报》。

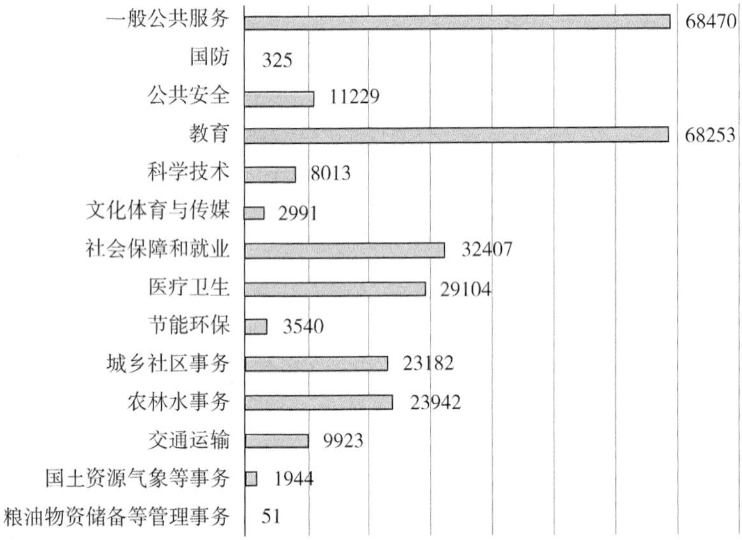


**图6　2018 年普安县公共财政预算支出情况（万元）**

资料来源：普安县 2018 年 12 月的《普安县经济月报》。

环境和发展基础的影响，深层次结构性矛盾和问题在外部冲击下趋于显性化，经济下行压力加大，主要表现为经济实力总体较弱、主要经济指标增速放缓、产业结构仍需进一步优化、人才资源对经济发展的支持不足等，这也成为当前普安县经济发展面临的最主要问题。

## （一）经济持续向好的基础还不稳固

2018 年以来，普安县部分经济指标呈现企稳回升走势，总体来看，经济增长速度较快，但经济总量依然较小，经济发展基础薄弱，承载工业化和拉动内需的能力不足，人均水平较低，城乡差距依然明显。政府自身财源不足，财政对脱贫攻坚、乡村振兴和经济社会发展的保障能力较弱，经济持续向好的基础还不稳固。经济的市场化程度仍然较低，非公有制经济存在诸多制约性约束，发展缓慢。近年来，随着劳动力、土地、能源、原材料成本的不断上升以及市场竞争的日益激烈，企业经营成本大大提升，盈利空间和能力受到压缩，企业的长期发展受到影响，进而影响经济的进一步发展。2018 年营商环境评价指数为 74.56，在县域经济第二方阵中排第 15 位，比 2017 年下降了 2 位。实体经济生产经营形势严峻，融资难、融资贵的问题凸显，2018 年全县招商引资指数为 77.77，排全省县域经济第二方阵中第 11 位，较 2017 年下降了 5 位。同时，作为经济增长的主体，企业自主创新能力不强，民营经济比重较轻，部分行业和企业生产经营还比较困难，经济效益尚未明显改善。

## （二）主要经济指标增速放缓

一是受我国经济发展进入新常态影响，2018 年普安县经济增速虽保持高位运行却仍处于下行区间，说明在经济结构调整时期，经济增长的波动风险进一步增大。二是工业增加值增幅缩小。与上年同期相比，普安县工业增加值增幅缩小。2018 年工业增加值（规上）为 26.86 亿元，2017 年工业增加值 29.62 亿元，比上年同期下降了 2.73 亿元，说明工业经济不景气，发展后劲受制，改变经济增长方式的压力加大。三是消费品市场低迷。受国家有关政策影响，消费结构升级趋缓，尤为明显的是，汽车、家电优惠政策的退市和餐饮、礼品消费不振，对消费品市场产生了一定的抑制作用，消费的拉动能力偏弱，转变发展方式任务艰巨，经济发展的内生动力不足。2018 年社会消费品零售总额同比增长 9.5%，与上年同期相比，社会消费品零售总额增幅降低了 3.4 个百分点，低于预期目标 2.5 个百分点。四是财政收入增长不容乐观。2014—2017 年，普安县财政收入均保持了超过 1.5% 以上的增长率，2017 年财政收入同比增长更是高达 4.05%，而 2018 年，财政收入同比增长仅为 0.37%，财政收入增长率明显下滑。

### （三）产业结构仍需进一步优化

近几年，普安县的地区生产总值呈稳步上升趋势，但产业结构仍有待优化，产业转型艰难，优势特色产业发展不协调，非资源性产业发展滞后，城市服务功能难以适应产业发展的需求，初级产品比重高，资源精深加工能力不强，产业链条短，产品附加值低，农业产业化程度不高，生产规模小，农民持续增收困难较多。涉农企业农产品的生产与市场脱节，导致生产和销售端信息不对称，生产农产品不适应市场的需求，造成资源浪费。工业转型升级慢，新兴产业规模小，受资源、能源、环境约束加剧，企业发展压力增大，节能减排任务重。工业园区内企业布局不合理、关联不密切、主导产业不明晰、空间划分不科学。外贸出口企业发展不稳定，企业规模较小，资金、资产实力较弱，产品销售渠道局限于国内市场。先进制造业比重低，技术创新能力不强，高新技术产业贡献率偏低，缺少龙头企业起带头作用，高技术制造业增加值占规模以上工业增加值比重仅为 0.03%，对经济发展的支撑作用较弱。第三产业比重偏低，尤其是生产性第三产业发展落后，经济发展的成本较高，现代服务业发展相对滞后，旅游产业质量不高、服务业层次偏低，资源优势没有充分转化为经济优势，第三产业发展的潜力还有待挖掘。

### （四）人才资源对经济发展的支撑不足

人才是第一生产力，人才资源不足是制约普安县经济发展的一大因素。当前，普安县人才总量较小、素质不高、资源不足，高层次、专业性、复合型人才缺乏，人才发展对经济发展的支撑不足，无法适应经济的快速发展对各行各类人才的需求。2018 年人才发展综合指数为 71.57，在全省县域经济发展第二方阵中排第七位。如茶企业缺乏专业营销团队和市场拓展人才，导致产品没有稳定销售渠道。外贸出口企业同样面临着专业人才缺乏的问题，信息渠道不畅、“走出去”开拓国际市场意识不强，对普安县外贸出口的持续稳定健康发展产生一定的影响。电商专业人才匮乏，缺少电商平台应用技术和电商市场营销策划等专业人才。同时，由于缺乏高层次创新型人才，没有长期合作的科研技术团队，产业发展中遇到的基础性、应用性问题得不到及时解决。同时，人才队伍建设和产业发展需求脱节，如茶产业作为全县的主导产业，县茶业发展中心成立于2008年，现在编在岗仅有7人。12个乡镇（街道）除江西坡镇成立了茶叶站，其余的乡镇（街道）均没有成立茶叶机构和配备茶叶专业人才，人才资源不足严重制约了产业的进一步发展。

## 三、普安县经济发展走势预测

从国际看，2019年世界经济保持复苏态势，但发展形势依然复杂严峻，经济面临下行压力；从国内看，我国经济正处在深度调整期，长期和短期、结构性和周期性因素相互交织，经济潜在增速呈阶段性趋缓；从全省看，加快经济结构调整的基本面没有变，特别是全国性的结构性调整给贵州省这样一个经济欠发达省份带来的滞后效应将会更加明显，对贵州省各市州的经济发展会产生一定的影响。从黔西南布依族苗族自治州看，投资拉动依然是经济增长的主要方式，转变经济发展方式的压力加大，经济快速增长的空间缩小，但增长潜力巨大。根据上述国际国内和省内外的经济发展大背景，结合近年来普安县经济发展态势，对普安县2019年的经济发展形势作如下分析与预测。

### （一）经济有望继续保持较快增长

2018年，虽然普安县部分行业、领域发展遇到一些困难，但总体形势稳定向好，主要经济指标均保持较快的增长，达到甚至超过预期。农牧业稳中提质、种植结构优化，特色养殖效益明显。工业平稳运行，龙头企业成为经济增长的主要力量，特别是煤矿、电力生产和白酒等主要工业产品产量增速快，贡献率大，对全县规模以上工业的贡献率大。旅游总收入增长快，新业态蓬勃兴起。旅游和文化消费热度还会持续，对消费市场产生积极影响，消费市场增长将处于温和的上升状态。尤其是随着普安县的脱贫攻坚战役的深入开展，各项抓重点、补短板、强弱项政策举措落地见效，多项经济指标稳定好转、民生指标持续提升、环保指标巩固向好，经济稳定发展的基本面未变。随着决战脱贫攻坚的总攻之年的到来，各项改革深入推进，资源、资本、劳动力配置效率不断优化，发展动力活力持续迸发。同时，经济增速放缓也为调结构、改善生态、保障民生、深化改革、巩固脱贫成效预留了空间，为今后的高质量发展积聚力量。保守估计，全县 2019 年经济增长有望继续保持 12% 左右的增速；一般公共预算收入增长 3% 左右；社会消费品零售总额增长 12% 左右；金融机构存、贷款余额分别增长 7%、15% 左右；城镇、农村居民人均可支配收入分别增长 9%、10% 左右。

## （二）三产产业结构继续调整优化

近年来，普安县的三产产业结构逐步优化，2019 年将继续贯彻落实供给侧结构性改革，推进农业、工业和现代服务业产业的调整优化。农业方面，以现代农业为标准，加快转变农业发展方式，促进农业产业专业化、标准化、规模化、集约化发展。重点抓好 500 亩以上坝区规模化调整，按照高产、优质、高效、生态、安全的要求，促进农业结构调整，在 2018 年的基础上，进一步扩大蔬菜、烤烟、中药材和食用菌的种植面积，将普安农特产品做大做优做强，壮大“一红一白”脱贫主导产业。工业方面，2019 年重在强化基础，坚持绿色发展，全面落实减量化增长模式，推动可持续发展。推进煤矿“五化”升级改造以及“双千工程”深入实施。服务业方面，旅游、电信、物流等现代服务业贡献将进一步提升，经济发展活力进一步增强。推动电商主体培育、电商品牌打造、电商网货开发，电子商务的发展基础进一步夯实。围绕全域旅游开拓旅游业发展。完善现代公共文化体育服务体系建设，推动文化产业跨越发展，集中力量打造乡村旅游扶贫示范区（村）、乡村旅游扶贫重点村寨、乡村旅游扶贫示范点（户），为打造民族文化特色化、文化遗产数据化、文化体育产业结构合理化、文体广电旅游服务标准化夯实基础。2019 年预计实现旅游收入 16.09

亿元，同比增长45%以上，第一、第二、第三产业分别增长7%、11%、15%左右，第一产业增加值比重将有所缩小，第二、第三产业增加值比重将进一步提高。

### （三）固定资产投资保持高位增长，但增速有所回落

由于经济结构转型升级和扩大内需政策实施的长期性，固定资产投资仍然是未来普安县拉动经济增长的主要动力。2019年将继续紧紧围绕国家和省、州重点投资领域，充分发挥重点工程和重大项目对投资的拉动作用，不断提高普安县城乡居民收入和城镇化发展水平。通村通组路全覆盖、重点交通设施建设、骨干水源工程以及能源建设等基础设施建设将会拉大固定资产投资增长率走高，而随着五嘎冲水库蓄水和甲金水库等基础设施的竣工验收，投资增长率会逐步放缓，受产业结构调整的影响，投资增速将会有所回落。同时，2019年将重点围绕产业发展促招商引资，计划多方式、多渠道开展招商工作，围绕“一红一白”产业编制项目，建立和完善招商引资项目库，预计新引进项目50个以上，新增省外到位资金75亿元以上。实施全民大招商、产业大招商计划，完成国内国际招商140余次，实现出口创汇增长9%。2018年新增的社会固定资产投资很大一部分是基础设施投资，具有较大的可持续性，预计2019年500万元以上固定资产投资达到104亿元，增长17%左右，比上年回落3.5个百分点。

### （四）继续以深化改革激发经济活力

随着我国各领域改革的纵深推进，2019年普安县也将迎来一个改革深化年，重点领域和关键环节的改革全面发力，进一步增强市场主体活力和经济发展内生动力，促进经济社会的全面发展和进步。一是巩固农村“三变”改革成效，着力打造“三变”改革升级版。二是进一步深化行政体制和“放管服”改革，按照省政府“六个一改革”要求，打造有限的负责任的服务型政府。开展“减证便民”专项行动，实现企业和群众办事申报材料减少60%以上。依托“互联网+政务服务”，优化审批流程，压缩审批时限，提高审批办事效率，打造良好的投资软环境，力争政务服务大厅事

项办理“最多跑一次”达到90%以上，政务服务事项网上可办率达80%以上。三是围绕激发市场活力，推进商事制度改革，全面推行市场准入负面清单管理、“多证合一”、简易注销登记，推行“证照分离”。支持民营经济加快发展，提升民营经济占比。四是积极推进国有企业改革和重组，妥善处置困难职工安置、企业产权和债务纠纷等问题。五是稳步开展农业水价综合改革、殡葬服务改革，统筹推进生态文明体制、盐业监管体制、财税体制、司法体制、人事制度等改革。六是深化医药卫生体制改革，推进医疗、医保、医药联动发展。七是深化供销社综合改革，推动“三位一体”新型合作体系建设。八是深化审计工作改革，开展领导干部自然资源资产离任审计工作。九是扎实开展营商环境大优化行动。按照省、州统一部署，开展政策法规落实不到位、政务窗口服务质量、公用企业涉企服务、政府失信行为、政府涉企服务效能、第三方评估发现突出问题整治，聚焦问题，对“症”实施整治举措。十是扎实推进大招商行动。充分发挥大招商行动领导小组统筹作用，紧紧围绕大数据、先进制造业、文化旅游业、新医药大健康业、现代新型农业、现代服务业六大产业，明确招商重点，抓好项目引进和落地工作。

## 四、对策建议

2019年是普安县脱贫摘帽之年，也是决胜脱贫攻坚的总攻之年，普安县将继续贯彻省委、省政府和州委、州政府的各项举措部署，按照中央经济工作会议、全省经济工作会议，十二届县委六次全会部署，坚持稳中求进的工作总基调，继续以脱贫攻坚统揽经济社会发展大局，把握“六稳”总要求，坚定不移走高质量发展之路。基于对普安县经济发展形势的分析、面临的主要问题的梳理，以及对2019年经济走势的预测，为了更好地促进2019年普安县经济发展，提出如下对策建议。

### （一）大力推进项目落地和有效投资

一是紧抓重点项目的谋划和建设。抢抓国家稳投资、稳金融，特别是抓住国家加大基础设施领域补“短板”的重大机遇，结合县域实际，高质量高效率做好重大项目谋划和中央投资项目储备申报工作，在公路、水利、电力基础设施、棚户区改造、东西城区建设、特色小镇建设等领域谋划储备一批事关全局的基础设施补“短板”重大项目。二是扩大项目投资规模，提升有效投资。加大项目前期工作经费投入，扎实做好项目审批，加强投资进度分析和考核，压紧压实责任链，协调推进项目落地。三是强化激励措施，确保90%以上的产业投资进入产业园区，重点支持产业园区发挥扩大投资规模的主战场作用，确保固定资产投资保持较高增速。四是促进民间投资增长，积极培养新的市场主体，保障民营企业的权益，确保民营企业在投融资、市场准入准出、资源要素配置等方面机会平等。在重视大企业、大项目的同时，扶持一批发展前景好、成长型强的中小企业，持续释放民间投资活力，为民营企业创造良好的发展环境。

### （二）加快推动工业园区转型发展

工业园区建设是普安县经济发展的“主引擎”，园区转型升级成败直接关系到全县的产业结构调整能否实现，这也是突出工业主导地位、发展循环经济、扩大对外开放、促进区域协调发展等一系列工作的关键所在。要坚持以园区作为培育产业集群的主要载体，以产业集群为工业升级的核心动力，切实发挥工业带动力和辐射力。进一步明确园区定位，一方面对现有企业和行业进行有针对性的补链、强链；另一方面加大对入驻企业的事前审核，从源头增强项目布局的合理性以及决策的科学性，注重经济发展的质量和效益。建议围绕已经落户的龙头企业开展调研，摸清其上下游配套产业的需求，吸引一批符合需求的中小企业为龙头企业提供支撑，真正发挥以龙头企业为“点”，带动整条产业“链”，逐渐形成有地方特色的产业集群。

### （三）持续推进供给侧结构性改革

供给侧结构性改革是“十三五”的主线，科学发展必须有所取舍，关键是要把握好大方向，不能错过当前推进产业升级调整的黄金机遇，结合县域经济发展现状，找准产业升级路径。落实“巩固、增强、提升、畅通”八字方针，结合“负面清单”制度，改变“捡到篮里都是菜”的传统思路，依托劳动力成本这一比较优势，积极承接东西部产业转移，有针对性地扩大外出招商引资的力度。坚持创新发展，切实推动经济发展方式从要素驱动、投资驱动向创新驱动转变，从依赖资源和资金向提高质量效益转变，而建设创新引领、协同发展的产业体系。重点引进生产性服务业，释放消费市场潜力。由于生产性服务业与制造业是上下游产业关系，通过促进生产性服务业与制造业在空间上协同集聚，进而推动制造业转型升级，对于具有“发展+转型”双重背景、双重需求的普安县经济可持续发展具有重要意义。建议加大吸引此类生产性服务业向工业园区聚集的力度，这不但有利于产业集群的提升，促进工业园区转型升级，而且与工业园区生产效率水平提升、能耗降低、产城融合发展等均密切相关，同时也是吸引人才聚集的有效手段。大力推动煤矿等传统产业升级改造，建设安全高效的现代化矿井，有效释放煤矿产能。

### （四）强化财政金融支撑作用

一是优化调整财政金融结构，将财政金融资源更多地向特色农业、旅游业、茶产业方面的综合开发利用倾斜。加大绿色产业发展基金、财政专项资金扶持力度，认真落实降低民营企业用地、用能、税费、交通运输等成本措施，帮助企业降本减负。加大融资担保支持力度，切实化解拖欠民营企业债务，帮助企业解决发展资金难题。二是扩大积极财政政策，针对普安县基础设施历史欠账多的问题，特别是公路、水利建设，集中财政资源，加快补齐惠民生领域“短板”，统筹推进交通、水利、电力、能源、市政、通信、农村“厕所革命”等基础设施建设。三是做好财政收支工资，严格落实中央各项减税降费政策，减压一般性支持，保障重点支出，做到应收尽收、合理分配。四是防范化解重大风险，按照不低于10%的比例提取风险防控基金，建好风险偿债基金池，认真落实还本付息计划，积极稳妥化解存量债务；严格执行政府性债务管理“七严禁”，进一步完善审查、报备制度，加强日常监督检查，制订应急预案措施，理顺工作机制。严格规范政府性融资，绝不搞形象工程和超前工程，争取更多重大项目纳入补短板项目库，缓解项目建设资金压力；围绕煤炭、石材等产业积极培育税源，健全平台公司运行管理机制，加快市场化实体化进程，不断提升政府偿债能力。健全防范处置非法集资等工作机制，深入开展银行机构不良贷款、非法集资等领域的风险排查监测和处置预警，坚决打击违法违规金融活动，确保金融领域各类风险隐患消灭在萌芽状态。

### （五）积极融入贵州“三大战略”行动

深入推进大扶贫战略，全面打响脱贫攻坚问题歼灭战。以产业革命“八要素”“八大工程”实施为抓手，以绿色产业革命“农调扶贫险”和科技兴农为要素保障，深入推进振兴农村经济的深刻产业革命。实施易地扶贫搬迁新市民计划，加快推进东西城区易地扶贫安置住房及配套设施建设。以实现有劳动力的贫困家庭至少一人就业为目标，促进劳动力全员培训促进家庭就业全覆盖。加强脱贫攻坚与乡村振兴统筹衔接，补齐乡村基础设施“短板”，开展乡村振兴示范村创建，引领全县乡村振兴战略实施。加快大数据与实体经济深度融合，推进“数字普安”建设，加快生产和服务方式向数字化、网络化、智能化转变，培育数字农业、数字工业、数字旅游等数字化新业态。实施“大数据＋农业”深度融合行动计划，重点在“智慧农业”“三变大数据精准扶贫云”等领域引领示范。实施“大数据＋工业”深度融合行动计划，推动建设“工业大数据”“智慧能源”“安全云”等项目。实施“大数据＋服务业”深度融合行动计划，不断提升智慧旅游、医疗卫生、现代物流等服务水平能力。全力发展山地全域旅游。全力推进“旅游＋”产业发展，聚力打造旅游支柱产业，把旅游业作为全县现代服务业发展的龙头来培育，统筹推进全域旅游，深度挖掘自然文化旅游品牌价值，推出一批有影响力的精品旅游线路。

# B.2 2018—2019年普安县社会发展形势分析与预测

黄德林[①]

**摘要：** 报告总结了2018年普安县社会发展取得的五大亮点，分析了普安县社会发展存在的问题与挑战，预测了2019年普安县社会发展将随着决战脱贫攻坚战的不断推进、决胜脱贫攻坚基础的不断夯实、民生保障的不断改善、社会治理与社会建设的不断加强，加上国家、省、州等多重战略及政策的延伸，必将产生政策叠加效应，为普安县打赢脱贫攻坚战提供强大支撑，必将以优异的成绩为中华人民共和国70华诞献礼。

**关键词：** 普安县　社会发展　分析预测

2018年贵州省普安县坚持以习近平新时代中国特色社会主义思想为指导，深入学习贯彻党的十九大和习近平总书记系列重要讲话精神，牢记嘱托、感恩奋进，树牢“四个意识”，坚定“四个自信”，坚决做到“两个维护”，坚持新发展理念，坚持稳中求进的工作总基调。2018年是普安县决战脱贫攻坚年、深化改革年、加快城乡建设年、加快民生改善年，也是普安县社会发展取得明显成效的一年。在这一年，深化供给侧结构性改革，守好发展和生态两条底线，全力打好三大攻坚战，在稳增长、促改革、调结构、惠民生、防风险上主动作为，全县经济社会发展取得显著成效。

脱贫攻坚战取得决定性胜利。2018年实现7个贫困村出列，11298人

① 黄德林，贵州省社会科学院社会研究所所长、研究员。

脱贫，超任务脱贫2598人，贫困发生率下降至5.74%，完成易地扶贫搬迁17419人，“五个专项治理”评估验收综合成绩位列全省第一。以脱贫攻坚统揽经济社会发展全局，认真贯彻落实省委、省政府脱贫攻坚“3856”和“4541”战略部署，扎实推进“春风行动”“夏秋攻势”“冬季充电”等脱贫攻坚重大行动，朝着脱贫摘帽退出的目标迈出了关键一步。一是“四场硬仗”纵深推进。建成“组组通”公路172.9千米，提前一年实现30户以上村民组“组组通”硬化路，全县所有村（社区）通村路硬化率达100%；完成20个农村安全饮水工程，解决5.48万人安全饮水问题；完成48个农网改造升级项目，贫困村通动力电达100%，行政村光纤覆盖率达90%以上、4G网络覆盖率达100%。建成易地扶贫搬迁安置住房4163套，完成旧房拆除复垦复绿1226套。“新市民计划”深入实施，配套建设学校、医院、警务室等服务设施，建成2个新市民社区，办理新市民居住证9093人、“安居险”19703人，解决搬迁群众就业5277人，实现一户一人就业。全面落实教育医疗住房保障政策，资助学生3.7万人次2560.46万元，贫困学生100%入学；实现贫困户参保率100%，救助住院建档立卡贫困患者9796人次4193.55万元，实际补偿比例达90%；完成农村“危改”“三改”2569户，小康房建设300户，启动农村老旧危房整治工作和6个贫困村人居环境整治工程。二是“产业革命”卓有成效。围绕“一红一白”脱贫主导产业，按照“八要素”要求大力推进农村产业革命。实施“退一进十”工程，完成低效玉米替代作物种植9.07万亩，累计收购烟叶13.07万担，种植蔬菜10.3万亩、精品水果4.45万亩、中药材0.92万亩，经济作物比重达60%以上，完成“三品一标”无公害产地认证8.03万亩，荣获全州农业产业化建设综合评比二等奖。新植茶园4.4万亩，实现干茶产量7150吨，茶叶综合产值11.6亿元，带动7022户茶农增收；“普安红”农产品地理标志通过农业农村部审核，“中国红茶联盟”在普安成立，并发布引领中国红茶发展方向的《中国红茶联盟普安宣言》，省内外“普安红”专卖店（销售中心）达56家。高标准建成习近平总书记亲自关心的“白叶一号”感恩茶园2000亩，覆盖贫困人口2577人，副总理胡春华、省委书记孙志刚、省长谌贻琴等领导先后对“白叶一号”工程作出批示，茶苗种植也得到了国务院扶贫办的充分肯定。全年长毛兔存栏 58778 只，兔毛销售额 602.94 万元，带动 511 户贫困户增收；新建长毛兔养殖小区 178 个，实现所有村（社区）全覆盖，与浙江新大集团合作在西城区打造全产业链长毛兔产业园区，长毛兔扶贫镇海模式入选国家东西部扶贫协作案例汇编，成为全国 20 个产业合作案例之一。三是“四个聚焦”持续给力。投入财政资金 0.18 亿元，整合资金 2.67 亿元，推进贫困村基础设施建设、扶贫产业发展。公安部加大定点帮扶力度，选派干部到 3 个深度贫困村担任第一书记，投入帮扶资金 6969.21 万元，实施教育、医疗、警务、产业四大提升工程。东西部扶贫协作投入帮扶资金 4644.96 万元，重点对人才交流、劳务输出、长毛兔产业等进行帮扶。省工行贷款 26.57 亿元，帮助推进县城棚户区改造、白水水库、县医院等项目建设。贵阳市南明区帮助引进老干妈公司建立辣椒订单农业种植基地，惠及贫困群众 387 人。利用《贵州日报》全媒体新闻宣传资源，推进实施“文军扶贫”，攻坚合力得到进一步凝聚。四是“五个专项治理”成效明显。解决了一批贫困人口漏评错评错退、农村危房改造不到位、扶贫资金使用不规范、扶贫领域腐败和不正之风 5 个方面的问题，全县贫困人口识别、退出准确率进一步提高，农村危房改造扎实推进，干部作风持续好转，群众认可度大幅提升。

风险防范攻坚战取得阶段性胜利。一是政府债务风险防范扎实有效。认真履行“借用管还”主体责任，成立投融资决策委员会、投融资建设及债务风险防控领导小组，出台《普安县偿债风险基金管理办法》，建好风险偿债基金池，有效化解 2014 年以前债务 23.09 亿元，按期还本付息 10.2 亿元。有效规范项目融资，国有平台公司实体化、市场化步伐加快。坚决打击违法违规金融活动，地方政府性债务风险、金融领域风险总体可控。二是安全生产风险防范扎实有效。强化煤矿、非煤矿山、道路交通、食品安全、烟花爆竹及危险化学品等重点行业领域安全隐患排查整改，全年排查治理一般事故隐患 12435 条（处）、重大隐患 7 条（处），事故发生起数和死亡人数实现双降，未发生较大以上安全事故，安全生产形势平稳。三是社会矛盾风险防范扎实有效。强化对历史遗留问题风险点的排查、化解。巩固“三维一体”信访源头防控工作机制，化解信访案95件，化解率达90.4%。全面推进“1+N”大数据警务模式，深入开展扫黑除恶“雷霆行动”“夏秋风暴”等专项行动，全年刑事案件、治安行政案件实现双降。

污染防治攻坚战取得实质性胜利。一是推动“青山工程”出实效。完成营造林10.5万亩、水土保持综合治理20.58平方千米，森林覆盖率预计达52%。发放国家和地方公益林生态补偿基金538万元，补助护林员487万元，实现林业产值30亿元。二是推动“碧水工程”出实效。实施最严格水资源管理“三条红线”，建成青山等4个乡镇污水处理厂，城镇污水处理率提高到89%。深入推进“河（库）长制”，完成甲金水库饮用水源一二级保护区划分和县城集中式饮用水源替换工作，主要河流水质达标率、集中式饮用水水源地水质达标率均保持100%。三是推动“蓝天工程”出实效。深入实施新一轮大气污染防治计划，淘汰黄标车及老旧车208辆，严控秸秆焚烧，划定县城禁燃区，城市环境空气质量优良率达98.9%。四是推动“净土工程”出实效。有序推进全国第二次污染源普查和土壤环境状况详查。建成县医疗废物处置中心和13座城镇垃圾转运站，垃圾收纳转运日处理能力达595吨，城乡生活垃圾无害化处理率达81.88%、医疗废物无害化处理率提高到90%以上。

基础设施建设有序推进。沪昆高铁普安县站至普安县城城市主干道、普安县城至县城东区旅游快速通道累计完成投资16.76亿元；省道216龙吟至普安段提等升级工程全面建成投用；完成普兴一级公路项目前期工作。一是“组组通”公路建设扎实推进。建成“组组通”公路172.9千米（其中：第一批计划76个项目139.795千米，调整计划新增21个33.142千米），提前一年实现30户以上村民组“组组通”硬化路。二是重点交通设施建设步伐加快。续建国道320改扩建工程江西坡至文毕山段24千米，路基、路面全面完成，安保工程完成100%，“畅安舒美”工程已完成93%；续建省道216改扩建工程龙吟至普安段42.13千米，形象进度95.1%；续建2016年“建养一体化项目”16个，县、乡道改造完成路基工程41千米；续建2017年通村公路水毁修复工程项目21个99.179千米，完成路基工程 99.179 千米，完成路面工程 99.179 千米，工程已全部完工、验收；续建 2016 年通村通组路网全覆盖建设工程（一期）1373.70 千米，现已完成路基工程 1060 千米（具备路面施工条件里程），完成路面基层约 870 千米，完成水泥混凝土路面、沥青路面约 436 千米，形象进度 70.2%；续建完成乡镇客运站建设 5 个（兴中镇、白沙乡、高棉乡、罗汉镇、江西坡镇），实现 100% 的乡镇有客运站。三是骨干水源工程建设力度加大。五嘎冲水库：大坝实现封顶；甲金水库：向县城供水管网正式贯通，实现向县城供水；大湾水库：开始大坝垫层混凝土浇筑；荒田水库：大坝主体浇筑至 EL1650 米高程，灌区（供水）工程正在进行主管线和高位水池工程建设；三岔河水库：已完成溢洪道所有土建工程；白水水库：完成导流洞开挖施工，基础混凝土浇筑已完成；县城供水管网工程：属小（1）型工程，日供水 2 万立方米，完成提水泵站 3 座，水池 5 座，管线 14.048 千米，隧洞 1.172 千米，现已正式贯通并正常供水。四是能源电力项目建设成效显著。中电（普安）电厂一期项目实现投产发电；横冲梁子风力发电场和青山、新店等 4 个光伏发电站建成投用，累计发电 3.12 亿千瓦时，上网电量 3.1 亿千瓦时，实现产值 2.47 亿元。五是新型城镇化规划顺利推进。启动《普安县城乡建设规划大纲》编制工作，完成 5 个乡镇控规及 71 个行政村村庄规划编制；棚户区改造加快推进，县城劳动街、教育局、消防队等片区完成投资 16.09 亿元，启动瓦厂等 6 个片区改造工程；已制订《普安县 2018 年示范小城镇建设工作方案》，有序推进青山、龙吟 2 个示范小城镇建设工作；已制订《普安县青山镇 2018 年特色小城镇培育计划》，主要实施项目有青山铜鼓山夜郎文化展览馆、青山铜鼓山夜郎城、四球古茶种植等；投入 1.05 亿元完成龙吟州级示范小城镇移民主体工程、生活垃圾转运站、污水处理厂等项目建设。北部工业园区：共引进石材加工企业 5 家，总投资共计 3.2 亿元，均已完成矿山资源探明量。青山循环经济产业园区：青山工业园区青（山）石（官沟）主干道道路工程，总投资 15838 万元，已开工建设，正有序推进。江西坡双创产业园区：江西坡轻工业园区标准厂房进行立面改造，项目已完工；江西坡 2014 年、2015 年公租房及配套基础设施全部完工，并已全部搬迁入住；东城区布依茶源小镇二区工程，项目已开工建设，有序推进，已完成投资约3.2亿元，已移交652套房用于易地扶贫搬迁；普安县东城区民族实验学校建设项目已开工建设，有序推进，已完成总投资约2.35亿元。

重大工程和重点项目管理成效明显。一是重大工程和重点项目投资稳中有升。2018年普安县省州级重大工程和重点项目24个，总投资249.7亿元，投资目标为95.71亿元；2018年完成重大项目投资107.2亿元，完成年度目标的112.02%。二是招商引资扎实推进。新引进省外项目共51个，完成年度目标任务45个的113.33%；合同投资总额53.42亿元，完成目标任务60亿元的89.03%；新引进项目开工率100%，占目标任务95%的105.26%；项目到位资金74.08亿元，完成目标任务60亿元的123.47%；资金到位率94.23%，完成年度目标任务65%的144.97%；投产项目47个，完成目标任务数40个的117.5%；策划编制项目50个，完成率100%；新引进项目代办服务率100%。三是服务业发展向前进位。2018年新增入库服务业企业4家，其中：非营利性企业1家，营利性企业3家，排全州第2位；增速133.01%，排全州第3位；完成营利性企业收入总量2677.1万元，排全州第8位。

“放管服”改革持续深入。一是“放管服”平台不断完善。制订《普安县推进审批服务便民化深化“放管服”改革重点任务分工方案》，扎实推进各项工作；作为简政放权、放管结合、优化服务改革的重要支撑，全县“双随机一公开”正常开展，纳入监管平台系统25个部门，25个部门均按照要求开展“双随机一公开”抽查活动，开展随机抽查190次，没有未完成一库两单的情况，没有未开展抽查的单位。二是改革成效直观体现。全面推进审批服务便民化，深化“放管服”改革各项工作，累计受理事项46553件（县直部门受理17572件，乡镇受理28981件），办结46551件（县直部门办结17570件，乡镇办结28981件），办结率达99.9%。

民生事业持续扎稳扎牢。2018年城镇新增就业4275人，登记失业率控制在4%以内。城镇、农村居民人均可支配收入分别达29164元、8822元，分别增长9.6%、10.6%，增速高于全省平均水平。一是教育持续均衡发展。教育政策、资金、项目、人才持续向薄弱学校倾斜，建成农村边远艰苦地区教师周转宿舍3个，教师交流比例达11%，基本消除小学、初中大班额现象，小学、初中辍学率分别控制在0.6%、1.8%以下。争取教育资金9691万元，实施项目66个，建设校舍7.8万平方米。二是医疗卫生稳步提升。县人民医院新院区、县中医院建设项目累计完成投资1.8亿元，新（改）建乡镇（街道）标准化卫生院6家、农村标准化卫生室（服务站）117个，实现村卫生室全覆盖。县卫生监督所成功创建贵州省卫生监督机构规范化建设样板单位。三是文化事业日益繁荣。建成2个多彩贵州"广电云"户户用服务站，覆盖43个行政村。创作《云上之爱》《香遇普安红》等电影作品，《天下普安》原创歌曲在央视音乐频道播出，启动"苗族芦笙舞""布依小打音乐"非物质文化遗产数字化保护工作，持续开展"送文化下乡"等活动43场，丰富了广大群众文化生活。四是社会保障不断增强。城乡低保标准每人每年分别提高到6840元、3876元，发放城乡低保1.3亿元、养老保险3958万元、特困供养585万元、城乡医疗救助1202万元、临时救助584万元。推进军民深入融合发展，加强国防动员和国防后备力量建设，"双拥"工作取得新成果；关心下一代、工青妇、宗教、老龄、残联、消防、外事、侨务、档案、史志、科普、禁毒等各项事业取得新进步。

## 一、2018年普安县社会发展形势分析

### （一）抓住决战机遇，争取脱贫攻坚全面胜利

2018年，在县委、县政府的正确领导下，在省、州扶贫办的关心指导下，县扶贫办认真学习贯彻党的十九大及中央、省、州各级扶贫会议精神，坚持从对象核实、数据清洗、产业扶持、规范档案资料等方面着手，全力推进脱贫攻坚各项工作。

一是减少贫困人口。2018年全县实现7个贫困村出列，2742户11298人脱贫，占年初计划8700人的129.86%，贫困发生率从2017年的8.94%下降至5.74%。

二是努力推进易地扶贫搬迁工作。2018年计划搬迁2233户10304人（其中贫困人口990户4467人），共建安置区2个，搬迁对象已通过"三

大基础数据”核实锁定，按照“退一进一”的原则动态管理。东城区布依茶源小镇安置区计划搬迁901户4304人（其中贫困人口224户1076人）；西城区龙溪石砚小镇安置区计划搬迁1332户6000人（其中贫困人口766户3391人）。

三是努力实现“三保障”。2018年全县学前三年毛入园率达95.53%，九年义务教育巩固率达88.95%，初中三年巩固率达91.37%，高中阶段毛入学率达86.09%，7周岁至15周岁“三残”儿童少年入学率达93.08%，最为客观的是小学阶段辍学率为0，初中阶段学生辍学66人，辍学率达0.04%，初中辍学率比年初预定指标1.8%以下提升了几十倍。全县有各类医疗卫生机构208家，其中县级综合医院1家（县人民医院），中医院1家，妇幼保健院1家，健康医院1家，疾病预防控制中心1家，民营医院13家，乡镇卫生院10家，社区卫生服务中心2家，个体诊所9所，村卫生室169所。

四是深入推进农村低保专项治理工作。第一，组织对2017年来曾提交申请但未审批通过的201户家庭全面进行调查；第二，对2017年以来退出低保的原保障对象7265人全面进行排查；第三，对未纳入农村低保的建档立卡贫困11546人全面进行排查；第四，组织对审计署反馈的公职人员、有车辆人员等违规享受低保对象多发资金185941元进行清收。截至2018年12月，根据低保工作程序，共将不符合低保条件的6999户10451人清退出保障范围；对原来违规保人不保户家庭8954户10810人根据按户施保要求全部纳入保障范围；将符合条件的“漏保”对象133户301人按程序纳入保障范围；对多发违规资金48户185941元全部完成了资金追缴工作。

### （二）就业创业成效明显，社会保障不断加强

一是就业创业成效明显。2018年全县城镇新增就业目标任务数4250人，完成4275人，完成任务数的101%。失业人员再就业任务数600人，完成613人，完成任务数的102%。困难人员实现就业任务数400人，完成457人，完成任务数的114%；贫困劳动力全员培训任务数3652人，完成3901人，完成任务数的106.8%。

二是社会保障不断加强。2018 年，企业职工养老保险参保 5999 人，完成计划数 4260 人的 140.82%；机关事业单位养老保险参保人数 7548 人，完成计划数 7456 人的 101.2%；职工基本医疗保险参保 12525 人，完成计划数 12000 人的 104.4%；失业保险单位参保 7370 人，完成计划数 7200 人的 102.4%；工伤保险参保 21068 人，完成全年计划数 21000 人的 100.3%；生育保险参保 10006 人，完成计划数 10000 人的 100%。

### （三）社会事业全面进步，文教卫生取得新成绩

2018 年至 2019 年上半年，普安县各项社会事业有了新进展，取得了新成绩。社会各领域在解决教育、文化、卫生、公共服务等重要民生问题上取得了新成效。

一是教育发展。不断加强教育精准扶贫工作力度，落实各类资助政策。资助家庭经济困难的学生，合计资助资金 800.01 万元。对义务教育阶段家庭经济困难寄宿学生实施寄宿生生活补助 8293 人，资金 482.5 万元，免学费 4976 人，免除金额 188.764 万元，促进就业及培训工作，认真抓好中职招生工作，积极推动职业教育为地方经济发展服务。推进新市民计划。县教育局高度重视教育保障工作，按照“应读必读、应助尽助”的原则，助推新市民计划开展，加大控辍保学宣传力度，做好学籍管理工作，营养改善计划推广，完成“校农结合”工作任务，积极实施信息化建设和推进教研教改工作，认真做好教育保障工作，进一步加强留守儿童、困难儿童关爱工作。2019 年上半年以来，围绕脱贫攻坚教育保障工作要求，按照“绝不让一个学生因家庭经济困难而失学”的工作目标，不断深化教育改革，确保教育保障顺利助推全县如期减贫摘帽。采取普职融通方式，提高义务教育巩固率。结合普安县实际，对全县劝返且有厌学情绪的学生采取普职融通的方式开展控辍保学巩固提升，使辍学学生“劝得回、留得住、学得好”，义务教育巩固率得到进一步提高；打造龙头学校，发挥示范引领作用。按照“411”的思路模式打造全县的各类龙头校，即 4 所小学，1 所初级中学，1 所高中，从提升办学内涵，加强制度设计，加大人才培养等方面进行打造，发挥示范引领作用；开通绿色通道，确保贫困学

生无障碍入学，中职学校在开学报名时，不分户籍和专业，在学生开学报名时直接免除1000元学费。确保贫困学生无障碍入学，审核确认等工作在报名结束后进行；统筹各类资助资金，提高资助效益，力争资助资金最大限度覆盖家庭经济困难学生，提高资助资金的使用效益；建立健全资助制度，促进资助公平公正，建立并完善各类资助制度，对资助申请、审核、资助发放等环节进行公示，接受广大群众的监督，避免人情资助、关系资助、不按标准资助等情况发生，促进资助公平公正。

二是民族文化。2018年共争取中央、省、州资金403万元。认真贯彻落实国家民贸民品优惠政策，完成新增申报民贸民品企业5家，获批4家，累计达42家。拨付2017年第一、第二、第三季度民贸企业贷款贴息326.1万元，组织有贷款的2家民贸企业（贷款1470万元）申报贴息。全力开展全国民族团结进步示范县创建工作，创建工作以州为单位通过国家民委验收。2019年上半年完成2个少数民族特色村寨建设验收，组织推荐上报2019年特色村寨命名挂牌5个，持续在县内学校开展民族文化进校园工作及双语教学，扎实开展脱贫攻坚工作。2018年实施“送文化下乡”演艺惠民活动，完成演出6场，已开展“书香普安”全民阅读活动1次。完成“三区”人才培训工作。开展文化馆、图书馆免费开放及各类公益性讲座2次，开展流动图书服务6次。对乡镇综合文化站及农家书屋督促检查，规范管理使用1次。依据上级文化主管部门有关文件精神，启动国家级非遗“苗族芦笙舞”和省级“布依小打音乐”数字化保护工作。2019年上半年，综合利用“文化、科技、卫生”三下乡活动，举办“脱贫攻坚民族民间文艺展演”等活动，共计20余场。组织指导图书馆开展了“迎新春·猜字谜”活动，参与人数600余人；开展了以“书乡普安：阅读因你而美丽”为主题第23个“世界读书日”活动，开展读书系列活动。截至2019年6月10日，12个乡镇（街道）综合文化站全部免费开放。2019年6月7日至10日，组织省级非遗项目“彝族海马舞”参加由贵州省文化和旅游厅举办的“2019多彩贵州百姓大舞台非遗周末聚”活动。

三是医疗卫生服务工作。截至2019年上半年，2019年争取中央预算内投资5000万元，省级配套资金2500万元均已到位。普安县中医院建设项目已完成主体建设工程量85%，目前正在进行附属设施建设。普安县西城区新市民卫生服务站装修项目并投入使用，顺利完成高棉乡卫生院建设项目前期工作。同时，完成东城区新市民医院项目选址工作，目前正在进行规划设计、可研编制等工作。截至目前，县域内享受“先诊疗后付费”“一站式”即时结报6919人次，完成一站式结算金额1717万元。县人民医院采购农产品数量58282公斤，采购金额102.76万元，帮助贫困人口740户3098人。截至2019年5月，基层医疗卫生机构诊疗人次数占医疗卫生机构诊疗总人次数的69%，县域内参保（合）住院补偿人次数占全县（市）参保（合）住院补偿总人次数的79.4%，县域内就诊率为94.2%。有效解决群众“看病难、看病远”问题。

## 二、2018年普安县社会发展存在的矛盾和问题

一年来取得的可喜成绩是全县上下共同努力的成果，同时也是省、州关心帮助的结果，是县委坚强领导的结果，是县人大、县政协监督支持的结果，是全县上下苦干实干加油干的结果。但是，无论是经济发展还是社会建设，在总体发展的过程中仍然存在一些矛盾和问题，我们理应高度重视，并加以分析研究，使其最终得到有效解决，当然这些矛盾和问题有的是普安县经济社会发展中长期积累下来的，不可能在2019年得到彻底解决。有的矛盾和问题随着社会建设的不断深入推进有可能在2019年新出现或凸显出来的，其影响仍然将继续下去。因此，为客观分析2018年普安县社会的发展进程，也为了在今后的发展中进一步解决这些矛盾和问题，必须对普安县社会建设和社会发展中存在的矛盾和问题有更加清醒而深刻的认识，并加以切实解决。

一是脱贫摘帽退出形势严峻，全县仍有贫困人口1.8万、贫困村11个，扶贫产业规模化、市场化不高，带动能力还不够强；易地扶贫搬迁后续扶持和社会管理压力较大。

二是防范化解风险压力较大，传统税源支撑下滑，新兴财源培育不够，财政持续增收难度大，地方政府性债务负担较重；安全生产、社会治理等领域还存在薄弱环节。

三是政府行政效能仍需提升，少数干部精神不振、能力不足、担当不够，执行力、落实力有待提升，不作为、不会为、乱作为，一些领域的不正之风和腐败问题还不同程度存在。

## 三、2019 年普安县社会发展趋势预测与对策建议

2019 年，普安县经济社会发展各个方面的工作力度得到新的增强，社会发展中的脱贫摘帽、民生的进一步改善、社会事业的全面进步、社会治理的进一步加强等，在社会发展实践中，随着全县脱贫摘帽，必将与全国同步小康。

### （一）七大基本发展走势

在新中国成立 70 周年之际，普安县社会发展保持与全国、全省、全州大体一致的基本走势的同时，又具有自身本地特征，2019 年是普安脱贫摘帽退出的决胜年。

**1. 脱贫攻坚决胜年：脱贫摘帽退出**

2019 年是普安脱贫摘帽之年，全县将坚决扛起脱贫攻坚政治责任，贯彻落实精准扶贫、精准脱贫基本方略，坚持目标不变、靶心不散、频道不换、尽锐出战，对标对表脱贫摘帽退出指标体系，全面实施“六大行动”，实现 11 个贫困村出列，减少贫困人口 1.25 万以上，贫困发生率下降至 1.8% 以下，顺利通过省级评估，国家抽查。围绕“一达标、两不愁、三保障”，以“4541”为重点，紧扣作战体系和县、乡、村作战方案，全面打响脱贫攻坚问题歼灭战。认真落实“六个坚持”“五个三”部署，加快推进东西城区易地扶贫安置住房及配套设施建设，全面落实易地扶贫搬迁新市民计划。牢牢把握产业革命“八要素”，以“八大工程”实施为抓手，以绿色产业基金、“农调扶贫险”和科技兴农为要素保障，深入推进农村产业革命。全面实施深度贫困地区“四个聚焦”：扶贫资金向贫困村聚焦、东西部扶贫协作向贫困村聚焦、基础设施建设向贫困村聚焦和帮扶力量向贫困村聚焦。

**2. 防范化解风险年：全力防范化解风险**

严格执行政府性债务管理“七严禁”，增强忧患意识，进一步完善审

查、报备制度，加强日常监督检查，制订应急预案措施，理顺工作机制。按照不低于10%的比例提取风险防控基金，建好风险偿债基金池，认真落实还本付息计划，积极稳妥化解存量债务；严格规范政府性融资，绝不搞形象工程和超前工程，争取更多重大项目纳入补短板项目库，缓解项目建设资金压力；围绕煤炭、石材等产业积极培育税源，健全平台公司运行管理机制，加快市场化实体化进程，不断提升政府偿债能力。健全防范处置非法集资等工作机制，深入开展银行机构不良贷款、非法集资等领域的风险排查监测和处置预警，坚决打击违法违规金融活动，确保金融领域各类风险隐患消灭在萌芽状态。严格落实安全生产责任制，不断深化重点行业领域安全隐患排查整治工作，坚决杜绝较大及以上安全生产事故的发生。全面抓好意识形态工作责任制落实，着力防范化解网络舆情领域风险，深化“扫黑除恶”专项斗争，深入推进“1 + N”大数据警务模式建设，依法严厉打击各类违法犯罪行为，维护社会和谐稳定。

**3. 污染防治年：全力优化生态环境**

深入贯彻习近平总书记生态文明思想，持续打好污染防治攻坚战，在污染防治上展现新作为。全力打好“青山保卫战”。扎实开展国土绿化、绿色富民、森林资源保护三大行动，完成退耕还林3万亩、荒山造林0.5万亩、石漠化综合治理14平方千米。强化绿色发展，推动生态建设与经济发展相融合，推进9.8万亩战略储备林融资贷款工作，重点抓好林下种植何首乌、野生天麻等生态产业发展。全力打好“碧水保卫战”。推动“河（库）长制”深入实施，完成千人以上集中式饮用水水源地环境整治，集中式饮用水水源地、主要河流水质达标率保持100%。加大农村生产生活污水治理力度，实现农村污水治理率达30%以上，切实解决农村污水直排乱排问题。推进城乡水务一体化建设，城镇污水处理率提高到90%以上。全力打好“蓝天保卫战”。深入开展扬尘、工业企业大气污染等治理行动，大力整治城乡秸秆、垃圾焚烧污染，确保城市环境空气质量优良率达100%。全力打好“净土保卫战”。全面完成全国第二次污染源普查和土壤环境状况详查工作，推进“户分类、村收集、镇转运”的垃圾收运处理模式，建成投用71个农村生活垃圾收运系统，探索实施村庄保洁制度，推进城乡环卫一体化管理，城乡生活垃圾无害化处理率提高到90%以上。

**4. 项目建设年：全力扩大有效投资**

全员行动、专班推进抓项目，全力以赴、千方百计扩投资，增强投资拉动力。建好项目库，做好项目储备。2019年普安县收尾项目3个：第一个是普安县2015年城市棚户区改造项目；第二个是普安县2018年西城区龙溪石砚小镇易地扶贫搬迁项目；第三个是普安县东城区布依茶源小镇二区工程项目。续建项目13个：普安县2016年城市棚户区改造建设项目；普安县人民医院新院区建设项目；沪昆高铁普安站至普安县城市主干道建设工程；普安县城至县城东区旅游快速通道；普安县白水水库工程；天下普安古茶城建设项目；普安县2017年城市棚户区改造建设项目；普安县2016年通村通组路网全覆盖建设工程（一期）项目；普安县三岔河水库工程；普安县荒田水库工程；普安县大湾水库工程；普安石材产业园附属道路建设项目；贵州习普生物科技有限公司年产5000吨茶叶精加工建设项目。新建项目11个：普安县200万只长毛兔全产业链建设项目；普安县采煤沉陷区综合治理（楼下镇集镇移民避险安置）建设项目；贵州丰联矿业公司普安县楼下镇安福煤矿项目；浙茶集团（普安）茶产业园合作项目；普安县木本源茶文化有限公司茶叶加工厂建设项目；普安县12个乡镇（街道）长毛兔养殖小区；普安县12个乡镇（街道）5万亩标准化茶园建设项目；茶神谷游客接待中心项目；贵州淑芳食品加工有限公司油辣椒加工建设项目；梵居云天禧园·普安县健康养老服务基地建设项目；普安县汽车站新建项目。预备项目4个：普安县2018年南湖街道办城市棚户区改造项目；普安县2018年盘水街道办城市棚户区改造项目；普安县小河水库；普安县河沟头水库。2019年普安县省州重大工程和重点项目31个，总投资213.59亿元，年度投资目标90.4亿元。2019年1—4月累计完成投资36.22亿元，完成上半年投资目标的117.78%。

**5. 改革开放发展年：全力积蓄发展后劲**

大力度深化改革，全方位扩大开放，高效益推动创新，把改革开放创新不断推向深入。深化改革推动。全面推进“三权分置”“三变”改革，加快农村产权交易市场建设。深化“放管服”改革，加快政务服务中心标准化建设，持续开展减证便民专项行动，加大清理减并力度，全力推进“互联网＋政务服务”，实现政务服务事项网上可办率达80%以上。强化开放带动。持续深入开展营商环境专项整治，建立外来投资投诉处理制度、营商环境协同监督机制，优化营商环境。实施全民大招商、产业大招商计划，提升招商引资“四率”，完成国内国际招商140余次，实现出口创汇增长9%。推进创新驱动。谋划建设长毛兔大数据养殖管理系统，引导10家工业企业加入黔西南布依族苗族自治州“企业云”平台，完成安福煤矿等企业智能化升级改造，提升电力、煤炭、特色农业等行业智能化水平。

**6. 民生改善年：全力提升群众满意度**

着力抓好“三就”保障。做好高校毕业生、退伍军人、下岗失业人员等群体就业保障工作。加快发展学前教育，推进义务教育优质均衡发展，高考升学率提升4个百分点，义务教育巩固率提高到89%以上。建成县中医院、县人民医院新院区，力争创建二级妇幼保健院；加快建立分级诊疗制度，县域内就诊率达90%左右。推动医养、康养结合，积极发展居家养老服务，打造东城区健康养老服务基地。着力织牢民生之网。农村、城镇低保标准分别提高10%和7%。推进城乡社会救助体系建设，加大对农村留守儿童、困境儿童、特困供养老人的关爱救助力度，农村生活不能自理特困供养人员供养率达18%。认真抓好双拥优抚工作，做好复员退伍军人困难帮扶和优抚安置。着力统筹其他事业。不断加大“两馆一站”免费开放力度，开展常态化主题文化活动和全民健身运动，丰富群众文体生活。加大对村（社区）文化建设的支持力度，推动基本公共文化服务均等化。巩固加强全国民族团结进步示范县、省级卫生县城创建成果。坚决依法打击非法宗教和邪教活动。坚决依法打击扶贫领域威胁恐吓扶贫干部、不赡养老人等违法犯罪行为。全力打赢禁毒人民战争。强化公共法律服务，深入推进司法行政改革。持续推进殡葬改革，积极倡导绿色环保健康殡仪理念。统筹做好应急管理、国防教育、人民防空、国家安全、外事侨务、史志、档案、消防、科普、气象等工作，切实保障妇女、儿童、老年人、残疾人合法权益。扎实抓好“十件民生实事”：一是解决3.84万人农村饮水安全问题。二是建成“四好”农村路198.64千米。三是改扩建2所村级幼儿园，实现15所乡镇（街道）幼儿园设备升级，完成15个义务教育全面改薄项目建设。四是建成惠民小区和西城区易地扶贫搬迁安置区卫生服务中心。五是完成农村“三改”850户。六是全面推进“厕所革命”，新建改造农村户用卫生厕所7982户、农村公共卫生厕所24座、城镇社区公共卫生厕所3座、旅游厕所3座。七是建成城镇生活垃圾收运系统，投用生活垃圾转运站14座，实现城镇生活垃圾收运全覆盖。八是开工建设县城污水处理二期工程。九是新建2个社区老年人日间照料中心，特困人员分散供养标准提高到每月767元，集中供养标准提高到每月944元。十是新增“广电云”户户用工程7800户。

**7. 不确定年：不和谐因素及灾害年**

不仅要看到2019年里确定的、积极的因素所决定的趋向走势，而且应该注意到不确定因素及其能够造成的负面影响。由此可以看出，2019年普安县将面临一些较大的不确定性因素，其中有的变数的影响甚至很难预料。

第一，从国家层面看，2019年1月1日起美国对自我国进口的2000亿美元商品加征25%的关税，对中美贸易乃至全球贸易的负面影响将急剧上升。2019年9月美国公开市场委员会预测，2019年联邦基金利率中值将达3.1%，超过2.9%的长期中性利率水平。随着货币贬值和资本外流向越来越多发展中国家扩散，少数国家金融市场崩盘导致新兴市场大面积发生问题的可能性不容忽视。

第二，从普安县情况看，农村人居环境综合整治问题、风险防控问题、安全生产问题、社会治理等领域还存在薄弱环节。这些问题在短短一年的时间里，从根本上加以彻底解决的可能性不大，所以不可预测问题仍然存在。诸如，自然灾害问题等不可预测因素依然存在。

## （二）几点对策建议

基于对2018年的普安县社会建设和社会发展成效的认识，以及对存在的问题和2019年发展走势的分析，为更好地促进2019年普安县社会发展，着重提出如下对策建议。

**1. 坚持脱贫战略先行，促脱贫目标实现**

一是围绕产业发展促脱贫。大力发展“一红一白”主导产业，积极推进烤烟、蔬菜、生态家禽等优质产业，谋划实施一批带动性强、见效快的产业，积极做好产销对接工作；巩固完善利益联结机制，推进茶叶、长毛兔、中药材、食用菌、栀子花等全产业链、全利益链发展，实现产业扶贫长短结合，精准贫困人口全覆盖。二是围绕定点帮扶促建设。借助公安部定点帮扶，把握住镇海区将普安县脱贫摘帽作为最大政治任务的机遇，优化中央定点帮扶和东西部扶贫协作方式，深入推进产业、医疗、教育、劳务协作等项目，助推发展；用好国开行、省工行帮扶机遇，在产业策划、融资规划、金融扶贫等方面加大合作力度，破解扶贫产业发展、基础设施建设等资金“瓶颈”。三是围绕战略部署达目标。落实脱贫攻坚“3856”和“4541”战略部署，以全县如期脱贫摘帽退出作为总攻目标，实现11个贫困村出列，减少贫困人口1.25万以上。

**2. 坚持绿色发展为本，促生态文明建设**

一是围绕环境质量促污染防治。坚决打好污染防治攻坚战，认真做好环境统计、环境质量公开、监督性监测等重要常规工作。二是围绕蓝天碧水青山净土打好保卫战。完成退耕还林3万亩、石漠化治理14平方千米；深入推动“河（库）长制”；城镇污水处理率提高到90%以上，集中式饮用水水源地、主要河流水质达标率保持100%；确保城市环境空气质量优良率稳定在100%；推进城乡一体化管理，城乡生活垃圾无害化处理率提高到90%以上。三是围绕环境监管促法律保障。彻底抓好中央、省环保督查反馈问题及“回头看”发现问题整改落实，继续保持严厉打击环境违法行为的高压态势，加强环境保护行政执法与刑事司法的有机衔接和有机结合，形成工作合力。

**3. 坚持基础设施为根，促发展环境优化**

一是围绕通村通组路促全覆盖。强力推进沪昆高铁普安县站至普安县城城市主干道、普安县城至县城东区旅游快速通道建设，完成投资11亿元；开工建设普安至兴义一级公路，打通东西南北“十字形”交通大动脉；续建“建养一体化”项目139千米；全力推进汽车客运站建设工作，完成投资0.24亿元。二是围绕骨干水源工程促水利建设。实现五嘎冲水库蓄水验收工作；甲金水库竣工验收；继续扎实推进白水、大湾、荒田、三岔河水库建设工作；开工建设红星、小河、河沟头水库；乡镇污水处理一期工程（地瓜镇、兴中镇、新店镇、罗汉镇、白沙乡、高棉乡）、县城污水处理二期工程争取开工建设。三是围绕能源建设促电力设施夯实。将110千伏凤凰输变电工程列入投资计划，开工建设35千伏高棉输变电工程，建成金州电力沙子至三板桥电网工程及三板桥110千伏变电站。

**4. 坚持深化改革牵引，促经济发展活力**

一是围绕“放管服”促改革。按照省政府“六个一改革”的要求，深化“放管服”改革，加快政务服务中心标准化建设，持续开展减证便民专项行动，加大清理减并力度，企业和群众办事申报材料减少60%以上；全力推进“互联网+政务服务”，实现政务服务事项网上可办率达80%以上。二是围绕机构改革促开放。进一步提升窗口服务水平和业务能力，发挥好政务服务中心、政府门户网站、县长信箱、政府公报、政务公开栏的载体作用，不断扩大群众的知情权、参与权和监督权。大力减少盖章、审核、备案、确认、告知等烦琐环节和手续，重点对地方性法规、政府规章和规范性文件等设定的各类证明事项进行全面清理，对已编制公布的《证明材料保留清单》和《证明材料取消清单》进行完善，并实施动态管理。

**5. 坚持民生事业当先，促社会发展均衡**

一是围绕教育保障促发展稳定。确保学校公用经费、营养资金、寄宿生生活补助及其他专款及时、足额分配到位；继续完成2018年续建项目，统筹解决全县各校报建项目；东城区民族实验学校3月实现开学招生；推进义务教育优质均衡发展，义务教育巩固率提高到89%以上；高考升学率提升4个百分点。二是围绕医疗卫生促改革加快。继续完善建档立卡贫困户健康体检及健康档案整理工作，严格落实建档立卡贫困户健康扶贫医疗救助政策；做好慢性病签约服务和大病集中救治工作，主动上门为农村贫困人口提供诊疗、健康管理等服务；建成县中医院、县人民医院新院区，力争创建二级妇幼保健院；加快建立分级诊疗制度，县域内就诊率达90%左右。三是围绕提高就业夯实社会保障。做好促进困难群体就业工作，重点做好高校毕业生、退伍军人、下岗失业人员等群体就业工作；落实和完善各项扶持政策，力争基本实现社会充分就业；开展贫困劳动力全员培训5400人次，新市民培训7480人次，新市民培训率达90%以上；大力推进城乡居民社会养老保险工作，加大医疗保障投入。

**参考文献**

[1] 龙强. 2019年普安县人民政府工作报告. 2019-2-24.

[2] 普安县县属各单位2018年年度总结和2019年上半年工作总结.

# 评价篇

# B.3 普安县经济社会发展综合评价分析报告

王义飞[①]

**摘要：**近年来，贵州省普安县经济社会发展取得了长足进步，本文通过对普安县经济社会发展综合评价指标体系的评价目的、设计原则、主要框架、分析方法的探讨，并就经济发展、社会进步、文化生活、生态环境等方面内容的相关指标进行比较分析并展开评价，最后对普安县经济社会发展提出建议和思考，从而更好地促进普安县经济社会协调发展。

**关键词：**普安县　经济社会发展　综合评价分析

## 一、评价的背景和目的

### （一）评价的背景

郡县治，天下安。一直以来，县域既是城市经济与乡村经济的结合点，又是城市社会和乡村社会的连接处。县域经济社会的发展是国民经济和社会发展的基本单元[②]，是国民经济的重要基础和支撑力量，也是基层社会发展状况的缩影。

普安县位于贵州省西南部乌蒙山区，黔西南布依族苗族自治州西北部，乌蒙山脉横穿县境，中部地势高起，将全县分为南、北两部分，南部地势向西南倾斜，北部地势向东北倾斜。全县辖 14 个乡镇，89 个村（社

① 王义飞，贵州省社会科学院社会研究所副研究员。

② 曾智：《县域经济发展综合评价指标体系研究》，载《长沙大学学报》2010 年第 5 期，第 83—84 页。

区），人口 33.2 万，国土面积 1454 平方千米。距省城贵阳 289 千米，距云南昆明 350 千米，距州府所在地兴义市 155 千米，东邻晴隆县，南与兴义市、兴仁市相连，西接盘州市，北与水城县和六枝特区接壤。近年来，普安县坚持以习近平新时代中国特色社会主义思想为指导，深入学习贯彻党的十九大和习近平总书记系列重要讲话精神，统筹推进“五位一体”总体布局、协调推进“四个全面”战略布局和贯彻落实“创新、协调、绿色、共享”发展理念的探索，树牢“四个意识”，坚定“四个自信”，坚决做到“两个维护”，认真贯彻落实省委、省政府、州委、州政府各项决策部署，践行新发展理念，深化供给侧结构性改革，守好发展和生态两条底线，全力打好三大攻坚战，在稳增长、促改革、调结构、惠民生、防风险上主动作为，人民群众的获得感、幸福感不断提高。

## （二）评价的目的

对于一个区域的发展而言，构建经济社会发展的指标体系能够对本地区的经济社会发展概况进行可操作的量化，从而实现可纵向和横向比对的目的。一是客观评价县域发展水平。通过建立一套科学合理的评价指标体系，旨在对普安县经济社会发展情况进行总体评价，较为全面地衡量和检验普安县发展的成果，通过经济社会发展评价体系，对普安县的经济、社会发展水平、人民生活质量进行测评，从数据和资料上说明和反映普安县的发展情况。二是分析问题，把握未来发展方向，根据评价情况，肯定成绩、总结经验、分析问题、找出差距，有助于更好地了解普安县发展定位，明确未来发展的方向，科学制定发展路径，探寻实现未来发展目标的路径。

在具体操作中，坚持定量与定性相结合，全面与专项相结合，总量与增量相结合，着重反映全面建成小康社会，统筹推进现代农业发展、现代服务业发展、工业转型升级、新型城镇化建设、民生保障、生态文明建设等重点工作，聚焦发展“短板”，更加侧重反映县域经济发展、结构转型、创新驱动和脱贫攻坚、居民收入提升等发展成就。

## 二、评价指标体系的建立原则和主要功能

县域经济社会发展综合评价指标体系是由多因素测度指标有机结合形成的综合体①，涵盖经济社会资源环境等多方面，是对涉及的各方面进行衡量的多层次指标体系。在建立的过程中，遵循其原则，发挥其功能，是指标体系建立的出发点和落脚点，也是实现评价目标的重要依据。

### （一）评价指标体系的建立原则

#### 1. 科学性原则

评价体系的指标选取要体现科学性，克服随意性和主观意愿的干扰，在指标的设计和选取过程中，要注重可行性研究，确保指标的选取和指标预期目标值建立在坚实的现实基础之上②。要明确市场经济条件下政府规划在普安县经济和社会发展中的作用和职能，坚持规划目标对普安县经济和社会发展的指导性和引导性。指标设计主要坚持战略性和宏观指导性，避免指标设计过于细化和过于追求可操作性。

#### 2. 系统性原则

指标体系的构建要体现出系统性，各指标直接要形成有机、有序的联系，反映县域经济社会发展的评价指标体系应包含县域经济、社会、文化、环境等方面的指标，每项指标要能作为一个观察总体特征的视角，并能相互配合，作为一个有机整体比较全面、系统准确地反映、涵盖和描述评价对象。在具体操作中，与《普安县国民经济和社会发展第十三个五年规划纲要》《贵州省全面小康建设工作领导小组关于印发〈关于调整完善贵州省以县为单位全面建设小康社会统计监测指标体系的方案〉的通知》（贵康发〔2016〕1号）等政策文件中涉及的相关指标进行衔接，做到既突出重点，又不以偏概全，具有一定的前瞻性，形成一个全面系统

① 张春光：《论体现科学发展观要求的县域经济社会发展综合评价指标体系的构建》，载《理论学刊》2009年第12期，第53—58页。

② 范宣丽、白艳娟、何忠伟、刘芳：《区域经济社会发展评价指标体系构建研究》，载《科技和产业》2016年第6期，第33—36页。

的体系。

**3. 可操作原则**

在具体的指标设定时，要确保数据的可获取性，有定期公布的法定数据可供分析研究。指标体系要能够保证不同县（市）之间的横向比较和本县的历时性纵向比较，不仅可用于对某一个确定区域进行时间序列的纵向比较，还能用于区间的空间地域的横向比较[①]。同时，考虑到长远发展的可能性，还应使指标体系具有可拓展性。在确定基本评价指标的基础上，兼顾普遍性和特殊性，根据现实需要和未来发展趋势，进行调整、充实和完善。

## （二）评价指标体系的主要功能

**1. 全面评价功能**

通过多维度的测量、分析和评价，能够较为全面地反映普安县经济社会及城乡发展的各项进程。

**2. 监测功能**

通过指标数据的收集、比较和分析，从而对经济社会的运行情况进行监测，并及时进行调整修正。对于普安县来说，监测的目的就是要引导普安县各单位及各相关部门增强加快发展、争先进位的意识，既注重经济增长的规模和速度、经济运行的质量和效益，又注重社会事业的发展和生态环境的改善，从而更快更好地促进县域经济社会协调发展。

**3. 信息服务和决策参考功能**

通过对数据和资料进行评价和分析，得出相应的结论，为县委、县政府提供经济社会发展情况的指标信息解读，根据指标体系的测算结果，进行分析总结，针对普安县经济社会发展过程中的具体情况及存在的问题和不足，提出分析和判断，为县委、县政府及相关部门提供决策参考。

---

① 张春光：《论体现科学发展观要求的县域经济社会发展综合评价指标体系的构建》，载《理论学刊》2009 年第 12 期，第 53—58 页。

## 三、指标体系的构建方法和主要内容

### （一）指标体系的构建方法

对一个地区经济社会发展情况进行评价，需要有一套明确的量化指标体系，以经济、社会、人文和环境发展为基础指标，并按照一定的目的进行体系的构建和指标设置。主要构建方法包括：

定量分析法：根据指标间数量关系，运用数学方法筛选指标，优点是指标的论证严密，有数理支撑，但只依赖数据本身和论证结果，有可能和客观实际脱离，并造成指标之间逻辑关系不明确。

定性分析法：运用系统思想，根据评价目标对评价对象进行深入系统的剖析，把评分对象分解为不同方面，在对每一方面属性进行深入分析的基础上，提出反映各个方面的衡量指标，把这些指标组合起来构建成指标体系。此方法的缺点是具有一定的主观随意性，但优点是可以构建指标体系之间的逻辑关系，能够较为全面地反映评价体系全貌①。

本研究以定性分析法为主，辅之以定量分析法构建指标体系。

### （二）指标体系的主要内容

在县域经济社会发展中，经济发展发挥了基础作用，社会建设是社会进步的标志，是人民生活水平和公共服务发展的落脚点，环境是全面、协调、可持续发展的关键，是经济社会持续发展的保障。指标体系的一个重要特征就是具有层次性，由许多同一层次、不同作用和特征的子系统，以及不同层次的复杂程度、作用程度不一的个体指标构成。因此，我们选择确定了经济发展、社会进步、文化建设、生态环境四个截面，将指标体系分为总系统、子系统和个体指标三个层次。在县域经济社会发展综合评价指标体系层次结构的基础上，分别选择确定了体现系统结构特征的四大类一级指标（子系统），12 项二级指标（个体指标），组成了指标体系。具

---

① 朱少芬、赵沁娜：《“十二五”时期经济社会发展指标体系构建研究——以滁州市为例》，载《合肥工业大学学报》（社会科学版）2012 年第 2 期，第 58—63 页。

体内容如下：

**1. 经济发展指标**

县域经济发展是基础，是社会发展、环境改善的基本保障，经济发展指标如下。

（1）人均 GDP。人均地区生产总值（人均 GDP），作为衡量地区经济发展规模和速度的重要标志，只有经济发展、物质财富的积累，才能谈得上后续发展。因此，既要重视 GDP，又不唯 GDP。

（2）工业和服务业增加值占 GDP 比重。工业和服务业发展程度是衡量现代社会经济发展和繁荣程度的重要标志，该指标是调整产业结构、转变经济增长方式在经济发展中的具体体现。

**2. 社会进步指标**

（3）城镇化率。城镇化率是衡量地区经济社会发展和人口结构的重要指标，通常反映了人口从农村向城镇不断集聚的动态过程。

（4）城乡居民人均可支配收入比。该指标是指城镇居民人均可支配收入与农村居民人均可支配收入之比，反映了城乡居民可支配收入的差距水平，逐步缩小城乡居民收入水平，也是全面建成小康社会的应有之义。

（5）城镇登记失业率。该指标是评价一个国家或地区就业状况的主要指标，反映了在报告期末城镇登记失业人数占期末城镇从业人员总数与期末实有城镇登记失业人数之和的比重。

（6）贫困发生率。对于贵州而言，坚决打赢脱贫攻坚战，是当前全省上下最大的任务，确保到 2020 年我国现行标准下农村贫困人口实现脱贫摘帽，解决区域性整体贫困，减少贫困人口，降低贫困发生率，显得尤为重要。

**3. 文化建设指标**

（7）九年义务教育巩固率。即在校生巩固率，是指一个学校入学人数与毕业人数的百分比。

（8）高中阶段毛入学率。指高中阶段（包括普通高中、成人高中、中等职业学校）在校学生总数占 15—17 岁学龄组人口数的比重。到 2020 年实现普及高中阶段教育，是党中央、国务院作出的重大部署，是事关人民群众切身利益的重大民生工程，意义重大。

#### 4. 生态环境指标

（9）森林覆盖率。该指标是指森林面积占土地总面积的比例，是反映一个国家或地区森林资源和林地占有的实际水平的重要指标。

（10）城镇生活污水处理率。指经管网进入污水处理厂处理的城市污水量占污水排放总量的百分比。该指标从一个侧面反映了城镇基础公共服务设施的完善程度。

（11）城镇生活垃圾无害化处理率。城镇生活垃圾处理是城镇管理和环境保护的重要内容，是社会文明程度的重要标志，关系人民群众的切身利益。为提高城镇生活垃圾无害化处理水平，切实改善人居环境，设置该指标。

（12）环境空气质量优良率。空气质量的好坏反映了一个地区的空气污染程度，它是依据空气中污染物浓度的高低来判断的。空气污染物主要包含烟尘、总悬浮颗粒物、可吸入颗粒物（PM10）、细颗粒物（PM2.5）、二氧化氮、二氧化硫、一氧化碳、臭氧、挥发性有机化合物等。

具体来看，由经济发展、社会进步、文化建设、生态环境等方面组成的普安县经济社会发展评价指标体系的框架和内容如表 1 所示。

**表 1　普安县经济社会发展评价指标体系**

| 总系统 | 子系统（一级指标） | 个体指标（二级指标） | 指标方向 |
|---|---|---|---|
| 普安县经济社会发展综合评价指标体系 | 经济发展 | 人均地区生产总值（GDP） | 正向 |
| | | 工业和服务业增加值占 GDP 比重 | 正向 |
| | 社会进步 | 城乡居民人均可支配收入比 | 负向 |
| | | 城镇化率 | 正向 |
| | | 城镇登记失业率 | 负向 |
| | | 贫困发生率 | 负向 |
| | 文化建设 | 九年义务教育巩固率 | 正向 |
| | | 高中阶段毛入学率 | 正向 |
| | 生态环境 | 森林覆盖率 | 正向 |
| | | 城镇生活污水处理率 | 正向 |
| | | 城镇生活垃圾无害化处理率 | 正向 |
| | | 环境空气质量优良率 | 正向 |

## 四、评价对象和方法

### （一）评价对象

本研究的评价对象为普安县，主要对普安县经济社会发展涉及的诸多方面指标进行分析，由此得出分析结论，并提出意见和建议。

### （二）评价方法

本研究运用相关公开的法定数据、文字材料及访谈，力求做到定性和定量相结合，既有描述又有分析。

**1. 文献分析法**

通过对 2017—2018 年度贵州省、黔西南布依族苗族自治州以及普安县国民经济和社会发展统计公报，普安县政府工作报告、相关职能部门的工作总结、县小康统计监测报告等资料的查阅和获取，选取与指标相对应的数据和文字资料进行分析。以下图表中的数据，如无特殊说明，均来源于 2017—2018 年贵州省、黔西南布依族苗族自治州、普安县国民经济和社会发展统计公报，普安县全面小康社会统计监测分析报告等，故不逐一标注。

**2. 访谈法**

通过对指标涉及的相关政府职能部门的负责同志进行访谈和交流，深入了解和探讨实际工作中的具体情况，发现文字和数据背后的想法与措施。

## 五、具体指标评价与分析

2018 年，普安县地区生产总值完成 89. 35 亿元，同比增长 12. 1%，增速高于全州平均水平 0. 1 个百分点。经济发展综合测评获得 82. 00 分，在全省县域第二方阵排第 10 位，比 2017 年上升两位。从图 1 中可以看出，普安县 2018 年人均 GDP 完成 34936 元，同期，黔西南布依族苗族自治州人均 GDP 为 40608 元，比上年增长 11. 4%，贵州省人均 GDP 为 41244 元。

与全州和全省相比，普安县仍有一定差距。

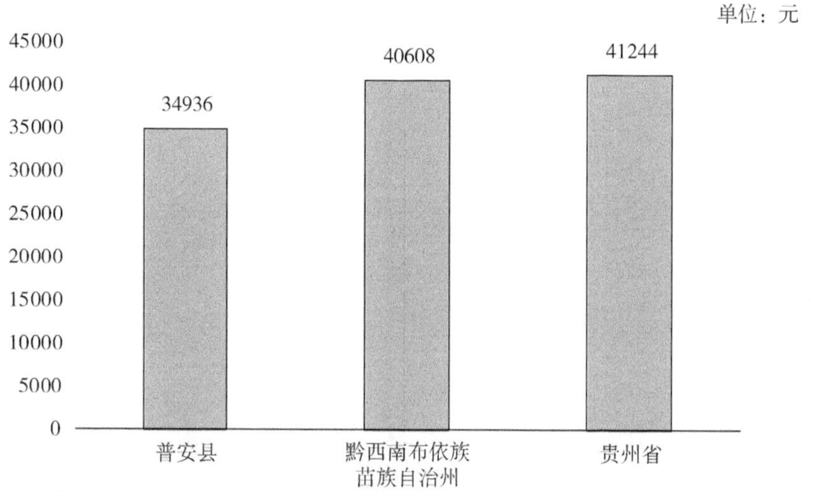


**图1　人均地区生产总值（人均GDP）**

从工业和服务业增加值占GDP比重指标来看，2018年普安县工业和服务业增加值占GDP比重为78.3%。与此同时，黔西南布依族苗族自治州工业和服务业增加值占GDP的比重为81.7%，全省工业和服务业增加值占GDP的比重为85.4%，可以看出，普安县产业发展以第二产业和第三产业为主要支撑，所占比例与全州相比差距较小，与全省仍然有一定差距。

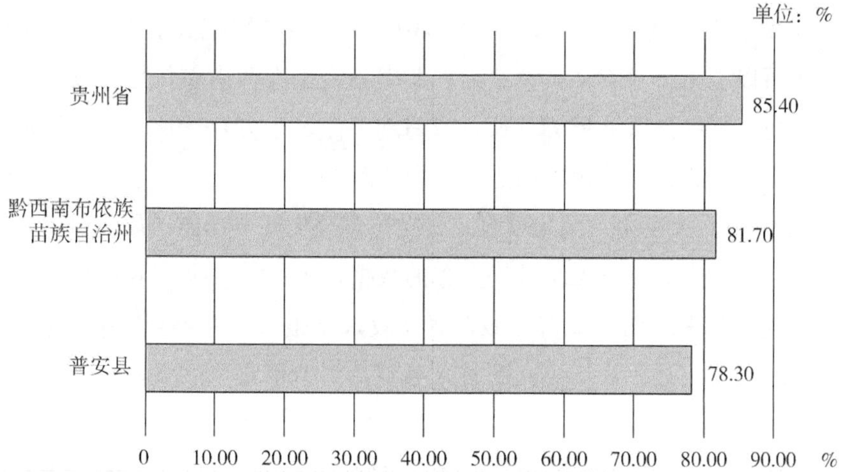


**图2　工业和服务业增加值占GDP比重**

2018 年，全省常住人口城镇化率为 47.52%，全州常住人口城镇化率提高到 46.0%，普安县的城镇化建设步伐也在加快，县城中心城区面积扩大到 22.46 平方千米，全县新增城镇人口 2.17 万，城镇化率达 39.95%，同比增长 9.22%。

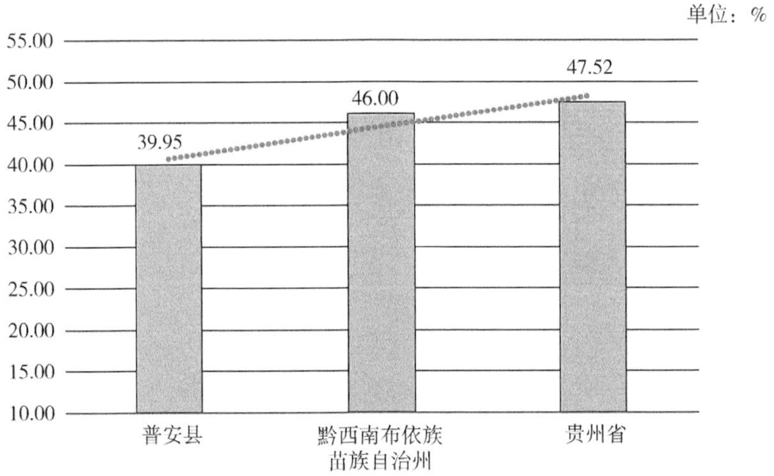


**图 3　2018 年贵州省、黔西南布依族苗族自治州、普安县城镇化率**

2018 年，普安县城镇新增就业 4236 人，失业人员再就业 623 人，困难人员实现就业 425 人，登记失业率控制在 4% 以内。全州全年城镇新增就业 3.65 万人，比上年增长 1.7%。其中，失业人员再就业 5682 人，2018 年末城镇登记失业率 3.46%；全省 2018 年末城镇登记失业率为 3.16%。从图 4 可以看出，普安县城镇登记失业率均高于黔西南布依族苗族自治州和贵州省，反映出就业形势疲软，应引起关注，千方百计加大人力资源的岗位供给和配置，充分用好用足劳动力资源。

党的十八大以来，党和政府充分发挥再分配调节功能，加大对保障和改善民生的投入，据国家统计局发布的数据显示：2017 年，我国城乡居民人均可支配收入之比为 2.71，城乡居民收入差距持续缩小①。2018 年，普安县城镇、农村居民人均可支配收入分别达 29164 元、8822 元，分别增长

① 国家统计局：《2017 年城乡居民人均可支配收入之比为 2.71》，资料来源：http://www.ce.cn/xwzx/gnsz/gdxw/201808/31/t20180831_30175315.shtml，2018-08-31。

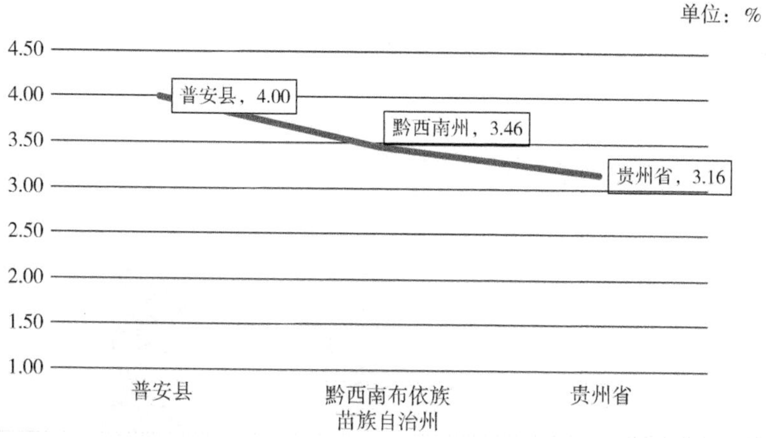


**图4　2018年贵州省、黔西南布依族苗族自治州、普安县城镇登记失业率**

了9.6%、10.6%，增速高于全省平均水平。人均可支配收入比与全省情况持平，略高于黔西南布依族苗族自治州的比值，显示城乡居民人均可支配收入仍有继续缩小的空间。

**表2　2018年城乡居民人均可支配收入情况**

| 区　域 | 城镇居民人均可支配收入（元） | 农村居民人均可支配收入（元） | 人均可支配收入比 |
|---|---|---|---|
| 贵州省 | 31592 | 9716 | 3.3 |
| 黔西南布依族苗族自治州 | 30407 | 9485 | 3.2 |
| 普安县 | 29164 | 8822 | 3.3 |

从宏观层面看，2018年贵州省全年减少贫困人口148.14万，贫困发生率下降至4.29%。与此同时，2018年黔西南布依族苗族自治州减少贫困人口10.52万，建档立卡贫困人口减少至15.86万，贫困发生率下降至5.02%。近年来，普安县始终以脱贫攻坚统揽经济社会发展全局，贯彻落实省委、省政府脱贫攻坚战略部署，扎实推进脱贫攻坚“春风行动”和“夏秋攻势”，2018年实现7个贫困村出列，11298人脱贫，超任务脱贫2598人，贫困发生率下降至5.74%，完成易地扶贫搬迁17419人。由此看

来，与州相比，普安县贫困发生率不大，仅有0.72个百分点的差距，但与全省相比，仍然有1.45个百分点的差距。

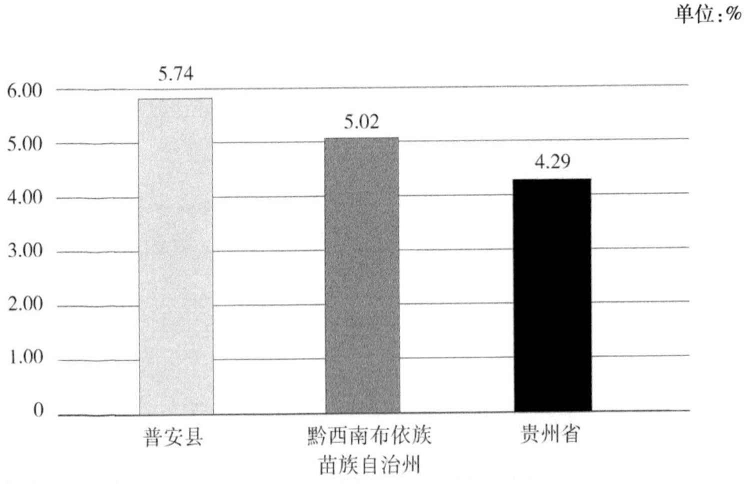


**图5　2018年贵州省、黔西南布依族苗族自治州、普安县贫困发生率**

按照中央要求，到2020年，全国、各省（区、市）高中阶段教育毛入学率要达到90%。从全省范围看，全省九年义务教育巩固率为91.0%，高中阶段毛入学率为88.0%。黔西南布依族苗族自治州九年义务教育巩固率为89.6%，高中阶段毛入学率为91.9%，已经超过并提前达到中央提出的目标；普安县也在不断加大控辍保学力度，2018年全县九年义务教育巩固率为88.95%，高中阶段毛入学率为86.09%，仍然低于全省1.91个百分点，低于2020年中央要求3.91个百分点，差距仍然较大，应引起教育部门的重视，做好相关工作。

普安县贯彻“绿水青山就是金山银山”的生态发展理念，大力推动“青山工程”，开展植树造林工程，完成营造林10.5万亩、水土保持综合治理20.58平方千米，森林覆盖率预计达52.0%。相比而言，黔西南布依族苗族自治州森林覆盖率达到58.0%。黔西南布依族苗族自治州全州水、气、土、声、重金属、核辐射各项指标均达到预定目标。全省森林覆盖率57.0%，与省、州相比，普安县森林覆盖率指标仍然有一定差距，应加大措施的执行力，迎头赶上。

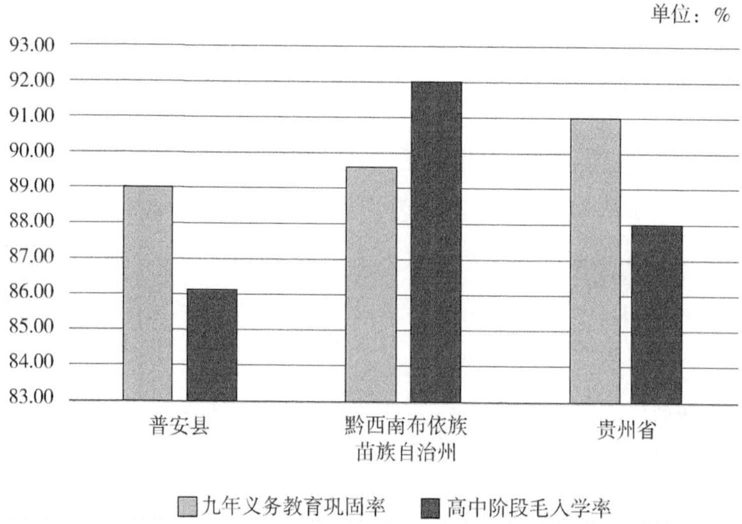


**图 6　2018 年九年义务教育巩固率和高中阶段毛入学率**

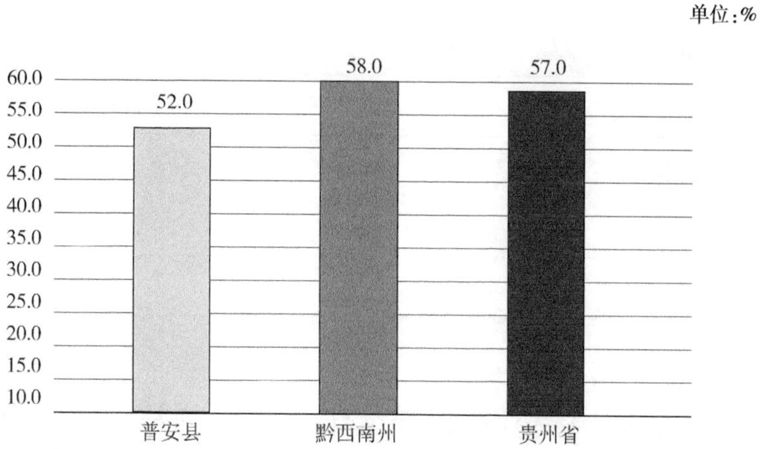


**图 7　2018 年森林覆盖率**

与此同时，普安县大力推动“碧水工程”，实施最严格水资源管理“三条红线”，建成青山等 4 个乡镇污水处理厂，城镇污水处理率提高到 89%。深入推进“河（库）长制”，完成甲金水库饮用水源一级、二级保护区划分和县城集中式饮用水源替换工作，主要河流水质达标率、集中式饮用水源地水质达标率均保持 100%。普安县还大力推动“蓝天工程”，深入实施新一轮大气污染防治计划，严控秸秆焚烧，划定县城禁燃区，城市环境空气质量优良率达 98.9%。同时，普安县推动“净土工程”，有序推进全国第二次污染源普查和土壤环境状况详查。建成县医疗废物处置中心和 13 座城镇垃圾转运站，垃圾收纳转运日处理能力达 595 吨，城乡生活垃圾无害化处理率达 81.88%，医疗废物无害化处理率提高到 90% 以上。从全省来看，2018 年末，综合治理水土流失面积 26.47 万公顷。全年 9 个市（州）中心城市空气质量优良天数比例为 97.2%。空气中细颗粒物（PM2.5）、可吸入颗粒物（PM10）、二氧化硫（$SO_2$）和二氧化氮（$NO_2$）平均浓度分别比上年下降 3.4%、2.0%、7.7% 和 4.8%。9 个市（州）中心城市集中式饮用水水质达标率为 100%。城市（县城）污水、生活垃圾无害化处理率分别提高到 91.5% 和 90.8%。

**表 3　2018 年贵州省、黔西南布依族苗族自治州、普安县城镇生活污水处理率及生活垃圾无害化处理率**

| 区　域 | 城镇生活污水处理率（%） | 生活垃圾无害化处理率（%） |
|---|---|---|
| 贵州省 | 91.5 | 90.8 |
| 黔西南布依族苗族自治州 | 93.0 | — |
| 普安县 | 89.0 | 81.88 |

## 六、普安县经济社会发展中存在问题及相关建议

### （一）存在问题

在经济社会发展取得了较好成绩的同时，普安县经济社会发展不平衡不充分的问题仍然比较突出，需要在未来的发展中继续关注和重视。

**1. 脱贫攻坚任务艰巨**

目前，全县仍有贫困人口 1.8 万、贫困村 11 个，扶贫产业规模化、市场化不高，带动能力还不够强；易地扶贫搬迁后续扶持和社会管理压

力较大。

### 2. 产业转型升级任务艰巨

农业产业规模化、品牌化程度低，煤炭产能释放不足、石材产业发展缓慢，现代服务业还未形成核心竞争力。传统税源支撑下滑，新兴财源培育不够，财政持续增收难度大，地方政府性债务负担较重；安全生产、社会治理等领域还存在薄弱环节。

### 3. 民生领域任务艰巨

民生领域仍然欠账较多，防范化解风险压力较大，控辍保学任务艰巨，基础设施建设不完善，人均拥有道路面积偏低，居民出行便捷度不高，城镇化建设进度缓慢，影响了居民对美好生活的向往。

## （二）相关建议

### 1. 攻克脱贫攻坚短板

2019 年是新中国成立 70 周年，是打赢脱贫攻坚战的关键一年。普安县要按照“一路一带、建养一体、打通经络、双擎驱动、众志成城、实现赶超”的发展方略，紧紧围绕到 2019 年实现全面小康的目标，突出脱贫攻坚主战场，实施好“五个一批”，围绕“六个精准”，打好“四场硬仗”“十大攻坚战”，坚决打赢脱贫攻坚战，全面提高发展水平。要坚持脱贫攻坚目标和现行扶贫标准，坚持大扶贫工作格局，进一步聚焦突出问题，强化责任落实，在全面贯彻落实中央已出台的各项收入分配政策的同时，要坚定不移以脱贫攻坚统揽经济社会发展全局，全面实施深度贫困地区的“扶贫资金向贫困村聚焦”“东西部扶贫协作向贫困村聚焦”“基础设施建设向贫困村聚焦”“帮扶力量向贫困村聚焦”这“四个聚焦”。深入推进农村产业革命，坚持精准扶贫精准脱贫基本方略，坚决打好基础设施建设、易地搬迁扶贫、产业扶贫、教育医疗住房“三保障”四场硬仗，把防止返贫摆到更加重要的位置，大力降低农村贫困人口发生率，力争贫困发生率下降至 1.8% 以下。增进民生福祉是发展的根本目的，不断加强保障和改善民生是同步小康的出发点和落脚点，要把富民始终放在经济社会发展全局的优先位置，进一步缩小城乡居民人均纯收入差距，确保现行标准下农村贫困人口脱贫；努力加快推进以改善民生为重点的社会建设步伐，从人民群众的操心事、烦心事、揪心事做起，扎实抓好“十件民生实事”，多谋民生之利、多解民生之忧，在发展中补齐民生“短板”，下大力气抓好文化、教育、就业、医疗、住房等工作，加快发展各项社会事业，切实解决群众最关心最紧迫的民生问题，不断增强人民群众的获得感、幸福感和安全感，不断加快全县同步小康建设步伐。

**2. 推动经济提质转型升级**

按照“巩固、增强、提升、畅通”八字方针要求，深入推进供给侧结构性改革，全力推进经济发展向高质量迈进。坚持工业强县战略不动摇，突出工业“主引擎”，抓住优势产业，大力发展“一红一白”产业，继续发挥工业园区在工业经济发展中的龙头作用，推动工业园区加快发展。大力提升服务产业，深度推进大数据融合发展，以“国家级电子商务进农村综合示范县”和“农商联动示范县”为抓手，全力打通脱贫产业产销对接最关键环节，推动电子商务提质增量，新建电商市场主体和农村淘宝服务站，持续提升电子商务交易额规模，全力推进古茶文化城项目建设，打造黔西南布依族苗族自治州最大的茶叶集散交流中心，以高质量的经济社会发展带动全县决战脱贫攻坚、决胜同步小康。

**3. 维护良好的生态环境**

按照《普安县政府工作报告（2019）》提出的全力打好“青山保卫战”“碧水保卫战”“蓝天保卫战”“净土保卫战”四场“战役”的总要求，进一步加大生态文明建设力度，加强生态建设环境治理，深入实施大气、水、土壤污染防治行动计划，全面加强集中式饮用水源地保护，全面强化城乡生活垃圾和污水处理，特别是加强农村污染的预防和治理。坚持生态优先绿色发展，形成绿色产业化、品牌化发展方式，推动绿色生态要素向生产要素、绿色财富向物质财富转变。提升县级环保部门能力建设，助推普安县经济社会长远发展。

### （三）相关思考

今后，在指标体系的完善和调整中，建议增加以下指标数据的收集和分析。

一是农村无害化厕所普及率。“小厕所”改善“大民生”。贵州将进一步开展“厕所革命”，推广普及农村无害化卫生厕所，提高农村卫生水平，坚持因地制宜、集中连片、整村推进，加快实施农村改厕。将配套建设无害化卫生厕所纳入农房新改建房屋规划和审批。加强乡镇政府所在地、中小学、乡镇卫生院、集贸市场等区域无害化卫生公厕建设。引导农民使用卫生厕所，建立卫生厕所建、管、用并重的长效管理机制。力争到2020年全省农村卫生厕所普及率提高到85%。目前，由于省、州和普安县数据没有相应的统计指标出口，数据无法获得，难以分析比较。

二是城乡居民人均教育文化娱乐消费支出占消费支出比重。该指标反映了城乡居民在消费支出结构上，用于文化教育消费所占的比重，也从一个重要方面反映城乡居民对教育文化的重视程度。目前，该指标在不同层面的统计口径上有所不一致，例如，在全省层面，统计口径分为“城镇常住居民人均消费支出及其构成”和“农村常住居民人均消费支出及其构成”两项内容及其细目，而在全州层面，只有“城乡常住居民人均消费支出”一项及其细目，在普安县层面，则只有“城镇常住居民人均消费支出”和“农村常住居民人均消费支出”的总数统计，口径的不一致，导致难以在同等条件下进行比较。建议在省、州和县的年度国民经济和社会发展统计公报中，一些普遍性的统计指标的统计口径应保持一致，以利于进行比较。

# 理论篇

# B.4 普安县旅游产业发展研究

杜双燕[1]

**摘要**：旅游产业与经济社会发展是互为条件、相互促进的关系，可以说旅游产业发展是经济社会发展较为强劲的增长点，反之经济社会的发展又会极大地促进旅游产业的长足健康持续发展。普安县是经济欠发达县域，在旅游发展上具有一定的区位优势、特色优势和强大的政策支持。当前旅游发展蒸蒸日上，表现为旅游产业发展经济效益有所提升，贡献增强；基础设施建设逐步完善，品质提升；旅游项目建设如火如荼，前景可期；良好旅游环境的打造，安心顺畅；多途径、多样化宣传推介，声名远扬；旅游产业助推脱贫攻坚，互促“双赢”。但是普安县旅游产业发展仍然存在一些问题：包括旅游规划欠缺，实际规划执行滞后；旅游资源特点影响旅游开发；基础设施建设仍然是一大“短板”；旅游认识不到位，理念较为落后。针对普安县旅游提出一些初步设想，总体思路上应走“山地特色，茶旅结合”之路，采取的重点举措为“基础建设，协作取胜”；保障措施上应注重“风险预判，观念创新”。

**关键词**：普安　旅游　茶旅结合

近年来，贵州省抢抓机遇，奋发有为，按下快捷键、跑出加速度，经济发展创造了令人瞩目的“贵州速度”。地区生产总值保持较快增长，自2012年起，经济发展连续八年增速位居中国前列，2018年全省地区生产总值14806.45亿元，比上年增长9.1%。增速居全国第一[2]。人均GDP在全

---

① 杜双燕，贵州省社会科学院副研究员。

② 资料来源：《2018年贵州省国民经济和社会发展统计公报》。

国 31 个省份的位次也不断前移。“今天的贵州不再垫底，不再是落后的代名词”，经济发展迈入新境界。全省经济的稳定快速增长无不得益于贵州旅游业的“井喷式”发展，从 2015 年开始，贵州旅游井喷式发展，年增长 40% 以上；游客接待量从 2015 年的 3.76 亿人次增加到 2018 年的 9.69 亿人次，旅游总收入从 2015 年的 3512.82 亿元增加到 2018 年的 9471.03 亿元，比上年增长 30.2%[①]；全省“山地公园省·多彩贵州风”旅游形象的确立使贵州率先在全国举起山地旅游发展的大旗，在当前“全域旅游”背景下，加上“大数据、大生态、大健康”等发展战略的推进，贵州旅游必将再创佳绩。普安县位于贵州省西南部，东接晴隆，南邻兴仁、兴义，西靠盘州，北连水城、六枝，距离省会贵阳 198 千米，距州府所在地兴义 79 千米，距云南省会昆明 238 千米，处于黔西南布依族苗族自治州与六盘水市政区交接的边缘地带。普安县作为全省 23 个非经济强县之一，旅游产业发展在全省和全州的知名度和竞争力都不是很强，但是基于近年来结合全县旅游资源禀赋进行的旅游策划、营销、宣传以及与茶产业的融合发展，知名度和美誉度不断提高，旅游发展具有其独特的比较优势和发展潜力。

## 一、旅游产业与经济社会文化发展的关系

我国对于旅游产业的认识经历了以下几个阶段：第一阶段是改革开放之初“投资少，见效快，可以成为中国的无烟工业的重要产业”。第二阶段是形成了“旅游业朝阳产业”的概念以及“中国旅游业应当适度超前于当时国民经济发展水平发展”的战略思想。第三阶段则认为“旅游业是国民经济新的增长点”[②]。第四阶段是形成“旅游产业是综合性产业”的核心认识，形成了旅游法、“旅游＋”战略、产业融合发展战略。第五阶段是新时代在“改革创新绿色协调共享”的发展观念指导下，将“全域旅游”作为综合协调各领域产业发展的蝶变平台。改革开放 40 年以来对旅游产业的认识越来越深刻，旅游业与社会经济文化之间的关系也越来越紧密，彼

---

① 资料来源：《2018 年贵州省国民经济和社会发展统计公报》。

② 杜一力：《旅游发展极简史之认识篇：渐次深化的旅游和经济社会关系》《中国青年报》2018 年 7 月 5 日第 7 版。

此相互依存、相互促进。概括来说，社会经济文化的发展是旅游产生的基础前提条件，而旅游发展又是促进社会经济文化发展的重要动力和引擎。

### （一）旅游产业与经济发展

“旅游活动是一种经济行为”，这是毋庸置疑的。从旅游动机产生开始到旅游活动结束整个过程中涉及信息搜索、对比分析、方案选择等都是一个与自身经济实力相匹配的效益最大化择优过程，包括吃、住、行、游、购、娱各个环节的选择也是与自身消费习惯和行为密切相关的决策过程。

**1. 经济发展是旅游产业发展的前提条件**

按照国际一般规律，当人均 GDP 达到 3000 美元以上，旅游需求就会呈现爆发式增长。旅游需求产生的前提条件一是具备足够强大的支付能力，即可支配收入，二是拥有自我支配的闲暇时间。一般来说，在其他因素不变的情况下，可自由支配收入越高，则旅游需求越大，反之则越小；旅游需求量与可支配收入和闲暇时间呈正相关关系。在一定程度上可以说旅游产业发展是一个国家和地区经济发展的“晴雨表”。正如我国改革开放以来国民收入不断增加，城镇居民出游率 90% 以上，不断催生和激发着越来越普遍的旅游需求。中国国内游客从 1994 年的 524 百万人次上升到 2017 年的 5001 百万人次，增长了近 10 倍；旅游总花费从 1994 年的 1023. 5 亿元增加到 2017 年的 45660. 8 亿元，增长了近 45 倍。除 2003 年“非典”和 2008 年亚洲金融危机外，旅游增速都保持在 10% 左右，与经济发展水平基本持平；自 2015 年以来，贵州省更是以年均 40% 以上的旅游增速井喷式增长。

**2. 旅游产业发展是经济发展强有力的增长点**

1979—2017 年我国国民总收入的增长速度为年均 9. 5%，国际旅游收入则以 17. 1% 的增速快速增长，国内旅游总花费也以 17% 的年均速度增加；全国国际旅游收入从 2013 年的 516. 64 亿美元增长到 2017 年的 1234. 17 亿美元；国内旅游收入从 2013 年的 26276. 12 亿元增加到 2017 年的 45660. 77 亿元；旅游产业发展对于国民收入增长的贡献率越来越大，成为经济发展强有力的支撑。1979—2017 年贵州省国民收入增长速度为年均

10.2%，2001—2017年国际旅游收入年均增长则达到了32.7%，国际旅游收入从2013年的20143.41万美元增加到2017年的28326.58万美元，国内旅游收入则从2013年的2358.18亿元增加到2017年的7097.91亿元，旅游总收入持续大幅度提升。通过有效增加中高端产品的供给，延长游客逗留时间、提升旅游体验、增加旅游消费等措施，2018年全省旅游总收入已达到9471.03亿元，同比增长33.1%，旅游产业已经成为贵州经济发展重要的增长点。

**3. 经济发展能够促进旅游产业稳定持续健康发展**

旅游产业发展虽然只是经济发展中的一环，却是一种绿色、低碳、环保、高附加值，能大量吸附劳动人口，还能带动上下游全产业链一起发展的产业，也是中国现阶段市场需求快速增长的综合性行业，甚至被认为可望成为全球第一大的产业。经济稳定健康的发展能够促进旅游产业的持续向前。首先，经济发展能够为旅游产业发展提供更多源源不断的动力。人均可支配收入的不断增加才能持续激发人们的旅游需求并转化为旅游消费。其次，经济发展能够为旅游资源的合理开发和保护提供有力的经济支撑。旅游收入的部分可以转化为保护资金对不可再生旅游资源给予修复、保护、生态重建等，以延续旅游产品的生命周期和生命力，发挥其持续性的吸引力，有利于促使全人类合力保护承载旅游的古代遗迹、民风民俗、制度文化与精神、信仰等要素。最后，旅游发展促进经济一体化发展，经济一体化发展反过来有利于区域旅游合作，促进旅游一体化的形成，最大限度地高效利用旅游资源。

## （二）旅游产业与社会发展

旅游产生的前提条件是旅游目的地的社会稳定，人民安定，民风淳朴等，没有人会去战火纷飞的国家和地区进行旅游活动，因此旅游产业与社会发展仍然具有密不可分的依存关系。

**1. 旅游产业发展依赖于稳定的社会条件**

旅游需求的产生要以前置的社会条件为依托。可支配收入与闲暇时间的同时具备决定了产生旅游需求的人群结构是有一定特征的，如性别原以男性为主，现女性比例上升，年龄上以25—44岁为主，现在学生群体和老年人候鸟群体增加；职业以教师、工人为主，直至目前的所谓中产阶级、高净值人群、高等教育水平人群等中坚力量，这是针对客源地而言。针对目的地而言，旅游目的地国家和地区必须具有和平、稳定、安全的社会环境，接纳旅游、支持旅游的当地国民，平等和谐的公民意识才能支撑旅游产业的发展，如近年来我国前往日本、韩国、泰国等游客量的增减就与当地对华人的态度息息相关。

**2. 社会发展促进旅游产业的更迭**

一是不同的社会形态对旅游需求程度不一。农业社会自给自足，交通制约下很少有旅游需求；工业社会比农业社会更高的“社会压力”，更为便捷通畅的交通、服务等则成为激发旅游需求的重要因素。二是不同社会发展阶段对旅游产业发展的要求不同。正如中国早期对人口流动的限制较为严厉之时旅游就无法推动，而今国内旅游已越来越满足不了国民的需求，大量多元化旅游需求增加。范围扩展至出境游，形式从大众跟团游到半自助游、自由行、自驾游、个性定制游等新形式。飞机、高铁等交通方式极大缩短时间成本、通行成本前提下旅游半径和边界越来越大，拓展越迅速。三是信息化发展极大地改变了旅游产业发展方式。传统时期的大众旅游层次低、出行难、成本高、体验差，而信息化时代自我选择性、自主性极大增强，甚至足不出户的虚拟旅游也能轻松实现，这样的需求升级在促进旅游产业更迭之时也会推动社会进步。

**3. 旅游产业发展推动社会进步和加快社会一体化进程**

旅游产业发展会带来不同社会间或同一社会不同地区间的互相交往，从而推动社会进步和加快社会一体化进程。一是旅游者本身是其出生地和生活地社会文化的活动载体，具有其特有的性格特点、文化认同、社会认知，当旅游发生时，旅游者即以其身份载体共同影响着目的地和出发地两个不同的社会，并将其社会文化特质传播开来，从而影响当地的社会文化。这不仅能够推动旅游目的地社会经济、社会政治、社会文化的进步，还能反作用于出发地的社会意识、社会理念、社会凝聚力等，促进出发地社会的认同、接纳和进步。二是旅游产业的发展促进了不同社会空间上的融合，从而推动社会内部一体化、不同社会间一体化甚至是全球化的发展。通过以旅游者为介质的社会内部、不同社会间的交流，能够增进不同社会理念的包容、接纳和了解，促成在经济上的相互依赖、文化上的相互认同、社会间的相互交流，在共同精神理念形成的基础之上打破社会边界逐步发展到区域化、全球化的高级社会融合形式。

### （三）旅游产业与文化发展

旅游产业与文化发展是一种发展基础与相互促进的关系，文化本身既是旅游产业发展的重要组成要素之一，也是凸显旅游异质性的关键因子。

**1. 文化发展是旅游产业发展的重要组成部分**

文化要素在空间上的非均衡性分布形成了不同区域间的异质性，这种差异性越大，心理感知距离越远，旅游者求新求异的心理需求越能得到满足，因而能产生强有力的旅游吸引力，因此文化景观是旅游产业发展不可或缺的组成部分，是提升旅游层次和促进旅游消费的关键要素。通过对旅游地文化资源的开发，可更好地发挥其旅游资源优势，并可带动旅游产业与其他产业协调发展，从而促进地区经济发展。

**2. 旅游产业发展是促进文化发展的有力手段**

首先，旅游产业发展有利于对文化资源进行深度挖掘、保护、传承及创新，最大限度发挥文化资源效益，同时能够在合理开发的前提下对文化资源进行保护，延长文化要素的生命周期，加强文化交流和传播，从而促进文化融合与社会进步。其次，可以促进文化交融和发展，减少文化冲突。旅游文化对社会进步促进的动力来自旅游目的地的文化交融，促进文化交融将直接加速旅游客源地与目的地的社会进步。通过承载旅游客源地文化的旅游者将其思想观念和生活方式传达给旅游目的地，直接示范于目的地社会成员，其结果要么是产生排斥的文化冲突，要么是产生亲和力的文化认同和效仿，从而使得文化的差异性得到削减，在最大限度上减缓冲突和矛盾，达到接纳和包容。

## 二、普安县发展旅游产业的优势

普安县属于贵州省 23 个非经济强县之一，也是全省贫困县之一。2017

年国民生产总值为81.94亿元，排全省第57位，产业结构为“二、三、一”结构，经济增长速度为13.3%，排全省第17位，人均GDP为32040元，排全省第44位，增速13.6%。综合而言，普安县虽然经济基础较为薄弱，经济总量小，但是经济增速较快，产业结构也相对合理，针对旅游产业而言，尽管总量不大，仍然具有一些发展优势。

## （一）普安县的区位优势

普安县位于贵州省西南部的乌蒙山区，行政归属黔西南布依族苗族自治州，地理坐标为东经104°51′10″—105°09′24″，北纬25°18′31″—26°10′35″，处于南北盘江分水岭地带。全县呈现一个狭长形状，乌蒙山脉横穿境内，将全县分为南、北两部分，中部地势高起，南部地势向西南倾斜，北部地势向东北倾斜。其东邻晴隆县，南与兴义市、兴仁县相连，西接盘州市，北与水城县和六枝特区接壤。省道216由北至南贯通普安县域，国道60、国道320、晴兴高速由东向西穿境而过，沪昆高铁在普安设有站点，另外还有省道317、省道318、省道314经过普安县范围。县城东距省会贵阳297千米，南距黔西南布依族苗族自治州府所在地兴义市147千米。从地理视角上，这种狭长形区域发展受限较大，不利于空间的拓展，但是旅游发展上却有一定的区位优势。

### 1. 县域旅游经济发展的借力

普安县处于盘州、水城、六枝、晴隆、兴仁、兴义的合围中，除晴隆外，其他市县区经济发展都远远高于普安县，对普安县在空间区域上会形成较强的经济辐射力，带动普安县能与之对接互补的产业快速发展。

当然同时这些区域也会在很大程度上对普安形成虹吸效应，就看两者之间的相对优势要素配比情况。即使是经济发展稍微落后于普安的晴隆县，由于县境内有名震世界的“史迪威公路——24道拐”的高知名度，也可在很大程度上将旅游客源引到晴隆，从而辐射到普安。除经济发展上的借力外，普安县同样可以借助周边区域的优质交通形成接驳。目前普安县主要依赖沪昆高速、晴兴高速、沪昆快铁“两高一铁”交通网络，然而普安高铁站虽然与盘州市高铁站同时开放运营，但是始发和停靠列车呈倍数差距，便利性相对较弱，但可借力盘州站的通达性，实现人流、物流、资金流、信息流的快速通达。

**表1　2017年普安县与周边区域经济发展情况对比**

单元：亿元，元,%

| 县市区名称 | 经济总量 | 经济增速 | 人均GDP |
|---|---|---|---|
| 六枝特区 | 184.26 | 12.0 | 36650 |
| 水城县 | 258.25 | 11.2 | 34468 |
| 盘州市 | 578.43 | 12.5 | 54724 |
| 兴义市 | 416.63 | 12.7 | 50299 |
| 兴仁县 | 151.93 | 13.4 | 36165 |
| 普安县 | 81.94 | 13.3 | 32040 |
| 晴隆县 | 75.44 | 12.4 | 30573 |

资料来源：《贵州统计年鉴（2018）》。

**2. 有利于区域旅游协作的推进**

近年来，加强区域旅游合作，打造旅游协作区来优化整合旅游资源已经成为理论界和实践界的共识。特别是针对普安县这种欠发达县域，旅游资源丰富但知名度还较低，未形成强有力的旅游品牌之前，更是亟须借助其他区域的力量，整合自身的旅游资源，共享旅游效益。就普安县所处的区域合围状态而言，非常有利于普安县向四周突围，主动对接和融合到周边区域发展。

## （二）普安县的特色优势

普安县的自然地理特点完全是全省打造“山地公园省”的典型地貌，加上黔西南布依族苗族自治州具有永久承办国际山地旅游大会这一优质平台，历年来普安县也积极参与山地旅游大会，逐步改善了县域基础设施，同时也积累了较为丰富的办会经验。其特色优势体现在：一是具有“两高一铁”穿越县境的交通优势，并且随着当前交通建设的推进，通达性越来越好，易于进入盘州市、兴义市和六枝特区，跨省进入云南省也相当便捷；二是普安具有“中国古茶树之乡”“中国茶文化之乡”“中国苗族第一镇”“铜鼓山古夜郎历史文化”“温泉康体养生文化”“青山千年古镇”

等独特的旅游资源，在“山地”基础之上更有文化资源挖掘的纵深空间；三是普安县的资源特色决定了其旅游发展取向既可以以“山地”“茶业”这种共性特征与其他相关区域进行区域协作，又能以其“‘四球古茶’文化和苗族文化等旅游品牌”进行个性化、生态化、差异化的发展。

### （三）普安县的政策支持

2017 年普安县成立了旅游发展和改革领导小组，为普安茶文化生态旅游景区有序推进提供组织保障。同年先后出台《关于对 2017 年普安县政府工作报告目标任务进行责任分解的通知》《关于成立 2017 年国际山地旅游大会普安县系列活动筹备工作指挥部的通知》《关于印发普安县江西坡布依茶源小镇等项目建设工作攻坚方案的通知》《关于做好“六·五”世界环境日宣传活动方案的通知》《关于印发普安县 2017 年度重大工程和重点项目督查工作方案的通知》《关于印发普安县 2017 年旅游脱贫攻坚工作方案的通知》《关于印发“国际山地大旅游·我们在行动”普安县 2017 年法治行动方案的通知》等文件，在人力保障、资金投入等方面积极出台政策支撑条件，为普安县茶文化生态旅游景区提供政策理论指导。

## 三、普安县旅游产业发展现状

作为黔西南布依族苗族自治州“国际山地旅游目的地”中的一个组成部分，山地旅游不仅是普安县也是全州其他县域共同打造的目标。山地旅游资源丰富，温泉、洞穴、瀑布、峡谷、湖泊、民族文化、户外运动、红色旅游、地学科普、非物质文化遗产、特色小镇、乡村旅游以及高速公路景观、桥梁景观等多种特色资源共同交织、相互融合，“山地塑体、文化铸魂”战略在每个县域都适用。普安县旅游业起步较晚，但是经过“十二五”“十三五”时期的打造已经初具规模。

### （一）旅游产业发展经济效益有所提升，贡献增强

一是从旅游总人数来看。2013 年全县接待旅游总人数为 102 万人次，2014 年上升到 130 万人次，2016—2017 年逐渐下降，2018 年又重新上升

到148.2万人次；其中出现了极大的波动，如图1所示，这在一定程度上有统计方法和口径的影响，但值得注意的是普安县在整个同类区域中处于较弱的地位，例如普安县2018年度经济发展综合测评指标中，“旅游发展综合评价指数”仅为61.14，在县域第二方阵23个县中居第23位。全县旅游经济发展稳定性较差。

二是从旅游总收入来看，2013年旅游总收入仅为1.53亿元，2014年旅游总收入2.06亿元，比上年增长34.6%；2016年全县共接待61.8万人次，同比增幅为65%；旅游收入4.6亿元，同比增幅为66.2%；接待外省游客28.69万人次，同比增速为77%；接待入境游客1856人，同比增速为19.1%；在全省23个非经济强县中排名第7位。2017年全县旅游接待人数达96.38万人次、旅游收入7.22亿元，同比分别增长55.96%、56.9%。2018年旅游收入达11.1亿元，比上年增长53.7%；可以看出，普安县虽然旅游经济起步较晚，但是近年来的增长速度相当快，高达50%以上，甚至高于全省旅游经济40%左右的平均增长速度。

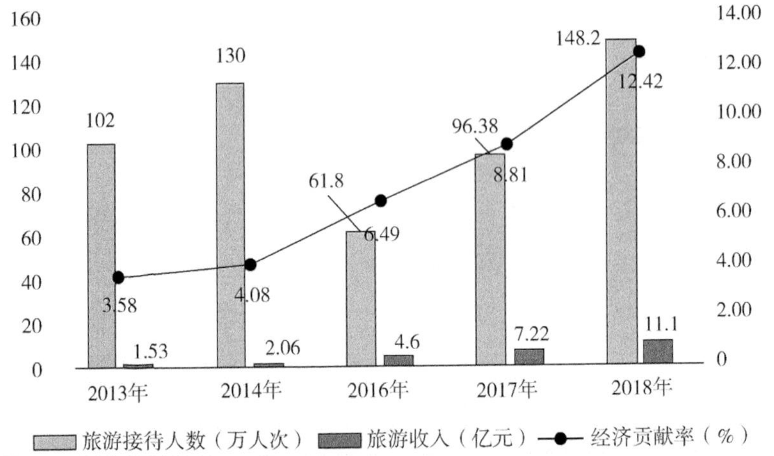


**图1　普安县近年来旅游发展情况**

资料来源：根据县文体广电旅游局提供的工作总结、“十三五旅游规划”、政府工作报告以及“十三五”规划中期评估报告、历年贵州省统计年鉴数据整理计算。

三是从旅游经济的贡献率而言，旅游收入在国民经济总量中的占比从2013年的3.58%上升到2018年的12.42%，增长了3倍多，表明普安县若以目前的速度发展，旅游业对经济总量的贡献率将会越来越高。

## （二）基础设施建设逐步完善，品质提升

在旅游基础设施建设方面，普安县在旅游交通、旅游酒店、旅游景区标准化建设等方面都取得了显著成效。自行车主题公园、旅游快速通道、智慧旅游平台、旅游厕所等项目有序推进，全面完成。一是旅游快速通道逐渐增多，有效地提高了县域旅游通达性。全县以项目工程为抓手，加大基建投入，大力改善不能“畅游”的制约，在交通上下功夫、出成效。外部交通上高铁站的开通带来了极大利好，县域主动对接各大高速公路形成路网接驳，县域内将普安县城（黑桃寨）至县城东区（江西坡）旅游快速通道作为重点工程来抓，快速通道的建成为普安茶文化景区创建国家 4A 级旅游景区建设奠定了坚实基础。二是旅游酒店的建设与提升。仅 2016 年全县就累计建成温泉大酒店、全友大酒店、普安大酒店、黔尊大酒店、锦兴大酒店等 41 家，有客房 1984 间，床位 3600 个，有效改善和提升了县域旅游接待酒店的层次和舒适度。2018 年精心组织开展最佳客栈、酒店、农家乐推选活动。评选了 3 个三星级乡村旅游农家乐和 2 个标准级乡村旅游村寨。普安大酒店开展最佳客栈评选，经省专家组现场建议评选主题酒店。三是加大旅游景区基础设施建设，提升景区硬件工程。仅 2018 年就先后建成了神农祠、福娘阁、普安古茶文化国际城（一期主体）、梵居云·天禧园健康养老服务基地、茶源谷景区自行车主题公园、马家坪古茶树景区、崧岿寺（一期主体）、铜鼓山夜郎遗址（完成博物馆主体）、智慧旅游智慧中心等项目，在促使第四届黔西南布依族苗族自治州旅游发展大会顺利举办的同时极大地完善了景区功能。单以旅游厕所建设为例：2016 年拟建 9 个，年底完成 4 个，剩余 5 个跨年 3 月建成；2017 年建设任务 6 座，完成 8 座，超任务 2 座；2018 年完成了 11 座旅游厕所建设任务，不仅达标而且超标，极大地改善了旅游公共卫生条件。四是康体养生品牌的打造。普安县将普安茶文化生态旅游景区打造成“世界茶源谷、西部建康城和国家 4A 级景区”为目标，强抓康疗基地的建设，充分利用江西坡良好的生态茶园、天然温泉、河流水库、植被等自然资源优势，加强外力合

作，高起点规划设计，完成了集健康小镇、观光步道、生态小镇于一体的康体养生项目建设，为打造西部健康城奠定了坚实的基础。五是不断完善景区标准化建设。为了打破普安县没有A级景区的现状，启动创建国家4A级旅游景区，将普安茶文化生态旅游景区作为重点打造过程，目前已顺利通过国家4A级景区景观质量评审，继续完善景区基础设施、智慧旅游系统、宣传平台等建设，确保顺利通过国家4A级景区创建工作，实现普安县有A级景区目标。

### （三）旅游项目建设如火如荼，前景可期

事实上，旅游项目与基础设施建设项目是密不可分的，甚至是一体化的。近年来普安县旅游发展离不开所有的基建项目和旅游项目建设的有力支撑。一是项目建设。从2016年开始投入建设的国际山地自行车赛道、世界茶源文化广场、布衣茶源小镇、普安森林温泉景区等，投资额达8亿元左右，建成后的旅游收益显著。特别是普安森林温泉这种适合当地客源周末度假康养的旅游项目，投资回报快，满足了人民追求美好生活的向往；而自行车赛道的投入使用尽管未直接产生经济效益，但是建成后的社会效益和生态效益是十分明显的，极大地改善了当地居民休闲旅游“无处去”的困境。在基础设施建设基础之上又通过项目工程拉动，提升品质，从细节处入手，改善景区景点内的旅游体验，仅旅游公厕建设就完成了近30座。二是品质提升。在自行车赛道建设基础上又启动实施了自行车主题公园、国际山地自行车赛事基地（二期工程）、江西坡世界茶源文化广场景观雕塑、普安县城（黑桃寨）至县城东区（江西坡）旅游快速通道等重点工程建设，不断完善旅游基础设施。三是保护利用。为了实现旅游资源的开发利用并可持续发展，普安县规划实施了一系列的景区保护利用工程。包括茶马古道－贵州·崧岿寺保护利用建设工程已开始施工，荷花塘、大殿修复和景区道路建设完成，游客服务中心已经完成主体工程。普安铜鼓山遗址保护利用建设工程，招投标工作完成，博物馆主体已在建。茶马古道－贵州打铁关至罐子窑古道（普安段）已经完成步道和古道清理，游客服务中心正在建设中。此外，普安县全民健身中心、龙吟足球场和江西坡

镇足球场建设等项目已完成项目招投标，即将投建。通过诸多工程项目的建设，将会从整体上系统提升普安县的基础设施水平、旅游接待能力和旅游体验，前景可期。

## （四）良好旅游环境的打造，安心顺畅

普安县紧紧围绕旅游“行之顺心、住之安心、食之放心、娱之开心、购之称心、游之舒心”的要求，深入开展“文明在行动 · 满意在普安”，创造良好旅游环境。多部门协作，齐抓共管，由交通运输局、文体广电旅游局、市场监管局、宣传部、公安、消防等部门组成联合执法队伍，对涉及游客出行方面的道路、设施等进行检查；对游客居住、娱乐、游玩三方面涉及的内容，对景区景点、酒店、宾馆、温泉泡浴中心、KTV、网吧等重点服务单位硬件设施配置、消防安全、服务培训等方面联合开展安全隐患大排查大整治活动；对游客餐饮、购物方面进行治理，严厉打击假冒伪劣商品，对饮食业安全进行整治；同时联合县委宣传部等相关部门，做足做好法治宣传工作，在保证历年“中国山地自行车公开赛（贵州 · 普安站）”和“普安国际山地自行车邀请赛”等赛事和活动顺利举办的同时为游客打造了顺畅安心和满意的良好旅游环境。

## （五）多途径、全方位宣传推介，声名远扬

### 1. 依托大会、赛事、节庆活动等为载体的宣传营销

近年来，普安旅游产业蓬勃发展离不开各种旅发大会、赛事、节庆活动的举办，知名度和美誉度明显提升。2016 年中国贵州普安红“古茶文化节”暨黔茶第一春采茶制茶大赛、第四届“中国美丽乡村 · 万峰林峰会”百名绣娘秀普安暨百名大学生微拍黔西南活动、第四届“中国美丽乡村 · 万峰林峰会”苗族同心节暨盘江两岸文艺会演活动等都邀请了中央、省、州媒体对活动进行宣传报道；通过 2016 年第十二届深圳文化产业博览交易会、2016 年北京马连道国际茶文化展普安红专场推介会、上海中国国际旅游交易会、2016 年贵州贵阳 · 普安世界茶源谷景区推介暨“正山堂 · 普安红”新品发布会等 12 次展会对外宣传普安，并签订了普安县山地旅游文

化基地建设项目、普安县青山夜郎文化旅游区建设项目等26个意向性协议或框架性协议。历年举办的普安国际山地自行车邀请赛，国际山地旅游暨户外运动大会等，集聚了来自美国、法国、荷兰、尼泊尔等世界各地参赛者和媒体，中国台湾、香港和各省区市的选手、嘉宾和媒体记者、群众数万人，中央电视台、贵州电视台以及国内多家网络媒体都对比赛进行了宣传报道。在节庆方面，好歌旅游节、春节系列活动，2017 年中央电视台“星光大道”普安海选赛，2017 年元宵晚会，“三八”妇女节大型活动，2017 年“普安红”古茶树众筹、“六月六”布依风情节、州旅游产业发展大会等活动扩大普安的覆盖面和影响力，助推全县山地旅游的发展。

**2. 依托交通要道进行品牌宣传**

为提高普安旅游知名度，让外界认识普安、了解普安，进入普安旅游，全县不断创新旅游宣传方式，依托便捷的交通（沪昆高速、晴兴高速、沪昆高铁）区位优势，立足“茶源普安·奇行圣境”“中国古茶树之乡”“中国茶文化之乡”“中国苗族第一镇”“普安红”“世界茶源地”夜郎文化（铜鼓山遗址）、苗族文化（龙吟）、佛教文化（崧岿寺）等旅游品牌，不断加强宣传，为普安旅游产业发展造势，吸引国内外大批游客前来普安旅游和投资兴业，为普安旅游发展注入了新活力。另外，积极参加旅游商品评选，精心组织最佳客栈、酒店、农家乐推选活动等成为建构品牌的有效途径。例如普安红、四球古茶、龙溪石砚、普安砚壶、少数民族蜡染制品等特色旅游商品也是普安旅游形象的品牌代言。

**3. 聚焦脱贫攻坚的原创本土宣传**

脱贫攻坚是近年来普安县工作的重中之重，围绕这一主旋律抓对外宣传，将旅游产业发展与脱贫攻坚紧密结合起来，仅 2018 年上半年在中央、省、州主流媒体刊发新闻稿件 798 条，普安原创歌曲《天下普安》在央视音乐频道播出，“正山堂·普安红”宣传视频在央视电影频道连续播出 30 天，《普安旅游专题宣传片》《世界茶源谷景区宣传片》《奇行圣境·茶源普安》等旅游宣传片连续播出，加强对外宣传。央视财经频道记者先后两次到江西坡镇实地采访宣传，贵州电视台《百姓关注》栏目连续一周播出“这里是普安”，普安本土电影《云上之爱》已在贵阳成功举行首映式。

2019年黔茶文化季系列活动之“贵州古茶树”慈善拍卖会中200克普安四球古树红茶拍卖出1.8万元的成交价，所有善款全部捐献，助力脱贫攻坚。这些多样化的宣传方式使普安“中国古茶树之乡”的美誉声名远播。普安县除常规的音频、视频、宣传页、广告牌等宣传推介方式外，也从品牌推广、智慧旅游平台建设、考察接待陪同等方面有针对性地主动走向目标市场、重点客源市场如南宁、宁波等地进行推介，积极做好各类旅游媒体、旅行商的采风、踩线、考察陪同和接待工作，将“普天之下、芸芸众生、平安生息”的宝地推介出去。

### （六）旅游产业助推脱贫攻坚，互促“双赢”

2017年《普安县全域山地旅游扶贫作战方案》及11个子方案制订，明确了全县三年旅游扶贫目标，即到2019年带动全县6060名以上建档立卡贫困人口脱贫。同时从实施旅游项目建设、实施景区带动、实施旅游资源开发等11项战略行动，狠抓旅游扶贫工作落实。全县通过以下几种方式助推脱贫攻坚，达到互促“双赢”的局面。

**1. 紧抓“茶旅结合”，促进产业振兴**

普安县充分利用“中国茶文化之乡”“中国古茶树之乡”“黔茶第一春”等品牌优势，做大做强茶旅产业，现全县茶园种植面积达14.3万亩，投产茶园面积达9.1万亩，规划种植茶叶5万亩，涉茶人数7022户26954人，涉茶企业（合作社）151家，带动直接就业604人（其中贫困户226人），户均收入实现2.37万元，人均收入6200元。目前全国设立普安红销售中心4个、普安红专卖店37个、普安红销售专柜100余家。茶旅绑定，相互依赖，产业振兴。

**2. 力推乡村旅游，促进环境振兴**

为了改善群众的生产生活条件，强化基础设施建设，推进乡村环境整治，不断改善人居环境，全县现已完成2017年度农村“组组通”公路建设交（竣）工验收184.066千米，投资12884.62万元。沪昆高铁普安站至普安县城城市主干道建设工程完成投资6.95亿元，完成项目总进度31.57%。普安县城至县东城区旅游快速通道建设工程完成总投资8.33亿元，完成项目总进度 71.45%。编制完成 10 个精品型、15 个提升型、20 个普及型美丽乡村村庄规划工作；围绕“七型”示范村寨，对全县 30 户以上的村庄进行规划；启动全县农村污水处理、垃圾收运系统建设，在促进农村人居环境改善和乡村旅游发展间形成良性循环。

**3. 有序推进新市民计划，实现易地扶贫搬迁**

为切实解决“一方水土养不活一方人”问题，普安县扎实有效推进易地扶贫搬迁工作，仅 2017 年计划搬迁 2231 户 10304 人，搬迁对象已全部落实。在搬迁工作中充分考虑群众“搬得出、稳得住、快融入、能致富”的需求，逐步在全县易地扶贫搬迁旅游小镇推广实施新市民计划，对搬迁中群众遇到的问题进行“系统化”“体系化”考量，在“建、搬、拆、扶”各个环节都做到无缝对接，充分尊重群众意愿。如江西坡布依茶源小镇新市民社区管理服务就是一个典型案例，其中旅游小镇在助推新市民计划中发挥着巨大的引领作用。景区内易地扶贫搬迁地纳茶小区、布依茶源小镇为贫困群众提供创业机会，以低价和免租金的方式鼓励贫困户开办农家乐、客栈、特色旅游商品企业 20 多家。同时为贫困户提供就业岗位，如普安森林温泉吸纳 200 余人就业，贵州奇行旅游文化发展有限公司吸纳 6 个贫困户就业。

## 四、普安县旅游产业发展存在的问题

普安县旅游发展成效是显著的，问题存在也是客观的，某些问题也一直尚未得到改善和解决，所以尽管当前旅游发展有着诸多利好条件，但是全县旅游产业发展要走的路还很长，后发优势也会较为突出。

### （一）旅游规划欠缺，实际规划执行滞后

普安县内旅游发展总体规划仅有《普安县旅游发展总体规划》（2010 年）、《普安县旅游产业发展“十三五”专项规划》（2015 年），其他的一些控制性规划如《普安县江西坡镇世界茶源文化广场修建性详细规划》《普安国际山地自行车赛道项目概念性总体方案》《普安国际山地自行车赛道项目修建性详细规划》《普安国际山地自行车赛道沿线附属设施详细规

划》《布依茶源小镇总体规划》《普安茶文化生态旅游休闲度假景区建设发展规划2014—2022》《中国苗族第一镇·龙吟苗族文化旅游小镇的建设规划》《普安县青山古镇保护利用规划》等，以上总体规划基本未执行或未到位，详细性规划完成较好。由于《普安县全域旅游发展规划》编制工作推进缓慢，还未发挥指导全县旅游业态布局和景区景点建设工作。因此《普安县旅游产业发展“十三五”专项规划》是近年来指导全县旅游发展的重要依据，但是规划目标尚未完成，预期也不容乐观。

**1. “一中心四景区”旅游产业发展格局只见雏形，尚未构建**

按照“十三五”旅游发展规划中初步构建“一中心四景区”的产业发展格局，当前只有东部的江西坡茶文化生态旅游休闲度假景区相对成熟，仍需完善。所谓的“一中心”即西部在沪昆高铁客运站附近建设普安旅游集散中心，离真正意义上的城市旅游集散中心的要求还较远，还不具备集客运枢纽、信息咨询、旅游促销、旅游交易于一体功能的中心存在。“四景区”中的梁庄片区产、城、旅融合发展旅游试验区，南部青山“三古文化”旅游区（古夜郎、古镇、古茶树），北部中国苗族第一镇·龙吟苗族文化旅游区发展都相对滞后。梁庄片区的产城融合做得比较好，但与旅游的发展还有所欠缺；南部青山“三古文化”旅游区目前层次较低，还未上升到科考旅游、文化旅游的层次；北部的龙吟苗族文化旅游区由于基础设施较为落后且通达性较差，距普安县城40千米路程需要3个小时左右，也不能满足游客“吃、住、行”一条龙的需求，致使其旅游资源优势得不到体现，除偶尔的节庆活动外吸引力也很有限。综上所述，普安规划中的“一中心四景区”严格来说目前仅达到了“一景区”的规划目标，当然基本雏形已现，剩下的两年时间如何突破至关重要。

**2. 旅游产业经济发展目标按时完成仍有难度**

“十三五”规划将旅游发展目标确立为到2020年旅游接待人数达到350万人次，至2018年实际接待人数148.2万人次，差距为201.8万人次；旅游总收入目标是12.64亿元，至2018年底差距为1.54亿元。依照当前的旅游发展态势，旅游消费将逐步向旅游品质提升，对于旅游相关的基础公务服务要求更高，对旅游消费的投入也会更积极，对于普安而言既是机遇又是挑战。首先，在全国经济放缓甚至下行的前提下，旅游产业经济要保持如前几年的高速增长趋势压力巨大，这种可能性有所降低，除非能保持50%以上的增速才能达到2020年350万人次的接待目标，难度较大。其次，随着旅游者对于旅游品质需求的上升，对相关配套服务设施要求的提高，普安县基础设施相对落后的现状也值得担忧。总体而言，普安县诸多旅游规划中，目前得以实施并见诸成效的都集中在自行车赛道和茶文化生态旅游度假景区，其他总体规划和控制性规划实施都相对滞后。

**表2 普安县“十三五”旅游规划产业经济发展目标完成情况**

| | 2020年 | 实际完成（2018年） | 差距 |
|---|---|---|---|
| 接待人次 | 350万人次 | 148.2万人次 | 201.8万人次 |
| 海外游客 | 2.9万人 | — | — |
| 旅游总收入 | 12.64亿元 | 11.1亿元 | 1.54亿元 |

资料来源：《普安县旅游产业发展“十三五”专项规划》《普安县文体广电旅游局2018年工作总结及2019年工作计划》。

## （二）旅游资源特点影响旅游开发

旅游资源普查结果显示全县已有各级各类旅游资源41处，包括地文景观类、水域风光类、生物景观类、遗址遗迹类、人文活动类等，但是资源具有以下特点：一是单体旅游资源品质不高，同质化较严重，缺乏普安县独特的具有绝对竞争力的垄断资源；同时可开发的主要资源品质不高且类型较单一。二是资源密度不高，地域组合不充分。主要资源集中在南北两个方向，且分布较分散，各个乡镇都有一些散落的资源点，相互缺少关联，没有形成较好的区域资源组合。三是民族文化有待挖掘。少数民族特色鲜明是普安县较为突出的旅游资源。彝族、苗族、布依族、回族等大部分仍保留着传统文化特色，部分村寨的重要文化遗产也得到保护，但没有与历史文化资源、自然资源很好地融合，区域特色无法展现，同时少数民族同化严重。由于本身资源的特点决定了县域旅游开发难以打造重拳产品，在空间上也很难形成优势互补的闭环式线路，在资源组合和设施建设上都是较大的制约因素。

## （三）基础设施建设仍然是一大“短板”

全县旅游道路、水电、通信等基础设施建设滞后，县域道路“外通内阻”的交通格局，严重制约了全县旅游业的发展。以龙吟镇为例，其有“中国苗族第一镇”之称，其少数民族人文景观资源丰富，但其交通条件差，距普安县城 40 千米路程需要 3 个小时左右，同时也不能满足游客“吃、住、行”一条龙的需求，致使其旅游资源优势得不到体现。正在规划建设的许多基础设施也处于停工状态，例如旅游快速通道完工仅 60% 左右就因各种原因停工；2014 年规划建设的园区内道路至今也因为“用地指标”的限制处于停工状态，引入的企业多是自己出资修建和完善基础设施，水电、路网受阻必然很大程度限制产业的发展，旅游可达性降低更别说便捷性和舒适性了，将会极大阻碍外来游客进入旅游核心区，最多是一“过客”。以最为成熟的普安县茶文化生态旅游景区为例，通过近五年的建设，特别是随着普安森林温泉、国际山地自行车赛道、国家级山地自行车赛道、布依茶源小镇建成后，游客大量增加，仍有很多后续建设工程需要抓紧建设和完善，但景区餐饮、住宿、交通等配套服务设施跟不上，留不住游客，不能刺激有效的旅游消费，旅游收益就会大打折扣，已成为当前最迫切需要解决的问题。

## （四）旅游认识不到位，理念较为落后

第一，对旅游产业发展认识不到位。部分干部群众认为县域旅游资源没有太大的优势，没有发展旅游业的基础，对发展旅游业缺乏信心和决心。因此全县上下抓旅游的思路不够清晰，也没有形成齐心协力的格局。在社会发展基本建设过程中，缺乏旅游理念，没有全域旅游概念和“旅游 +”的理念，部分建设甚至对景点景观造成一定的破坏。第二，全县缺乏精准响亮的“旅游形象定位”，无法在宣传推介的时候让人对普安形象朗朗上口，记忆犹新；同时也缺乏专业的具有可操作性的旅游规划，要么

调研不够，要么分析不透，或者与社会发展其他方面规划衔接不够，导致规划的可操作性不强。例如《普安县全域旅游发展规划》编制工作推进缓慢，还未发挥指导全县旅游业态布局和景区景点建设工作。第三，一方面景区建设资金投入力度不够，社会融资困难，招商引资成效不明显，严重影响景区景点建设工作的推进；另一方面对于旅游资源一直把控在政府手里却不能有效开发，形不成效益，因此，亟须一些成熟的旅游投资开发公司进行管理和运营，对景区实行企业化运作。

## 五、关于促进普安县旅游产业发展的几点思考

普安县旅游发展的制约因素主要体现在资源约束、设施落后和认识滞后等方面，可以说是主客观因素共同作用的结果。未来全县旅游发展是大势所趋，应该紧跟全域旅游步伐，找准时机，突出优势，加长“短板”，充分调动所有资源和力量，最大限度利用好“国际山地自行车大赛”平台，打好山地旅游、茶旅结合两张牌，将基础设施建设和社会经济建设、脱贫攻坚、全面小康紧密结合起来，才能实现经济效益、社会效益和生态效益的完美结合。

### （一）总体思路：山地特色，茶旅结合

普安县旅游发展在全省和黔西南布依族苗族自治州占据怎样的地位，应该客观界定，既不要妄自菲薄也无须好高骛远，而是脚踏实地，正视自己的资源特点和先天不足，一步步改善和提升。笔者认为县域旅游经济无须把视角关注点仅仅局限于游客接待量、旅游收入等指标上，而是将旅游业纳入社会经济发展的大盘子中，一盘棋考虑，除关注旅游业本身的经济效益外还需要重视其社会效益和生态效益。

**1. 山地特色**

贵州是山的王国，山地资源优势突出，平均海拔在 1100 米左右，是最佳的度假式、康养式山地空间，在当下更有价值，其优势不仅在于山地观光，而更有条件发展以身心健康为特色的山地避暑休闲、温泉养生、户外运动和民族文化体验等中高端山地旅游产品。黔西南布依族苗族自治州

是“山的王国”“水的天堂”。作为全省七大山地旅游主体功能区之一，承载着“山地旅游＋户外运动”的主体功能。普安县具有中国山地自行车公开赛、普安国际山地自行车邀请赛等国际山地旅游大会各项赛事举办平台，本身就是一大优势资源，在自行车赛道建设、自行车主题公园、国际山地自行车赛事基地建设等方面基本成熟；与“温泉康体养生”“青山千年古镇”等特色自然和文化旅游资源的结合，着力把普安县建设成为中国古夜郎历史文化体验基地、贵州温泉康体养生胜地，建设成为贵州西部生态观光、户外运动、科普旅游与观光农业相结合的乡村旅游示范区是完全可行的选择。

**2. 茶旅结合**

普安县作为“中国古茶树之乡”“两高一铁”（沪昆高速、晴兴高速、沪昆高铁）穿越县境且在普安设立高铁客运站的交通优势，地处贵阳、昆明两大城市中间点的区位优势，宜居宜业宜游的气候优势，使茶业种植具有得天独厚的优越条件，江西坡茶文化生态旅游景区的4A打造、易地扶贫搬迁后的茶产业扶贫、旅游小镇支撑移民生计等事实充分证明普安县走山地旅游加茶旅结合的道路是正确的也是唯一的道路选择。其他地区如普洱产地、毛尖产地、黄山毛峰、西湖龙井等，都是茶叶产地与旅游资源的有效融合，实现了宣传与推广上的“双赢”，普遍获得了成功，普安也不例外。

### （二）重点举措：基础建设，协作取胜

普安县在自身不具备具有独特竞争力的旅游产品之前，只能急需加大基础设施建设，以协作方式进行突围。

**1. 基础建设**

普安县旅游发展基础设施建设相对薄弱，尽管近几年来在逐步改善，距离旅游需求仍然还有较大差距。首先应该以项目带动综合社会经济发展需求与旅游需求，将项目整合，发挥最大社会效益。例如依托高铁站与县城连接线，以县城产、城、景一体发展为重点，做好县城城区旅游景观设施建设，做强县城旅游产业。将小城镇和沿线村庄进行风貌提升改造，规

划打造旅游产业带。推进景区道路、水电、景观设施、景区标识标牌、游客服务中心、停车场、宾馆、旅游公厕等基础设施建设逐步完善。其次综合社会公共服务体系，提升旅游公共服务水平。把旅游服务作为景区景点公共服务的重要内容，加快建设旅游咨询服务中心，并与游客集散中心共同形成网络化的游客服务系统。在“两高一铁”出口，建立旅游交通示意图、旅游景区示意图，在普安茶文化生态旅游休闲度假景区高标准建设集旅游、商贸、餐饮等综合功能为一体的游客服务中心，提供专业宣传、推介、导游等综合服务，满足游客的多种需求，强力推进智慧旅游发展，提升旅游咨询等公共服务水平。

**2. 协作取胜**

一直以来，旅游界都认为区域旅游资源的多样性和互补性是区域旅游协作的基础，“人无我有，人有我优”才能形成互补，但就普安县现状而言，旅游资源等级并不高，也达不到用优势取胜的目标。实质上可以转换思路，充分凸显区域旅游资源的共性特征来整合旅游资源和旅游区间布局，从大旅游区的构建、旅游产业结构调整、产业链整合等方面入手更能获得成功。“山地”是基础，是共性，“多彩”是延伸，是个性，只要紧紧把握住这两点去协作就可望做出“大手笔”。因此应从协作取胜，通过区域旅游协作带动县域旅游资源效用的有效发挥。例如在线路规划上与晴隆24道拐、盘州市坡上草原旅游景区、水城百车河旅游综合体等资源的链接，使分布零散、类别多样的旅游资源实现有机整合。在资源开发上可以分级分类投入，并非所有资源都有开发价值，应该沿着做大精品的路线走；另外就是茶旅结合的协作，除了本地茶产业与旅游产业的高度融合之外，还能寻求省内外知名茶产地的协作。如浙江宁波是对口帮扶市，在茶业产品供给、推广，旅游考察与宣传营销上都具有很大的合作空间，省内其他茶产地如湄潭、都匀等地都能寻求到合作点。

### （三）保障措施：观念创新、风险预判

在一定意义上可以说县域社会经济发展的各个方面都是旅游发展的保障措施，但目前急需解决的可能是对旅游发展的认识问题，同时在茶旅结

合的路径中还需充分预判潜在风险，稳步前行。

**1. 观念创新**

一是增强领导干部对旅游产业发展的全新认识。在全域旅游发展趋势下，群众的旅游需求急剧上升，在客观分析县域主要客源流量和流向需求的基础之上优先打造适合本地需求的旅游产品。二是把视野拓宽到产业融合，走“旅游+”即全域旅游的发展路径，将旅游充分融合到茶产业之外的其他行业领域。三是充分整合资源将除国际赛事之外的闲置资源整合起来作为养老产业资源利用，同时多开发具有参与性的体验性项目，让游客能够留下来，必然会促进旅游消费升级。四是提升全民旅游理念，在基本建设和产业发展中融入更多旅游元素。把文化元素、民族元素融入城镇和景区景点建设中，让全县群众心中有旅游，行动上支持旅游，产业上发展旅游，基本建设上服务旅游，真正形成建设旅游、打造旅游、服务旅游的社会氛围。在城镇道路规划、建筑物立面设计、广告招牌、路灯标杆、公交站台、店铺门面设计等对旅游形象有重要影响的建筑物建设上，深度融入旅游理念，增加旅游元素，让旅游无处不在、无时不在，江西坡茶文化主题小镇建设要充分实现旅游和小城镇融合，江西坡万亩茶园要融入旅游，打造休闲观光农业精品。

**2. 风险预判**

所谓的风险预判是针对茶叶产地作为旅游经济目的地的脆弱性表现而言的。一是茶叶产地作为旅游资源开发最大卖点是自然资源的优特，但自然资源也很容易被过度开发或产生负面影响，一旦污染无法弥补。二是茶产地旅游发展受到茶业品牌建设、维护的影响较大①。茶叶品牌与茶叶产地形成了“捆绑”“连带效应”，使得将茶叶产地作为旅游经济依赖目的地的风险始终存在。三是受社会大众生活理念和风气影响较大。茶叶作为健康生活的重要饮品，就在这一理念影响下获得了快速发展，同时也使得将茶叶产地升级为旅游目的地成为可能。所以茶旅融合发展过程中不得不意

① 宋秀虎：《茶产地作为旅游经济目的地的脆弱性防范策略》，载《福建茶叶》2016 年第 1 期。

识到旅游产业对茶产业依赖的脆弱性，有极大风险。在一定程度上可以说“普安红”品牌的建设与维护直接关系到旅游产业的命运，有“一荣俱荣，一损俱损”的休戚相关，因此应有一定的风险预判意识，充分重视茶旅融合的方式、影响和利益分配等，拓展产业链，逐步降低普安旅游对茶产业的强依赖性。

# B.5 普安县红色文化资源研究报告

李 高①

**摘要：** 党的十九大报告指出，中国特色社会主义进入新时代，意味着近代以来久经磨难的中华民族迎来了从“站起来”“富起来”到“强起来”的伟大飞跃，迎来了实现中华民族伟大复兴的光明前景。新时代既为党员干部的党性教育、理想信念教育注入了新内容、新动力，它又促使我们去认真总结中国共产党团结带领全国各族人民实现“站起来”革命征程中所创造的无比丰富的红色文化，更加坚定中国特色社会主义文化自信。红色文化是革命文化的主体和核心。无数革命先烈先辈，无数中国共产党人，高擎理想信念大旗，创造了一个个厥功至伟的历史功勋，树立了一座座巍峨矗立的精神丰碑，留下了今天取之不尽、用之不竭的红色文化资源宝库。本文结合普安县实际，从红色文化定义、红色文化在当代的重要作用，阐述红色文化历史作用和现实作用以及普安红色文化发展对策建议。

**关键词：** 普安 初心 使命 主题教育 红色文化资源

## 引 言

2017 年 10 月 18 日，习近平总书记在党的十九大报告中指出，在全党开展“不忘初心、牢记使命”主题教育，用党的创新理论武装头脑，推动全党更加自觉地为实现新时代党的历史使命不懈奋斗。2019 年 6 月全党自上而下分两批开展“不忘初心、牢记使命”主题教育。“不忘初心、牢记

① 李高，贵州省社会科学院社会研究所助理研究员。

使命”主题教育是在全党范围内开展的主题教育，是推动全党更加自觉地为实现新时代党的历史使命不懈奋斗的重要内容。

由此上溯到党的七大，毛泽东同志就明确指出：掌握思想教育，是团结全党进行伟大政治斗争的中心环节。如果这个任务不解决，党的一切政治任务是不能完成的①。因此，作为一个共产党人，举凡关涉党性教育、理想信念教育等各类不同形式的主题教育永远在路上；并且，随着世情、国情、党情的深刻变化，尤须加强。党的十八大以来，在以习近平同志为核心的党中央的坚强领导下，我们党相继开展了以“为民、务实、清廉”为主要内容的党的群众路线教育实践活动，“三严三实”专题教育，“两学一做”学习教育等不同内容、形式的主题教育活动，无不凸显了党性教育、理想信念教育等核心主题。

然而对于以党性教育、理想信念教育为核心主题的党的各类主题教育而言，其中即预示了一个历史的维度，也就是说必须或必然会回到党的光辉历史来滋养每一个共产党员的党性、理想信念等。因此正是基于这一点，红色文化作为党的光辉历史的主要载体，它承载了也见证了党的苦难辉煌的历程，内涵丰富、意义重大，正是滋养共产党人党性、理想信念等不可替代的绝佳资源，也是党的各类主题教育不可或缺的优质资源。正是从上述认识出发，笔者认为：认真挖掘普安的红色文化资源，对于加强党员干部党性教育、理想信念教育等，激励、鞭策普安广大党员干部建功立业新时代，就显得尤为重要。

## 一、红色文化资源研究现状概述

红色文化是中国共产党在长期革命斗争中的产物，是中国共产党70年执政的历史见证。开展以红色资源和红色文化为载体的红色文化教育，是发展和弘扬新时期的爱国主义、革命传统教育，传承与培育民族精神，增进民族“凝聚力工程”，提升资政育人水平的有效形式。自2000年起，红色文化在全国各地日渐升温，到2011年中国共产党建党90周年，红色旋

① 毛泽东：《毛泽东文集》第2卷，北京·人民出版社，1993年版，第414—415页。

风席卷全国，呈现出跳跃式发展的势头。短短 10 来年，红色文化红遍全国——红歌唱响中华大地，红色教育鲜艳夺目，红色城市塑造经典，红色书籍竞相出版，红色影视闪亮荧屏，红色回忆遍布媒体，红色传递接力展播，红色文物永久记忆，红色旅游寻访红土，等等。

在查阅了大量的文献、书籍资料的基础上，笔者发现已经有诸多学者在红色文化的研究领域上建树颇丰。但从红色文化的区域研究视角看，目前主要集中于对井冈山、遵义、延安、西柏坡等著名革命圣地的研究，相对而言，其他诞生过红色文化的区域，特别是西南地区（遵义除外），专家学者关注太少。比如整个黔西南地区（普安县也不例外）的红色文化，除了本土学者一直以来有所关注外，全国其他地区的相关专家学者关注就非常少。从既有的文献梳理来看，目前，学界关于红色文化的相关研究，主要集中在如下几个方面：

第一，红色文化资源具体含义的研究。即什么是红色文化，红色文化资源的内涵是什么，研究成果比较多。不过对于这些研究成果，相关学者也指出“目前学术界关于红色文化资源具体含义的研究存在四方面的不足”：一是偏重红色，即有形式掩盖内容之嫌；二是内容与定义名实不副的现象；三是凸显阶段性而忽略了整体发展性；四是内容重广而大却轻少而小。近年来，也有学者突破以往宏观的“资政”“育人”等视域，从教育学、资源学层面拓宽了红色文化资源研究的视野，丰富了我们对红色资源的认识，引起了学界的关注。

第二，红色文化资源的形成历史与传承机制的研究。该研究视角主要是从历史学和党史党建的视角进行探讨，对红色文化的历史脉络与传承机制作了细致的梳理。但是，总体而言，该视角对于红色文化资源的探究仍然局限于历史性的研究，在文献资料方面做得很扎实，但是缺乏一种与现时代的比较与互动，即缺乏一种与当代对话的机制。

第三，红色文化资源与思想政治教育研究。此视角的研究是一种基于教育教学视角的研究，主要针对的群体是青年群体，中小学生、大中专学生群体。红色文化资源作为我们党和国家的宝贵财富，红色文化资源既是老区经济发展的独特资源，更是当代社会重要的教育资源，因此，红色文化资源教育教学成为红色文化资源研究领域的重要研究方向，对红色文化资源教育教学研究的探索也成为学界研讨的热门课题。

## 二、红色文化的定义、内涵与作用

按照中国特色社会主义文化的递进规律，红色文化奠定于中国优秀传统文化和马克思主义先进文化基础之上，它反映了我们党团结带领人民创造伟大历史的光辉足迹。红色文化是对党员干部进行党性教育、理想信念教育的宝库，红色文化中体现的政治忠诚、思想纯洁、行动坚决、意志坚强等，正是一个优秀共产党人的实践品格。

### （一）红色文化：定义与内涵

中国红色文化产生于革命战争年代，是由中国共产党人、先进分子和人民群众共同创造的具有鲜明中国特色的、蕴含着丰富革命精神和厚重中华民族文化内涵的先进文化[①]。

**1. 红色文化的定义**[②]

学术界目前对红色文化还没有统一的定义。据相关研究对红色文化的界定来看，归纳起来有如下五种说法。

（1）“革命文化说”。认为“红色文化是广大人民群众在中国共产党领导下，在实现中华民族的解放与自由的历史进程中和新中国社会主义改造和建设时期，在整合、重组、吸收、优化古今中外的先进文化成果基础上，以马克思列宁主义的科学理论为指导而生成的革命文化”。

（2）“两义说”，即从广义和狭义上来理解红色文化。认为“广义的红色文化是指世界社会主义运动历史进程中人们的物质和精神力量所达到的程度、方式和成果”；“狭义的红色文化是指中国共产党在领导中国人民实现民族的解放与自由以及建设社会主义现代化中国的历史实践过程中凝结

① 魏本权、汲广运：《沂蒙红色文化资源研究》，济南·山东人民出版社，2014 年版。

② 资料来源：http：//baike. sogou. com/v70258435. htm？ fromTitle =% E7% BA% A2% E8% 89% B2% E6% 96% 87% E5% 8C% 96；http：//www. baike. com/wiki/% E7% BA% A2% E8% 89% B2% E6% 96% 87% E5% 8C% 96；https：//baike. baidu. com/item/% E7% BA% A2% E8% 89% B2% E6% 96% 87% E5% 8C% 96/4998455？ fr = aladdin。

而成的观念意识形态”。

（3）“资源说”，即把红色文化当作一种重要资源，包括物质和非物质两个方面。物质资源方面的红色文化，表现为遗物、遗址等革命历史遗存与纪念场所，如遵义会议会址、周逸群故居、红军使用过的马灯等；非物质资源的红色文化表现为一种意识形态，包括井冈山精神、长征精神、延安精神、苟坝精神等红色革命精神。

（4）“体系说”，即“红色资源是以红色革命道路、红色革命文化和红色革命精神为主线的集物态、事件、人物和精神为一体的内容体系”。

（5）“四位一体说”，即把“红色文化”概括为革命年代中的“人、物、事、魂”。其中的“人”是在革命时期对革命有一定影响的革命志士和为革命事业而牺牲的革命烈士；“物”是革命志士或烈士所用之物，也包括他们生活或战斗过的革命旧址和遗址；“事”是有重大影响的革命活动或历史事件；“魂”则体现为革命精神即红色精神。

从文化的边界范围来看，广义的红色文化是指世界社会主义和共产主义运动整个历史进程中形成发展的人类进步文明的总和。狭义的红色文化是指中国共产党领导人民进行的革命、建设和改革进程中形成发展的，以社会主义和共产主义为指向的，把马克思列宁主义与中国实际相结合，兼收并蓄古今中外的优秀文化成果而形成的文明总和。从文化的形态和形式来看，广义的红色文化包括物质文明、精神文明、政治文明、社会文明、生态文明等各种文明形态。狭义的红色文化则是特指以文化形态表现出来的，体现社会主义、共产主义理想和目标的文明形态。

中华民族的“红色”情结与生俱来。文化，是民族的，也是世界的。红色文化，是中华民族的，也是世界人民的。但是，研究红色文化，必须根植于中华民族的深厚土壤，界定出有别于其他民族的独具中国特征的定义[①]。我们认为，红色文化既是革命战争时期形成的革命文化，也是建设和改革时期传承和发展的先进文化。它是在中国共产党领导下，由中国各族人民，热爱和平、自由、统一和发展，热爱社会主义的人士参与，在长

① 张泰城：《红色文化资源研究》，南昌 · 江西人民出版社，2016 年版。

期的民主和民族革命斗争、社会主义建设改革实践中形成的革命文物、革命理论、革命经验和革命精神凝聚而成的中国特色社会主义的文化形态。本课题研究特指革命战争时期所产生的红色文化。

**2. 红色文化的内涵**

红色是红色文化区别于其他文化的根本点，探究红色文化的基本内涵就必须由红色说起。物理学上的红色是可见光谱中长波末端的颜色，波长为610—750纳米，类似新鲜血液的颜色，是光的三原色和心理原色之一。《现代汉语词典（第7版）》对“红色”的解释：①红的颜色；②属性词。象征革命或政治觉悟高的：红色政权、红色根据地、红色商人。在意识形态，红色代表着吉祥、喜庆、热烈、奔放、激情、斗志、革命。在政治上，红色经常用来象征革命以及“左”派，社会主义国家常用来表示共产主义；在政党中，一般以红色代表“共产党”[①]。

研究红色文化，我们不能简单地把“红色”与“文化”相加在一起，而必须将中国传统文化中红色寓意与中国革命实践进行有机融合。中华民族炎黄二帝的传说，名称与红色相关联，表明“红色崇拜”从中华民族立族之初就开始流动在民族的血脉里，遗传在民族的基因中，生生不息，代代相传。在中国古代，从“过年”传说中可以看出，“红色”有驱逐邪恶的功能。在中国历史建筑中，许多宫殿和庙宇的墙壁都是红色的，官府、官邸也多以大红为主，即所谓“朱门”。在中国传统文化里，五行中的火所对应的颜色就是红色，八卦中的离卦也以红色为象征。在中国皇权中，红色代表权威，如清代皇帝批阅奏折使用朱砂红笔，称为“朱批”。

“文化”乃是“人文化成”一语的缩写[②]。文化（culture）是一个非常广泛和最具人文意味的概念。简单来说文化就是地区人类的生活要素形态的统称，即衣、冠、文、物、食、住、行等。给文化下一个准确或精确的定义，的确是一件非常困难的事情。对文化这个概念的解读，人类也一直众说不一。但东西方的辞书或百科中却有一个较为共同的解释和理解：

---

① 中国社会科学院语言研究所词典编辑室：《现代汉语词典（第7版）》，北京·商务印书馆，2017年版。

② 《周易》。

文化是相对于政治、经济而言的人类全部精神活动及其活动产品。[1] 有学者把《现代汉语词典（第7版）》对“文化”的释义归类成狭义和广义上进行了回答。狭义的“文化”，是指人们掌握和运用文字的能力及一般知识，如“文化补习”“文化程度”。广义的“文化”又有两层意思：一是指人类在社会历史发展过程中所创造的所有物质财富和精神财富的总和，如文学、艺术、教育、法律、科学、宗教等；二是从考古学角度看，文化指同一个历史时期的不以分布区域或地点为转移的遗迹、遗物的综合体，如“玛雅文化”“古印度文化”“龙山文化”“仰韶文化”等[2]。

红色文化，首先是文化，同时是带有政治、革命色彩的文化，是以中国人民为主体，包括热爱中华民族、热爱社会主义事业、热爱人类解放、热爱和平与统一的世界人民在内，在长期的中国革命、建设和改革实践中，不断地选择、融合、重组、深化的中外优秀文化思想的基础上所形成的特定文化精神和文化形态，如“抗战精神”“白求恩精神”“地道战遗址”等。与此同时，提到红色文化，人们就会联想到革命、战争、解放等概念。红色文化是在中国新民主主义革命时期产生、形成的，在中国革命的红土地上孕育出来的一种独特的文化形态。可以说，新民主主义革命文化是我国红色文化的源泉、主流，社会主义初级阶段所产生的先进文化是红色文化的传承、丰富与发展。中国特色社会主义文化中有些特定的内容，如关于理想、信仰、道德追求、奋斗目标、奉献精神，以及社会主义核心价值观等都属于红色文化的范畴，包括社会主义建设初期反映党领导人民群众艰苦创业、建设国家、创造美好生活、发展社会主义各项事业的文化思想与价值体系。它是由中国共产党人、先进分子和人民群众，以及热爱中国革命、建设和改革事业的世界人民在中国共同创造的具有中国特色的先进文化。

（1）物质形态的红色文化。根据辩证唯物主义观点，物质决定意识，意识是物质的反映。红色文化在形式上具有一定物质形态（或载体），这种形态具有一定的外在表现，如表现为革命内容、革命思想、革命过程的

---

① 资料来源：https：//baike. baidu. com/item/%E6%96%87%E5%8C%96/23624。

② 资料来源：http：//iask. sina. com. cn/b/301753. html。

文化作品，既包括小说、散文、诗歌、戏剧、标语、歌曲、出版物和革命文献，也包括革命遗迹、纪念地、标志性物件等，如战场纪念地，革命会议遗址、革命领袖和烈士的故居、旧居等纪念馆，革命前辈用过的物品或穿过的遗物等（也包括新中国成立后社会主义建设时期的重要遗址、纪念地、物品等）。这些物质载体承载着红色文化的记忆与传承，体现着革命的主题、历史、事件及革命思想、意识与观念，深刻反映出意识形态领域的革命理论、革命理想、革命传统、革命文化等精神遗产。

（2）意识形态范畴的红色文化。意识对物质具有能动作用。这种能动作用具体表现在两个方面：一是反映物质，二是反作用于物质。红色文化以革命理想、革命信仰、革命精神、道德规范、价值观念体系和科学文化知识等构成要素为主要内容，一方面从意识形态表象上彰显着红色文化物质形态的价值所在，另一方面又从主导地位上指导中国革命和建设的实践沿着正确的方向前进，并不断自我净化、自我完善、自我革新、自我提高。

红色文化蕴含着中国共产党人的政治理想、纪律规矩、艰苦奋斗、无私奉献和革命追求，彰显了中国共产党人的崇高精神和优良传统，是中华民族宝贵的精神财富，是新形势下推进“不忘初心、牢记使命”主题教育常态化，制度化、加强共产党员先进性教育和人民群众理想信念教育的宝贵资源。在当今多元文化的和谐共生中，“红色文化”越发凸显出作为主流价值的突出地位，成为中华民族发展壮大的持续精神动力和软实力，并承载着引领大众文化健康发展的责任与使命。

## （二）红色文化在当代的重要作用

红色文化是中国人民所特有的文化样态，是中国无产阶级登上政治舞台后，在马克思主义中国化过程中产生和形成的精神文化意识及其表现形态，在当代社会精神文化建构中有着重要的作用。

### 1. 政治忠诚

中国共产党作为中国唯一的执政党，首要的要求就是她的成员要做到政治忠诚，主要体现在对党的信仰忠诚、理论忠诚、道路忠诚、制度忠诚等方面。以共产主义远大理想和中国特色社会主义共同理想为重要内容的理想信念，是中国共产党人的精神支柱和政治灵魂。红色文化滋育了一代又一代共产党人坚定的理想信念。加入中国共产党，就要对党忠诚，严格遵守党的政治纪律，认真贯彻党的大政方针，模范服从组织分配，自觉参加党的活动，积极完成党交给的各项任务。革命实践也告诉我们，不忠诚于党的政治信仰，理想信念就容易出问题，精神上就要缺“钙”，得“软骨病”，关键时候就要“掉链子”。新形势下，“全党同志要强化党的意识，牢记自己的第一身份是共产党员，第一职责是为党工作，做到忠诚于组织，任何时候都与党同心同德”①。《关于新形势下党内政治生活的若干准则》对党员干部的政治忠诚进行了明文规定，“必须毫不动摇地坚持以经济建设为中心、必须毫不动摇地坚持四项基本原则、必须毫不动摇地坚持改革开放”。在实践中，党员干部要做到政治忠诚，就是要对党绝对忠诚，必须做到在党爱党、在党言党、在党忧党、在党为党，在思想上政治上行动上自觉同以习近平同志为核心的党中央保持高度一致。

**2. 思想纯洁**

纯洁性，是我们党的建设的一贯主张和追求。早在 1945 年，毛泽东即明确提出，夺取全国革命的胜利，就要有一个有纪律的、思想上纯洁的、组织上纯洁的党。无数共产党人为了革命成功，南征北战，流血牺牲，靠的是什么？新中国成立以后，祖国百废待兴，无数共产党人为了社会主义事业，艰苦奋斗，无私奉献，靠的是什么？改革开放以来，无数共产党人为了国家富强和民族振兴，顽强拼搏，勇往直前，靠的又是什么？这部苦难辉煌的红色历史告诉我们，这一切靠的就是纯洁的理想信仰。保持思想纯洁，最要紧的是保持那种纯真而质朴的理想和信念，在任何时候任何情况下都不改初衷，保持初心。习近平指出：“信仰纯洁是共产党人最根本的纯洁。”② 纯洁的信仰是精神家园之本，纯洁的信仰是无穷的力量源泉。纯洁的信仰可以有力地约束和升华自我的欲望，有效抵御各种欲望的诱惑，使人保持心灵世界、行动实践的纯洁。没有纯洁的信仰，精神家园就

---

① 习近平 2014 年 1 月 14 日在十八届中央纪委三次全会上的讲话。

② 习近平 2011 年 3 月 1 日在中央党校春季学期开学典礼上的讲话。

会荒芜。尤其是在党长期执政和市场经济条件下，当面临“四大考验”“四大危险”时，保持思想纯洁，对广大党员干部来说就显得尤为迫切而重要。

**3. 行动坚决**

在中国共产党领导的革命进程中，无数的革命志士以可歌可泣的伟大行动谱写了“党中央提倡的坚决响应、党中央决定的坚决执行、党中央禁止的坚决不做”的壮美诗篇。中国红色文化，无不彰显着“三个坚决”的崇高信念。新形势下，坚持把牢固树立和自觉践行政治意识、大局意识、核心意识、看齐意识作为根本政治要求，坚决维护习近平总书记的核心地位，是每个共产党人坚决维护党中央权威的思想自觉、政治自觉和行动自觉的根本体现。党的十八届六中全会强调，党的各级组织、全体党员特别是高级干部都要向党中央看齐，向党的理论和路线方针政策看齐，向党中央决策部署看齐。能不能做到“三个坚决”，是判断一名党员干部政治是否合格的“分水岭”，是检验一个共产党员的理想信念和党性是否纯正的“试金石”。

**4. 意志坚强**

中国共产党登上政治舞台后，在历次革命战争、社会主义建设和改革开放中，通过实践检验和证明了真正的强者，是具有远大理想、坚定信念、坚韧意志的人。中国共产党从浙江嘉兴南湖的一艘红船出发，在井冈山上、在长征途中，在延安、在南泥湾、在西柏坡、在大庆、在兰考、在小岗村……进行了波澜壮阔的革命、建设和改革实践，铸就了井冈山精神、长征精神、延安精神、南泥湾精神、西柏坡精神、大庆精神、兰考精神、小岗村精神等一系列秉烛后人的革命、建设和改革的精神。在普安这片热土上，红军长征过泥堡，这是老一辈革命先烈给普安留下的一笔弥足珍贵的红色文化遗产，永远闪耀着坚定意志和理想信念的红色光芒。

总之，珍贵且历久弥新的红色文化，是滋养党员干部理想信念的精神食粮，是党的思想理论和精神文化的宝贵资源，是进行党员干部理想信念教育的重要教材，是广大党员干部着眼于自我净化、自我完善、自我革新、自我提高，思想上洗洗澡、行动上正衣冠的直接素材和智慧精神。

## 三、普安县红色文化资源的概况、历史价值及现实利用

普安县位于贵州省西南部乌蒙山区，黔西南布依族苗族自治州西北部，南北盘江分水岭地带，地理坐标为东经104°51′10″—105°09′24″，北纬25°18′31″—26°10′35″。东与晴隆县接壤，南与兴仁县、兴义市相连，西靠盘州市，北与水城县、六枝特区相邻，县名寓“普天之下，芸芸众生，平安生息”之意。全县总面积1454平方千米，辖2个街道、8个镇，2个乡，75个村，15个社区。全县总人口超过34万，居住着汉、苗、布依等29个民族[①]。

普安不仅是夜郎古国的腹地、享誉中外的“中国古茶树之乡”，这里更是一片红色文化的热土。红军长征过泥堡、红军巧过楼下河、农民青年沈明义毅然参加红军、普安地下党的活动等，家喻户晓，传诵至今；当年红军刷的反对国民党军阀统治的标语依然如昨，红军抢渡楼下河的铁索桥仍然巍然屹立，当年的崧岿寺群力织布厂旧址虽已翻新，但立于其中，依然可以想见当年的故事。红色文化不死，红色精神永存，她必将滋养着一代又一代的普安儿女，不断鞭策着他们奋发图强，奋勇向前，站在新时代，接受新使命，踏上新征程，建立新功业。

### （一）普安县红色文化资源概况

中国工农红军第一方面军第三军团在军团长彭德怀、政治委员杨尚昆的率领下，于1935年4月21日从兴仁县的三道沟、大海子进入普安县楼下镇的岩脚寨、堵嘎，当晚宿营泥堡，22日离开普安。在普安的两天一夜，红三军团亲民爱民的情怀，给当地老百姓留下难以磨灭的印记。与此同时，中共地下党在普安活动、青山保卫战等一系列的剿匪战斗，以及抗日战争期间新四军牺牲的普安籍侦察科科长罗会廉烈士等，这是普安县独一无二的红色文化资源。

---

① 黔西南布依族苗族自治州史志办公室：《黔西南革命遗址》，北京·中共党史出版社，2016年版，第117页；资料来源：https：//baike. baidu. com/item/% E6% 99% AE% E5% AE% 89% E5% 8E% BF/442107？fromtitle = % E6% 99% AE% E5% AE% 89&fromid = 12006825&fr = aladdin。

**1. 革命遗址类**

（1）泥堡红军标语。[①] 红一方面军第三军团泥堡革命活动遗址位于普安县南面，距县城所在地74千米，系贵州省黔西南布依族苗族自治州普安县楼下镇泥堡村中岭组，是一个较为繁华的居住村寨。1935年4月21日，中国工农红军第一方面军第三兵团主力在军团长彭德怀、政治委员杨尚昆的率领下经兴仁龙场、三道沟进入普安泥堡。白天，红军向群众宣传中国工农红军是打富济贫的军队。并张贴布告，同时在泥堡街上院墙、民房板壁上写下“王家烈不打倒，贵州人民不得了”“反对王家烈犹国才抽丁当兵”两条标语。同时，红军又见春耕下种之际群众缺粮，将管理盘县丹霞山庙田的和尚“二师爷”的粮仓打开，把一袋一袋的粮食送到20多户住茅屋的贫苦人家，把土豪保光全家的布匹和洋纱等财产分给穷人，给贫苦农民王立佳生病的儿子赠药救治，对当地土豪进行讯问。夜间，红军点着灯打草鞋、碾米、翻造子弹。22日，红军离开泥堡经赵屯、坡脚、摆布塘渡过楼下河与红军大部队会合继续西进云南。其宣传标语“反对王家烈犹国才抽丁当兵”，于1981年9月16日被普安县人民政府公布为县级文物保护单位。2014年12月普安县委、县政府在此建立红军长征纪念馆，由县委组织部主管，楼下镇党委、政府协管。

（2）彭总走过的铁索桥[②]。在普安县楼下镇与盘州（盘县）新民镇交界处的楼下河上，坐落着一座上百年历史的老桥——楼下鱼陇铁索桥（又名长征桥）。该桥始建于1913年，长30米，宽2米，净距水面20米左右，桥体用拳头粗的麻花铁索贯于两岩石之中，上铺木板为路面，两侧各置一

① 黔西南布依族苗族自治州史志办公室：《黔西南革命遗址》，北京·中共党史出版社，2016年版，第119—121页；《红三军团在普安的两天一夜》，资料来源：http：//www. qxn. gov. cn/View/QxnZX. wszl/126173. html；田有才、杨修普：《红军走过泥堡的故事》，资料来源：http：//www. qxn. gov. cn/View/QxnGov. MDZX. News/170800. html；贵州省普安县地方志编纂委员会：《普安县志》，贵阳·贵州人民出版社，1999年版，第347—348页；李秀才：《红军长征过普安》，载《贵州省黔西南布依族苗族自治州文史资料选辑（第四辑）》（贵州省黔西南州政协文史资料委员会编），1985年版，第67—68、72页。

② 黔西南布依族苗族自治州史志办公室：《黔西南革命遗址》，北京·中共党史出版社，2016年版，第122—123页；肖凌霄：《历经战争风雨　承载历史记忆——看看这些刚成为省文保单位的桥》，载《藏天下》2018年第11期，第42页。

根铁链为栏。这座桥，曾经是连接普安县楼下镇和盘州（盘县）新民镇的唯一通道，这里，也是当年彭老总率领的中国工农红军甩开国民党军队、顺利北上与大部队会合的重要通道。

1935 年 4 月 21 日，中国工农红军第一方面军第三军团在军团长彭德怀、政治委员杨尚昆的率领下，从兴仁县进入普安县楼下镇，4 月 22 日从普安县楼下横渡楼下河进入新民镇黑石头村。当时正值楼下河河水上涨，水流湍急，尾追的国民党军队赶到时，红军已经全部过河。红军也顺利将国民党军队甩开，成功北上。1956 年贵州省人民政府拨款对该桥进行了维修；1980 年，普安县人民政府拨款在铁索桥下游修筑公路石桥，为纪念红军抢渡楼下河的业绩，特命名为长征桥。1992 年普安县人民政府公布楼下铁索桥为县级文物保护单位。

（3）崧岿寺群力织布厂革命遗址①。崧岿寺群力织布厂革命遗址位于普安县罐子窑镇崧岿村湾子头组，在县城北面 15 千米处，普安至水城油路从该寺门前经过，系村寨所在地。崧岿寺始建于明代，原名“五龙观”。清顺治年间，善权和尚访名山至此，改观名为“崧岿寺”。至同治四年（1865）屡经毁坏，僧仁源三次修葺。光绪五年（1879），僧果佩与当地人再修。民国十一年（1922），官绅易荣黔改建。1984 年，省、州、县各级人民政府并全县群众拨款集资进行复修，大部还原明代建筑风格。2009 年 2 月，省文物局拨款 100 万元、县筹资 60 万元进行复修。建筑占地面积 969 平方米，保护利用面积 2000 多平方米。1982 年公布为县级文物保护单位，2006 年公布为省级文物保护单位。1949 年 4 月，百万雄师过大江，直捣蒋家王朝南京国民党“总统府”，贵阳形势恶化。7 月，中共省工委决定拟将已暴露的同志陆续往外地转移。省工委书记张立要求士绅谭本良出面集资开办一个工厂，作为地下党的隐蔽据点。谭本良当即应诺，拿出 800 块大洋作建厂资金，选择在罐子窑崧岿寺内开办群力织布厂，备有 10 多台

---

① 黔西南布依族苗族自治州史志办公室：《黔西南革命遗址》，北京·中共党史出版社，2016 年版，第 124—125 页；资料来源：https：//baike. baidu. com/item/%E5%B4%A7%E5%B2%BF%E5%AF%BA%E7%BE%A4%E5%8A%9B%E7%BB%87%E5%B8%83%E5%8E%82%E9%9D%A9%E5%91%BD%E9%81%97%E5%9D%80/8406019?fr=aladdin；https：//baike. baidu. com/item/%E6%9D%BE%E5%B2%BF%E5%AF%BA/733901。

木织布机，接收了10多名男女工人，刘镕铸（中共省工委委员兼毕节、安顺、兴仁三个专区的地下党书记）任经理，开办以后，该厂给地下党提供了大洋200元作经费。还陆续接待转移来的罗安仁、张鸣正等同志，并为贵州省工委提供部分经费。后来，刘镕铸回兴仁专署后不久，派人运来一批步枪，送到张继良家收藏，后转到崧岿寺，准备给以后组织的游击队使用。

（4）普安剿匪战斗遗址①。青山－雨核剿匪战斗遗址：青山剿匪战斗遗址位于普安县青山镇政府所在地，省道313穿境而过，系小城镇聚居地；雨核剿匪战斗遗址位于普安县新店乡雨核村雨核组，距新店乡政府所在地、省道313约8千米，两地距县城约37千米。下厂河剿匪战斗遗址：该遗址位于普安县地瓜镇木卡村小坪地组、新店镇波汆村茅草坪组、罗汉镇金竹林村村岔河组交界处、在省道313上，距县城约20千米。此外还有泥堡红岩剿匪战斗遗址，位于普安县楼下镇泥堡村红岩组；竹汆剿匪战斗遗址，普安县罗汉乡戈汆村竹汆组，距罗汉乡人民政府约4千米。

（5）普安县烈士陵园②。普安县烈士陵园位于贵州省黔西南布依族苗族自治州普安县盘水街道南湖社区，在普安县城南面的孙家山上，东西北三面为县城，南面为县城水源点东风水库，国道320线上。2009年黔西南布依族苗族自治州命名为爱国主义教育基地，2010年普安县命名为爱国主义教育基地，县级文物保护单位。普安县烈士陵园始建于1953年，占地面积30亩左右。陵园正门朝北，面对国道320，大门两边是砖石砌的方形柱子，正门上方镶嵌着“普安县烈士陵园”7个行楷大字。进大门是一处平台，台中建有一圆形花坛，花坛右前方竖有一块大理石碑，上刻铭文，经过47级石造台阶，是一座高高的白塔矗立坡上，塔有水泥栏杆围护，内置6尊鼓形石礅，塔高19米，呈四棱锥形，实心厚重稳当，青砖堆砌，水泥抹面，贴白色瓷板，亮丽美观大方。塔的正面书“革命烈士永垂不朽”8

① 黔西南布依族苗族自治州史志办公室：《黔西南革命遗址》，北京·中共党史出版社，2016年版，第130—133页。

② 黔西南布依族苗族自治州史志办公室：《黔西南革命遗址》，北京·中共党史出版社，2016年版，第134—135页；资料来源：https：//baike. baidu. com/item/%E6%99%AE%E5%AE%89%E5%8E%BF%E7%83%88%E5%A3%AB%E9%99%B5%E5%9B%AD/8407037？fr = aladdin。

个金光闪闪的大字。此纪念塔始建于 1969 年 10 月，1984 年 9 月竣工。2002 年重新装饰，塔前竖有一块大理石碑，碑上刻着 1950 年中国人民解放军一四七团三营在普安县的剿匪中牺牲的 44 位烈士姓名，44 位烈士均安葬于此。在塔的右侧山的中部，一座座烈士墓依坡而建，每座墓上方都刻有五角星，碑上刻写烈士的名字、所属部队、籍贯、牺牲地点等，墓群共分 6 层，层层相叠，墓墓相依，每层独立成排。普安县烈士陵园是进行革命传统教育的地方，每逢清明时节，县直机关、事业单位、人民团体、学校、厂矿企业、驻军开展扫墓活动，以此慰藉先烈们的在天之灵。广大干部、职工、军人、学生、市民都要来这里为烈士扫墓，敬献花圈、花篮，少先队员在这里宣誓，请离退休老干部讲战斗故事，进行革命传统教育。

**2. 革命故事类**

历史回放到 84 年前，红军长征进入普安县楼下镇泥堡，军纪严明的红军，亲民爱民，打击恶霸乡绅，开仓放粮，与当地群众结下了鱼水深情，红军过泥堡的事迹和他们一心为民的情怀，在当地干部群众中一代又一代传承下来，如今，正教育和鼓舞着当地群众，成为激发群众脱贫致富奔小康的内生动力。此外，中共贵州地下党在普安的活动以及青山的剿匪保卫战等都留下了足以激励后人、振奋后人的感人事迹，值得后人永远铭记。

（1）红军进寨细致工作取信于民①。1935 年 4 月 21 日 12 时左右，中国工农红军第一方面军第三军团作为长征从黔西南境内往云南进发的右路纵队，在军团长彭德怀、政治委员杨尚昆的带领下，由兴仁县三道沟和大海子进入普安县泥堡，当晚宿营泥堡。红军到达泥堡时，当地老百姓不知道红军是干什么的，也不知道红军是什么部队，加上红军到达之前国民党反动派和当地恶霸势力四处煽动说红军是“共匪”，要“共产共妻”，不明真相的老百姓见状胆怯，纷纷躲避到山洞里和山坡上，整个寨子乱成一

① 《红三军团在普安的两天一夜》，资料来源：http：//www. qxn. gov. cn/View/QxnZX. wszl/126173. html；田有才、杨修普：《红军走过泥堡的故事》，资料来源：http：//www. qxn. gov. cn/View/QxnGov. MDZX. News/170800. html。

片。军团长彭德怀和政治委员杨尚昆，见到泥堡老百姓的情形，意识到老百姓对红军不理解必定事出有因。为及时打破这种局面，赢得广大老百姓的理解和支持，红军在泥堡召开了简短的动员会议，对革命工作的开展进行详细部署：一是安排红军代表进山做老百姓的思想工作，稳定老百姓的情绪；二是安排部分红军在大街小巷刷写标语，宣传红军的政治主张；三是安排部分红军对长期欺压老百姓的恶霸地主进行讯问，开仓放粮，救济穷苦老百姓；四是对红军严格要求，再次重申红军纪律，特别强调要尊重当地少数民族习俗。任务分派后，刷写标语的红军在寨子里写下“红军干人是一家”“打土豪、分田地”“我们是中国工农红军，是打富济贫的军队”“王家烈不打倒，贵州人民不得了”等宣传标语，这些标语反映了当时老百姓的心声①。红军特别尊重回族同胞习俗，在临近清真寺时没有进入。上山做群众思想工作的红军说：“老乡们！不要怕，我们是中国工农红军，我们是打富济贫的军队。”经过耐心细致的劝说，老百姓陆陆续续地转回寨子。同时，红军将盘县丹霞山土豪设置在泥堡收租的粮仓打开，动员老百姓去拿粮食，老百姓担心红军走后遭到报复不敢去，红军就把粮食装成一袋一袋地送到20多户住茅草房的贫苦老百姓家门口，并将老百姓走散的牛赶回圈中。同时将两户地主的粮食和财产，送给了贫穷的老百姓。当彭德怀和杨尚昆带领部队起程离开时，群众都含着热泪相送，部分群众把连夜赶做的100多双鞋子送给行军战士，看到受伤红军拄着拐杖行军，群众还连夜赶做了20多副担架送给红军。红军看着老百姓如此爱戴他们，不时地回头，依依惜别。红军与当地群众结下的深厚鱼水深情，在当地百姓中，代代相传。

（2）红军赠药救人②。1935年4月22日，红三军团派出由12人组成

① 李秀才：《红军长征过普安》，载《贵州省黔西南布依族苗族自治州文史资料选辑（第四辑）》（贵州省黔西南布依族苗族自治州政协文史资料委员会编），1985年版，第67—68页。

② 《红三军团在普安的两天一夜》，资料来源：http：//www. qxn. gov. cn/View/QxnZX. wszl/126173. html；田有才、杨修普：《红军走过泥堡的故事》，资料来源：http：//www. qxn. gov. cn/View/QxnGov. MDZX. News/170800. html；李秀才：《红军长征过普安》，载《贵州省黔西南布依族苗族自治州文史资料选辑（第四辑）》（贵州省黔西南布依族苗族自治州政协文史资料委员会编），1985年版，第68—70页。

的购粮小分队来到泥堡村26岁的布依妇女王立佳的家门口，向王立佳介绍说是中国工农红军，是为穷人打天下的队伍，到寨子里主要是买米，打听是否有米卖。红军走进王立佳家屋里灶房后，被眼前的情景惊呆了。只见一个小孩，光着脚睡在灶边的长板凳上，身上的衣服破烂得有一块没一块的，裤子只能遮到膝盖处，身上什么盖的也没有，冷得缩成一团，脸色十分苍白，眼睛闭得紧紧的，小嘴张着，小鼻子吃力地抽搐着，一声接着一声地哼着。看到这个情景，红军战士问王立佳："这孩子为啥这样子痛苦地躺着？""我家孩子这几天有点不安逸，一直就是这个样子，有时还会'打摆子'，也不知道得的什么病，早上我还上山去采药，准备喂点草药给他吃，看能不能吃得好。"王立佳见红军很关心地问小孩的身体情况，紧张的心情稍微放松了些，一脸无奈的表情，弱弱地回答道。红军从头到脚把王立佳的儿子摸了又摸，觉得全身热得像团火，然后就从挎包里取出几片药说道："这小孩子生病了，正在发高烧，我们带的这个药正好可以治，你赶快把这药给他吃下去，一回吃两片，分三回吃。"王立佳愣了愣，红军似有所悟地接着又说："不能再耽误，时间拖长了小孩会烧出大毛病的，我们不会害人的，吃了药，他的病就会好。"红军见王立佳有些迟疑，又接着问："你是不相信我们还是怕我们呀？"王立佳反复打量着眼前的这些红军，看到他们身上有的穿着杂灰色的军服，有的穿着便服，有的穿着草鞋，脸上始终挂着笑容，对人和气且没有任何恶意。于是答道："不怕，我看你们是好人。"三个红军一齐点点头，看着王立佳给儿子喂了两片药。又问："有米卖没有？"王立佳回答说："我家没有，我们平时都是租地主家的田地种，交了租，家里的粮食都不够吃，很多时候还得靠挖野菜充饥。但我可以带你们到其他家去买。"在王立佳的带领下，红军在雨雪寨子里终于把米买到了，并如数付给了铜钱。王立佳受到过境红军的影响，从此在思想上追求进步，1952年参加土地改革运动，经人武部副政委雷三元介绍，她加入了中国共产党。后担任松柏乡（在现楼下镇境内）副乡长，长期与群众同甘共苦，深受当地群众好评。

（3）农民青年沈明义毅然参加红军[①]。红军长征途经泥堡时，泥堡羊屯青年农民沈明义因给红军带路并受到红军长征革命精神的影响，毅然离开了自己的家乡，参加了红军队伍。当年的羊屯，是普安县一个边远、偏僻的山区穷寨子，这里山高坡陡，道路崎岖，但也是泥堡通往楼下去往盘县、云南方向的必经之道。沈明义一家的生活十分贫困，在寨子里属于典型的穷人，虽然一家人勤劳、吃苦，但也常常过着衣不蔽体、食不果腹的生活。沈明义自幼失去了父亲，唯有母亲带着他们兄妹租种屯上的田地维持生计。1935 年，这年春季遇上旱灾，为了能让秧苗长得好一点，不被干死，刚满 17 岁的沈明义就到田里去戽水放秧田，刚刚把水引到田里，却被寨上的恶霸把水坝给拆了，沈明义就跑去和恶霸争论。没想到这个恶霸一点不讲道理，说水是他家的，他想怎么用就怎么用，想放多久就放多久，谁也管不着，哪个再敢多啰唆就要打哪个。被欺侮得气不打一处来的沈明义为此与恶霸发生争吵，沈明义忍无可忍，挥起拳头对着恶霸就是一顿暴打。虽然打了恶霸出了气，可是沈明义也知道这下惹了大祸，恶霸一定不会放过他，他便慌忙跑到下厂去躲藏。沈明义心想这样一直躲下去也不是长久之计，正当他愁眉不展、走投无路之际，红一方面军第三军团长征途经泥堡去楼下，正好从他们羊屯寨子过。经过红军耐心细致的宣传教育，沈明义的心中燃起了一团熊熊的烈火，他看到了前途的光明。在交谈中，沈明义知道红军从很远的地方而来，对当地的地形、山路不熟悉，于是主动要求为红军带路。沈明义带着 200 多名红军当天中午到达品甸，一路上，沈明义看到红军纪律严明，言行一致，沿途秋毫无犯，还向他们积极宣传党的政治主张和革命道理。红军的一言一行时刻感染着他、鼓舞着他，受到红军的影响，沈明义毅然决定参加红军，经批准后，他光荣地加入了红军，从此他离开家乡，和长征的队伍一起北上。新中国成立后，沈明义被安排在吉林省长春市工作，是吉林省长春市的离休老干部。在红军长征精神的激励和鼓舞下，通过当地党委、政府一届接着一届干，如今楼下镇正

---

① 《红三军团在普安的两天一夜》，资料来源：http：//www. qxn. gov. cn/View/QxnZX. wszl/126173. html；田有才、杨修普：《红军走过泥堡的故事》，资料来源：http：//www. qxn. gov. cn/View/QxnGov. MDZX. News/170800. html。

发生令人欣喜的变化，通过大力挖掘楼下资源优势，在完善泥堡红军长征纪念馆的基础上，实现成立泥堡红色旅游合作社，整合竹海资源，启动了鱼陇布依寨文化小广场、海谷广场、长征铁索桥修复等工程建设，2019 年共接待游客 105 批次 5600 人次，红色旅游业发展初见成效。

（4）红军巧过楼下河①。普安县楼下镇楼下河山高谷深，平时水浅可涉水过河，红军来的时候，正值山洪暴发，河水上涨。河上虽有鱼陇铁索桥，但是桥面窄，铺的木板又陈旧，要过千军万马需花费很多时间。虽然有些地方可以涉水过河，但要晓得底细的人才敢走。红军为了争取时间，分成若干纵队巧过楼下河，就要找熟悉地形的人带路。红军找我给他们带路，是红军刚到泥堡村的那天。当时，泥堡小学早已停课，黄克舟和秦克俊两位老师也早已离校出走，我是校长，留下守校。但心里诚惶诚恐的，正手忙脚乱地收拾东西，准备出去躲避一下，这时有三四个穿灰旧军装的红军走进学校。其中一个红军微笑着问我："老乡，你是教师吗?"不知是祸是福，我有些惊慌地回答："嗯……教小学。"红军叫我不要怕，问能不能帮他们找一个住处。我看红军说话和气礼貌，态度谦虚和蔼，心里慢慢平静下来，欣然答应帮他们找住处。我和红军走出学校，看到路旁场坝上到处坐满红军，可是寨子里一点都不乱，还是那么恬静，便消除了对红军的惧怕心理。找到秦后继家，秦后继同意红军住他家。红军留我吃了晚饭，跟他们一起睡，说第二天还有事请我帮忙。第二天早晨，红军问我到过品甸没有，我说到过。红军请我带他们去。兴义品甸离我们泥堡大约 50 里路程，我带着 200 多个红军（其中有三四个骑马的首长，有一个首长是络腮胡子）过了楼下河，当天中午到达品甸。为了不打搅品甸的老百姓，红军就在路边休息，捧着清水吃干粮。和我坐在一起休息的红军连长问我："你知道我们为什么进贵州吗?""为了解放贵州人民的痛苦。"我想了想说。"你参加我们可以吗?"红军连长征求我的意见。"可……可以。"我有些踌躇，回答得很勉强。红军连长笑了笑，没有再问下去。半小时后，我继续给红军带路，当天晚上到达狗场时，天气变化，毛风细雨的，寒风

① 倪德贵：《巧过楼下河》，资料来源：http：//www. qxnzx. com/portal. php? mod = view& aid =9096。

袭人。连长命令部队停止前进，说：“这时候到哪家去住也麻烦老乡，就在寨外露营。”红军吃了干粮后，有的战士撑开雨伞坐在路边，有的裹着毛毯躺下休息。连长布置好岗哨，和我坐在一起。天亮时，红军才进狗场寨子。连长在寨子里转了一圈，回来问我：“到前面鹅毛寨的路，你走过没有?”“我只到过这里，前面没有去过。”“那好，你回去吧。”连长说，“再遇到红军，你就说是给我们带路的。”我离开红军后，当晚住宿滥木桥，遇到同寨子的孙成益、桂崇俊，他们二人也是给红军带路的。我们在滥木桥住了一夜，第二天才回到泥堡。回来后，听贺正兰讲，他在楼下龙井寨子门口守水碾遇到红军喊他带路，他带红军过了楼下河，到干河、狗场营、保田堡后返回，一共去了七天。鱼陇的黄维新也讲，他去雨歇时遇到红军，给红军带路过楼下河，经象鼻岭、新路坡到狗场营，一共去了五天。还有楼下洞口的黄明道、陆仕英讲，红军在旧营（今楼下）洞口河边埋锅做晌午饭，国民党军队就追来了。红军马上过了楼下河，登上对头岩，国民党军队占据河边的松毛林，隔河放枪放炮，直到天黑才停止。后来老百姓到对头岩、松毛林、车田等地去放牛割草，没有发现双方伤亡人员，只捡到一些子弹壳。

（5）贵州地下党在普安[①]。1938 年，日本帝国主义侵占了大半个中国，在这生死关头，民国政府颁布了《限制异党活动法》来限制共产党和各阶层爱国人士掀起的抗日救亡运动，加紧了对共产党组织的破坏。为了保存革命力量，在中共中央南方局的指示下，贵州省工委（俗称贵州地下党）指派张立在远离贵阳的黔西南盘江地区（以普安为中心），争取上层头面人物，特别是普安旧军阀易晓南的儿子易晋侯，必要时在其控制下的罐子窑一带建立武装根据地，广泛开展抗日民族统一战线工作，开辟新的抗日救亡基地。张立，1909 年出生于贵州普安，1930 年任国民革命军陆军八十五师谭本良（普安人）旅部中尉书记官。1935 年经贵州地下党安排，在南京开设“平平书店”，作为贵州地下党秘密接头地点。1938 年赴延安，同年 7 月加入中国共产党。1940 年在中共贵州省临时工委领导下，任黔西

① 倪德贵：《贵州地下党在普安》，《黔西南日报》2009 年 9 月 3 日。

片区负责人。1949年成立贵州省工委，任工委书记。贵州解放后，历任中国人民解放军五兵团兴仁地区工作团团长，贵州省委党校第一副教育长、省政协专职委员、省文史馆副馆长等职。1970年病逝于贵阳。1991年经贵州省委决定，在普安烈士陵园建张立墓地。1940年，张立受命回到普安，利用国民革命军陆军85师旅长谭本良回普安探亲之机，以故友和部属关系陪同谭本良认识了普安县县长车祖瑜，有名绅士陈亮卿、易晋侯、任敏之和驻军团长刘鹤鸣，县保安大队长罗一农等上层人物，为抗日民族统一战线工作创造了有利条件。之后，张立被车祖瑜任命为县政府财委会会计，即利用公职为掩护，办起了“普安民众教育馆”和“裕民织染厂”，作为地下党活动基地。民众教育馆原为清朝始建之寿福寺，民国初年被流寓普安的湖南、湖北人占用为“两湖会馆”。县政府征用后，张立安插亲友任馆长、馆员、工友，并调地下党员和进步人士任教员，办起扫盲夜校，宣讲抗日救国的道理和共产党的主张。组建“民教剧团”，张立和地下党的同志上演反映抗日救国的话剧和活报剧。1941年地下党转移，仍为教育馆。1953年拆建为“普安县烟酒公司”宿舍至今。裕民织染厂设在陈家祠堂内，置铁织布机10部，木织布机30部，职工50余人，厂总经理由陈亮卿挂名，实际由张立经理，并调地下党员田伯萍任管理干事。1941年停办，1963年和1974年两次改修为县税务局宿舍，至今。1939年，张立赴贵阳汇报工作，中共省工委负责人秦天真指示，在有条件的情况下，多办厂矿、商店、农场等企业，以安插在外地暴露了身份的地下党员和筹集地下党活动经费。张立返回普安后，利用易晋侯，办起了“渔洞河纸厂”和“白沙铁厂”。渔洞河位于城北25华里窝沿乡境内的渔洞河边，距易晋侯家庄园——梅花箐仅2华里地，职工20余人，地下党员张人均任经理。1950年以后收归集体所用，曾陆续生产，现残存焙房断墙3堵、水碓1个、纸甑4个。白沙铁厂距城东北52华里，位于白沙乡境内铁厂村寨旁，原为清光绪二十三年易晓南聘滇人欧树堂主办，曾售出生铁万余斤。张立与易晋侯决定扩大生产。投产后，两天生产生铁2吨。1941年地下党转移，停办至今。所谓“普安县百货公司”和“江西坡农场”正与车祖瑜、罗一农、易晋侯等筹办中，突遇“皖南事件”掀起的第二次反共高潮。贵州思南、镇远等地的地下党组织遭到破坏，地下党在盘江地区特别是普安的活动亦引起了国民党特务的仇视，特意调动破坏思南、镇远地下党组织的特务黄龙渭任普安县党部书记长。奉中共中央南方局指示，贵州地下党于1941年春全部撤出黔西南盘江地区。

（6）罗盘游击队在普安[①]。1949年初，为迎接黔西南的解放，中共滇桂黔边区罗盘区委领导的游击队一支队五大队，由大队长罗波率领，奉命攻打国民党贵州省兴仁专署。按预订计划，罗波根据支队长龙腾霄的指示，将队伍带到普安县南的旧营（楼下）一带，打富济贫，发展队伍。游击队打开国民党普安县政府囤积在旧营的粮仓，将存粮分给贫苦群众。随后，又在旧营场坝召开数千人的群众大会，宣传革命主张，反对国民政府“三征”（即征兵、征粮、征税），揭露国民党的腐朽统治，激发群众阶级觉悟。游击队很快取得群众信任和拥护。在旧营、泥堡两地，先后发展15个中队、26个分队，共吸收980余人，562支枪，93把大刀梭镖，壮大队伍，打开局面。

正当游击队厉兵秣马之际，兴仁专署专员陆杰得知游击队将要攻打兴仁的消息，惊恐万状，急电请求省主席谷正伦派兵援助。谷接电后，即派卡车数辆载兵增援。罗波获悉敌情有变，改变作战计划，将大队一分为二。一路由汪汉成、郭志华、肖玉昆率领，开往兴仁鲁础营，约定在兴仁龙场与大队主力会合。大队主力由罗波、郭启明、黄朝政率领，绕行青山，相机行事，摸清敌情，搞一批武器弹药充实游击队，待机进攻兴仁。

农历正月十四，大队主力从泥堡出发，顶风冒雪，越过普白大箐，直通青山镇。队伍进至海马庄，罗波一面派二中队队长刘明渊先进青山找张扶中（青山镇镇长）联系，一面组织队伍就地休息，进行动员教育，强调此次行动是为迎接解放，推翻国民党反动统治，为建立人民当家作主的新政权打基础。重申游击队是革命队伍，要遵守“三大纪律八项注意”，若有违纪，严加追究，并要求大家做好进宿青山的准备。

刘明渊到达青山镇与张扶中商量借宿，约两小时后回海马庄向罗波报

① 贵州省普安县地方志编纂委员会：《普安县志》，贵阳·贵州人民出版社，1999年版，第348—349页。

告：张扶中同意借宿，吃粮由镇内大户张儒海家完全负担。罗波接到报告，天已近黑，便组织大队主力离开海马庄进入青山镇。到青山时，部队纪律尚好，队员们一面分头向群众做宣传，一面准备宿营。这时，张扶中一直不露面，派手下瓦子芳、桂万鹅二人前来告诉罗波：不准住青山下街（张扶中家宅区）；吃粮自己找张儒海家商量。罗波听后感到情况不好，张扶中态度有变，但仍安排部队到平街头宿营。

住宿还未安顿，街上响了几枪，接着，有一个队员与群众发生争吵，制止不住。更出乎意料的是，隐蔽在碉堡里的保丁向游击队开枪射击，当即打死一名队员，此时朱家港张云先家房子又突然起火。顿时，青山镇处于一片混乱之中。

因情况不明，罗波决定各中队迅速撤出青山镇，往水桥、大水井一带集结。不料，第二天一早又遭到保丁武装袭扰。这一切均为张扶中一手策划。因青山镇守兵单薄，张不敢与游击队正面抗衡，但又不甘心游击队顺利借道进攻兴仁，便假意提供食宿，以稳住游击队，一面派人到盘县老厂通知保安第二团，指使保丁向游击队射击挑衅。使游击队欲宿不得，欲行不得，拖延时间等待保安团到来配合吃掉游击队。

张扶中的一再挑衅，激怒了游击队。罗波命令鸣号紧急集合，组织队伍，提出了“攻打青山镇，活捉张扶中”的战斗口号，游击队青山之战就此酿成。

正月十五上午，罗波留下一个中队固守水桥，其余 10 个中队兵分三路，分别从下街、朱家港、卖米坡三处插进青山镇，与张扶中的保丁展开巷战。保丁固守碉堡，时打时停，故意拖延时间，游击队尚未识破张扶中的阴谋，仍与保丁保持不冷不热的接触。纠缠至下午 2 时许，保安第二团赶到，战事全面展开。

张扶中死守据点，保安第二团装备精良，游击队腹背受敌，伤亡不断增加。为摆脱困境，罗波被迫下令撤出战斗，队伍往水桥方向集中。撤至水桥，罗波安顿好伤亡队员，重新组织力量，再次向青山镇发起进攻，然此时保安第二团与张扶中已会合，占据镇内制高点、碉堡及外围有利地形，游击队一冲进去便处于被动挨打局面。罗波连续组织进攻，均未奏效，反之增大伤亡。为保存力量，罗波不得不组织突围。队员们顽强抵抗，拼死冲杀，消灭敌一个机枪火力点，打死10余名保丁，撕开口子突围而出。

突围后，转入地下，分散隐蔽活动，放弃于龙场会合，待机进攻兴仁的计划。

（7）普安青山保卫战[①]。1950年的青山镇，爆发了一场激烈的战斗，10多名解放军战士在指导员孙钧明指挥下，打退了以马金柱为首的500多名土匪的数十次猖狂进攻，保卫了新生的人民政权。这场战斗以少胜多，在黔西南布依族苗族自治州剿匪战斗史上传为佳话。

1950年8月9日凌晨，“中国反共抗俄同盟军滇桂黔边区二七五师”马金柱匪帮，纠集投诚后又叛变的二七二师十八团九连何明高部、二七二师十八团严继斌部和兴仁曾明辉部等匪众，趁青山镇解放军驻军一四五团九连一排、二排由连长王新田8月8日带领到泥堡、楼下一带清剿土匪、筹集粮食，三排派出两个班护送军用物资到县城，余下一个班和几个伤病号随指导员孙钧明留守的机会，杀气腾腾，气势汹汹，包围了青山镇。

他们剪断了电话线，枪声、手榴弹爆炸声伴随着土匪的号叫声响成一片，攻占了区机关，杀害了几名工作人员，迅速向青山仓库进攻。青山仓库不仅储存有几万斤粮食，还存放着游击二十一团更新装备换下来的一大批武器弹药和其他军用物资，土匪就是为此而来。

指导员孙钧明指挥着10多名战士和伤病员以火力交替掩护，撤进仓库大院占据有利地形，就是不让土匪的阴谋得逞。当时是8月三伏天，战士们又热又渴又饿又无暇煮饭，只好轮流喝生水嚼生米止渴充饥，坚守阵地。战士们都是从华北战场打到西南战场的老兵，久经沙场，有着丰富的战斗经验。土匪整整攻打了一天，发起无数次冲锋，都被击退。天渐渐黑下来，能见度极低，吃饱喝足的土匪借着夜幕，又从四面八方围拢过来，发起了新一轮的攻势。情况十分危急。孙钧明将战士们集中起来，将游击二十一团换下来的武器弹药搬进仓库碉楼，战士也撤进碉楼死守，战士们

---

① 中共贵州省委党史研究室：《贵州革命史话·黔西南卷》，贵阳·贵州人民出版社，2014年版，第109—114页。

纷纷表示，宁可与武器弹药同归于尽，也绝不让土匪的阴谋得逞。

为了减少不必要的牺牲，孙钧明到瞭望哨口观察，见土匪们正从四面八方向碉楼一步一步逼近。突然，孙钧明的目光停留在仓库外围的三大堆稻草上，脑子一亮，计上心来。忙命战士们火力掩护去引燃稻草堆，以作照明。草堆点燃后，土匪完全暴露在火光下，被强大的火力压得抬不起头来，未能近碉楼一步。一夜间土匪组织了三次冲锋，都被一一击退。

天亮后，土匪久攻不下，就在镇内和附近村寨到处抢夺财物。凌晨6点左右，土匪们抢了财物、牛马准备离去时，街头响起激烈的冲锋枪声。原来是前往楼下一带剿匪、征粮的王新田连长，在泥堡得知青山被土匪围攻一整天的消息后，顾不得疲劳、饥饿，连夜率一排和二排战士，火速赶来。

土匪是被解放军打怕了的，一听到冲锋枪声，不知来了多少解放军，慌忙四散逃避，孙钧明知道援军来了，指挥战士们冲出碉楼，与一排、二排共同追击，直到众匪逃远，才结束战斗。

为了全歼土匪，解除对人民政权的威胁，兴仁军分区命令作战科副科长王巨胜率一四五团、一四六团所属11个连对袭击青山的这几股土匪进行清剿。清剿初期，由于各连队驻地分散，因此从兴仁出发时，王巨胜仅带有分区情报班12名战士，行至兴仁龙场一四七团二连驻地，王巨胜令连长带两个排随行。来到青山，王巨胜令刚击溃围攻青山土匪的一四五团九连连长、指导员带两个排随其行动，组成四个排一个班共100多人的剿匪队伍。

8月10日队伍从青山东北方向搜索前进，宿营歹苏。王巨胜盖着一床向老乡借来的“秧被”，刺得身上又痒又痛，彻夜难眠。他从未见过这种用干稻草编成的“被子”，心情十分难受，想到解放后的贵州人民还过着如此艰苦的生活，贫穷得连棉被都买不起，感到自己责任重大，决心尽快、干净、彻底地消灭土匪，让老百姓过上好日子。

8月11日，部队来到新店乡雨黑，遇见了围攻青山被击溃的数百名土匪。王巨胜怒火中烧，决定攻其不备消灭这股土匪，命令二连两个排占领村后制高点，自己率九连两个排和情报班直攻寨中土匪。

寨中正在集合的严继斌匪帮突然遭到攻击，摸不清东南西北，慌乱中拥进寨中一幢独院石板围房中固守顽抗。情报班侦察员桂希孔发现通向院中阴沟出口，不顾脏臭，从阴沟潜入院内，将正依窗口向外射击的土匪机枪火力消灭。机枪声刚刚哑火，九连连长王新田率战士封住院子，高喊"缴枪不杀"，趁机冲进院子，一名翻身上房的战士揭开房顶石板扔下两颗手榴弹，屋内土匪被炸得血肉横飞，死伤一片，幸存者只好乖乖缴械投降。山上的马金柱匪帮听到枪声，丢下寨中土匪，率领残部逃向泥堡。

此役消灭严继斌残部约一个营，缴获匪帮的机枪 4 挺、步枪 49 支、子弹 1000 余发。大获全胜后，即令军分区侦察股长刘明率一四七团九连两个班、山炮排及分区情报班火速前往泥堡清剿马金柱残匪。马金柱匪部营长杨朝奉假借楼下富户罗会升之手，将驻扎泥堡一带的马金柱匪帮分子、活动情况统统提供给罗会升女婿桂希孔（兴仁军分区情报班侦察员）。兴仁军分区得到情报，深知情报的价值取决于兵贵神速，土匪聚居泥堡正好围而歼之。部队连夜从兴仁赶到泥堡，于天亮时将马金柱残部团团围住，发起进攻。马金柱匪帮依赖坚固的四合院墙抵抗。因土匪占据有利地形，部队只能用火力压制而不能接近，几次硬冲不成，反而接连伤亡数人，山炮连李连长也负伤。刘明与李连长商量，组织火力掩护，将柴草和炸药包送进院墙点火爆破，院墙被炸塌后，解放军组织火力压制发起猛攻，冲进院墙，歼灭了马金柱残匪，清了匪患。青山粮仓保卫战，以少胜多并实施追击，不给土匪喘息机会将其歼灭，谱写了大西南剿匪战斗的成功战例。

**3. 革命人物类**

（1）抗日牺牲的侦察科科长——罗会廉[①]。罗会廉（1914—1944 年），1914 年 4 月 25 日出生在贵州省普安县楼下河畔一个乡绅之家。他聪颖好学，15 岁时以优异的成绩考入兴义县中学。那时正是军阀混战、灾难不断的动乱年代，罗会廉亲眼看见一个年龄较大的同学为抵制抓丁派款被枪杀的惨景。他怒火满腔，愤愤不平，在心底埋下了对罪恶社会的仇恨。

1929 年，全国各地革命力量不断增长，革命活动异常活跃。罗会廉在

---

① 倪德贵：《抗日阵亡的侦察科长罗会廉》，载《贵州省黔西南布依族苗族自治州文史资料选辑（第五辑）》（贵州省黔西南布依族苗族自治州政协文史资料委员会编），1985 年版，第 58—62 页。

兴义中学一些进步人士的宣传影响下，开始对一些不合理的现象进行思索，反抗情绪不断增长。这年 7 月下旬，罗会廉与刘仁安等带领 100 多名同学走上街头游行宣传，反对外国教士用教义来奴化中国人民，要求提高教师的待遇。学潮持续进行了四五天，遭到反动当局的镇压，刘仁安被逮捕。在这种情况下，罗会廉广泛争取社会开明人士和进步教师的同情和支持。在一片舆论声中，几经“交涉”，这次学潮在反动当局作出了增加学校教师的薪金、驱逐外国教士、释放被捕学生刘仁安的决定后宣告结束。

1932 年，罗会廉在同族兄长的资助下入昆明市昆华中学高中部读书。在高中读书时，罗会廉学习研究了孙中山先生的《建国大纲》《建国方略》等论著和一些进步书刊，思想境界显著提高，救国救民之情时时溢于言表。

1934 年秋，罗会廉考入暨南大学土木工程系。在大学里，他受到中共地下党组织和进步人士的影响和启迪，读了大量进步书刊，懂得了不少革命道理。1936 年秋，罗会廉于暨南大学肄业，到淮南铁路工程处任职。

抗日战争全面爆发后，罗会廉看到国民党反动政府长期以来置国家、人民于不顾，对外妥协退让，对内残酷压迫。而中国共产党的抗日主张和其领导下的人民军队英勇抗敌的事迹令他十分敬仰。在这国家存亡关头，人民备受生死煎熬的时刻，罗会廉毅然抛弃了优厚的生活和安逸的工作环境，只身奔赴延安进入抗日军政大学学习，革命理论水平和政治思想觉悟得到迅速提高，于 1938 年加入中国共产党。同年，他在抗大毕业后，又被选送到中共中央革命军事委员会二局参谋训练班接受短期培训。

1939 年，罗会廉被派往豫皖苏边区任新四军游击支队侦察参谋。在敌后艰苦的斗争环境里，他积极开展侦察工作，建立起情报网络，为培养更多的侦察人员，罗会廉经常到新四军游击支队随营学校、抗大四分校给学生讲授侦察知识，为豫皖苏边抗日根据地的创建作出特殊贡献。

在豫皖苏边抗日根据地的初创阶级，新四军游击支队处于敌伪顽匪的军事围困、经济封锁之中，环境恶劣，战斗频繁，侦察任务异常艰巨繁重，而侦察人员却又少得很。罗会廉总是时而化装成商人，时而化装成农民，时而乔扮为敌军，深入虎穴，每次都较出色地完成了侦察任务，为我军取得军事上的胜利，减少兵员损失提供了大量的情报。

豫皖苏边区一支侦察队伍在罗会廉的培训下迅速地成长起来。张震将军在回忆罗会廉时说：“他化装什么人就像什么人，……他带领的侦察队有时穿便衣化装商人深入徐州、宿县、蚌埠等敌伪据点侦察取得第一手材料。在战斗前总是他率领侦察队或骑兵连预先详细了解情况，为建立根据地、歼灭敌伪军提供了许多有价值的情报。”

“皖南事变”后，罗会廉任新四军四师（原新四军第六支队）四科代理科长。这时，国民党军队已形成对新四军四师的军事包围，为避免“皖南事变”的悲剧在皖北重演，罗会廉接受了策反国民党九十二军一四二师四二五团的艰巨任务。

新四军四师在很长一段时间内是以涡河为防线的，所以涡河南北往来都要经过严格盘查。在这剑拔弩张的非常时刻，国民党顽军对涡河的封锁更为严密。当时，国民党四二五团驻守在涡河南岸。罗会廉打扮成商人，巧妙地穿过顽军的道道封锁线，两次找国民党四二五团团长兼第五总队指挥官陈锐霆（中共地下党员）商讨起义之事。

陈锐霆回忆起他与罗会廉第一次会面时的情景说：“我俩相处虽然只有两日夜，但谈的问题很多。他敦厚稳重、朴实无华，有渊博的知识，对马列主义革命理论、时事政治、党的政策了解得既多又很深透，他的风度俨然是一个学者。他不避艰险、英勇机智的大无畏革命精神和高尚品质一下子就感染征服了我，使我有相见恨晚之感。”

后在两军交战时，罗会廉再次几经周折，冒着炮火找到陈锐霆商议起义事宜，终于在新四军四师战斗失利时促成国民党四二五团作出了提前起义的决定。罗会廉将这一消息迅速地向彭雪枫师长作了汇报，为提高我军的士气起到了一定的作用。在彭师长和中央领导人对国民党四二五团的起义作出指示后，罗会廉又一次将毛主席、朱总司令等中央首长的指示电文和彭师长的具体安排意见转达给陈锐霆。陈锐霆看了中央首长的指示电文“为了政治上打击蒋介石反共，军事上迟滞李仙洲援战，同意陈团在‘坚持团结，坚持抗战，反对中国人打中国人’的口号下光荣起义”后，更坚定了立即起义的决心。第二天，陈锐霆率部举起义旗，使这支部队成为抗敌反顽的人民军队。

罗会廉对上级交给的任务不管多么艰巨，总是无条件地执行，出色地完成，多次受到上级首长的赞扬。平日里，他与侦察员们一起学文化，练擒拿，总结化装经验，学习各地方言，经常给侦察员上政治理论课，关心他们的生活，深得同志们的爱戴。在执行任务时，他总是根据实际情况随时给侦察员讲解“遇事要胆大，办事心要细”的道理和具体的侦察方法。若遇有特殊情况，他则身先士卒，亲自担当起最危险的任务。

1942 年 7 月，罗会廉任新四军四师二科副科长，1943 年提升为科长。1943 年，在抗战形势好转的情况下，他在上级的领导和支持下经过两年多的努力，建立了数十个解放区与敌占区相结合的情报网点。1944 年 12 月初，新四军四师转进路东一带，他先往萧县执行任务，途中夜宿涡阳县高楼庄，被侦知情况的日伪军 300 余人包围，他销毁携带的军事机密后率众突围，不幸中弹受重伤被捕，敌人对他逼取情报，一无所获，残忍地用枪托、石块将他杀害。

罗会廉牺牲后，为悼念这位无产阶级战士，新四军四师和蒙北根据地人民把他的尸骨葬于小涧区王楼村后，并立碑以作永久纪念。罗会廉墓成后，远近群众自发前来祭扫。天长日久，这儿形成了一年一度的清明节会。罗会廉牺牲后，他的妻子许璞（时任四师司令部参谋）把不满周岁的儿子改名为罗承廉，继续战斗，每年清明回来祭扫。2000 年许璞过世后，他的儿子把母亲的骨灰从南京迁来与父亲合葬，完成了老人的愿望。

新四军第四师副师长韦国清（彭雪枫师长已牺牲，暂无师长）、参谋长张震、政治部主任吴芝圃共立的墓碑上镌刻着：

八稔岁月专精参谋业务讵料功绩甫著胜利在望身先死

卅一年华献身革命战争孰意壮烈牺牲赍志以殁事堪哀

经几次整修，如今的烈士墓前建造了花坛，四周遍植了青松。浓郁的青松四时翠绿，盛开的鲜花飘着芬芳。每至清明，少先队员们列队来到烈士墓前敬献花圈，静默志哀。当他们怀着崇敬的心情离去时，你就会听到那怀念罗会廉烈士的歌声在大地上回荡：

皖北的平原上野花飘香，
罗会廉烈士长眠在大道旁。
起伏的松涛是他均匀的呼吸，
万里蓝天是他广阔的胸膛。
我们少先队员来到烈士墓前，
红领巾映照着金色的阳光，
留下了皖北人民的真挚敬意，
带走了革命前辈的崇高理想。

（2）中共贵州党组织首次派到黔西南进行革命活动的中共党员——张立[①]。张立（1909—1976 年），贵州普安县人，1909 年 2 月生，中共党员。20 世纪 30 年代初受到革命思想影响，开始从事进步活动；1938 年赴延安陕北公学第二期十七队学习，任三分队队长。同年 7 月在贵州加入中国共产党，长期坚持在国统区从事中共地下工作。1940 年任中共贵州省临时工委黔西片区负责人，建立据点开展革命活动。“皖南事变”后转移重庆，在中共南方局的领导下，以社会职业为掩护继续从事地下革命活动。1945 年 9 月赴中原解放区工作。1946 年 6 月奉命回到重庆。1948 年任中共黔北工委书记，组织领导黔北、黔东北、黔西南的游击武装斗争。1949 年任中共贵州省工委书记，为迎接解放，参与编写省工委机关刊物《真实》，指导各地的革命活动，拟订《新民主主义青年团贵州省暂行团章》，建立团的组织。发展农村游击武装，配合中国人民解放军的正面作战，在城市发

① 许书平、雷应忠：《张立、田伯萍、邓止戈在盘、普、晴地区开展革命活动情况》，载《贵州省黔西南布依族苗族自治州文史资料选辑（第三辑）》（贵州省黔西南布依族苗族自治州政协文史资料委员会编），1983 年版，第 1—8 页；黔西南布依族苗族自治州史志办公室编：《黔西南革命遗址》，北京·中共党史出版社，2016 年版，第 126—127 页；唐春芳、刘文生：《张立与普安县的抗日救亡工作》，载《黑龙江史志》2015 年第 13 期，第 6—7 页；资料来源：https://baike.baidu.com/item/%E5%BC%A0%E7%AB%8B/4582302?fr=aladdin；https://baike.baidu.com/item/%E5%BC%A0%E7%AB%8B%E6%97%A7%E5%B1%85/8406478。

动工人、学生进行护厂、护校斗争，策动国民党上层起义，配合解放军实现了黔西南10县的和平解放。1949年11月23日代表中共贵州省地下组织与中国人民解放军第二野战军第五兵团在贵阳胜利会师。

新中国成立后张立历任五兵团兴仁区工作团团长，省政府代表团副团长，剿匪治安协助委员会秘书长，省中苏友好协会总干事，省抗美援朝委员会秘书长，省委党校副教育长，省政协专职委员。1965年任贵州省文史研究馆副馆长。

张立在“文化大革命”中受到严重冲击，但胸怀坦荡，光明磊落，实事求是，坚持真理，坚定党的信念，为革命鞠躬尽瘁，死而后已。1976年8月6日，因病在贵阳逝世。1991年，中共贵州省委重建张立墓地于普安县烈士陵园。

张立同志是中共贵州党组织首次派到黔西南进行革命活动的中共党员。他在普安从事革命工作期间成绩卓著，他光辉的革命事迹值得后人永远纪念。笔者综合所见文献，把张立同志在普安的革命活动情况略述于下：

1938年1月，张立等同志从延安动身，经70天的艰险行程到达贵阳。约一周后，贵州临时工委指派他与田伯萍二人先后到达贵州西部滇黔公路沿线的晴隆、普安、盘县地区开展革命工作，为省工委在这一地区建立革命根据地做准备。省工委负责人之一邓止戈已于1939年到此开展工作。

省工委要求他们要利用合法身份进行活动，争取劳动者和倾向革命的知识分子，团结一切可以团结的力量，努力争取包括旧式军阀易晓南之子易晋侯等人，为建立抗日民族统一战线和武装斗争的根据地做准备。

张立、田伯萍、邓止戈同志先后到达晴隆、普安、盘县地区后，利用家乡关系，很快站稳了脚跟，打开了工作局面。张立利用家乡关系和过去与谭本良的私交，在谭本良回乡探亲期间，主动邀请张立同志参加地方知名绅士陈亮卿、易晋侯、任敏之、普安县县长车祖瑜、驻军团长刘鹤鸣、保安队长罗一农等为谭本良联合组织的迎风筵席。张立、田伯萍、邓止戈同志在宴席上不但结识了上述人士，而且受到尊重。张立同志还被车祖瑜委任为县财委会的会计。张立等同志便利用其公开的合法身份，积极开展革命工作，不但争取了上层，而且很快深入中小学的教师、知识分子、高中学生和广大的劳苦大众之中进行宣传活动。

普安县民教馆经张立同志的积极工作，不但订阅了《新华日报》等书报杂志，使民教馆成为宣传革命的阵地。而且在1938年冬季，由民教馆出面组织了普安、盘县的教师，社会上的知识分子和高中学生进行时事座谈、教唱抗日歌曲、演剧等宣传活动，主要围绕着抗日的道理和抗日的英雄事迹，揭露日本帝国主义的野心与暴行。

由于民教馆起到了宣传群众抗日、组织群众抗日的作用，普安县较大的乡镇，都要求民教馆帮助成立民间夜校半日制学校、组织抗日宣传队等。但由于经费无着，迟迟不能开展。经张立、田伯萍同志以办地方公益事业为名进行积极的活动，终于得到陈亮卿、易晋侯和县长车祖瑜的支持。由县长和陈亮卿出面召集各界人士举行联商席议，议决：其一，清理民教馆经费，查出刘新益贪污款项一笔；其二，从赔款案中得到几笔款项；其三，从庙宇中得到了一些经费，从而使较大的乡镇的民教宣传工作得到了开展，但也受到了国民党特务的注意和威胁。张立、田伯萍同志发觉了敌人的阴谋，及时改变了活动范围和方式，仅出入于地方绅士陈亮卿和徐光楷家，推动他们出面集资办织布厂，以减少目标和转移敌特视线。

1938年5月，张立同志利用陈亮卿的名誉，以徐光楷做股金保证人，筹建了“裕民织染厂”。每股50元，每人可以认两股，织染厂总经理由陈亮卿挂名，经理张立，会计徐光楷，出纳任泽英（张立妻），营业主任刘信林，田伯萍任管理总干事。织染厂建立后，生产很顺利，获得了利润，并从利润中抽20%作为职员的报酬。

1939年冬，张立同志到省工委汇报工作情况。省工委听了汇报后，除了肯定他们的成绩外，要求继续开办纸厂、铁厂、商店、农场等。其目的是为了增加群众收入、转移敌特视线，为党搞一部分活动经费，以便日后贵阳来的同志有经费安排。

张立同志回到普安，经和田伯萍、任泽英等同志商量后，决定以易晋侯为第一个目标，推动他扩大织布厂，既可以赚钱，又可以在厂里安排人员，发展组织。织布厂开始扩建，经费由易晋侯负责，先后招雇了20多名工人。织布厂扩建投产后，张立同志为了给党弄活动经费，他推荐张人均同志任经理并与易商定按原办法从盈利中抽出20%作为营业人员的报酬。张人均同志工作了几个月离厂到晴隆时，易还给了他50元作为路费。

1939年冬，张立、田伯萍同志为了多弄一些活动经费和为更多的同志安排工作，由易晋侯、徐光楷、张立牵头，到离县城90华里的半坡塘开办炼铁厂。徐光楷、任泽英、任泽芳各投资500元，不足部分由易晋侯全部负责。铁厂建成后，每天生产生铁两吨左右。但由于销路不好，直到1941年，张立、田伯萍、邓止戈离开普安时还未卖完。普安人民所需日用百货和织布厂所需棉纱都要到几十里外的盘县去购买，百货商店又可以更快地赚钱，于是，张立同志开办了百货商店。此外，在江西坡开办公私合营农场。由车祖瑜、易晋侯、罗一农、张立4人发起，由县政府出布告，要求荒地所有者限期登记，过期不登记者作为公地处理，因此土地很快就落实了。罗一农也准备辞掉保安队长之职专办农场，但由于张立的工作转移而停办。

## （二）历史价值与现实利用

习近平总书记指出：我们党作为马克思主义执政党，不但要有强大的真理力量，而且要有强大的人格力量；真理力量集中体现为我们党的正确理论，人格力量集中体现为我们党的优良作风。而红色文化则是真理力量和人格力量的集中反映。当我们知晓了普安红色文化是什么、有什么之后，还更应该知晓她的独特魅力之处。老一辈无产阶级革命家在普安开展伟大斗争以及开展党的地下工作时发生的感人故事，罗会廉、张立、左显柱、左金荣、左金玉、吴朝选、欧阳鉴等普安革命儿女在血与火的艰难革命斗争中建立的丰功伟绩，彰显了坚定理想信念、对党忠诚、不畏牺牲、艰苦奋斗、严守党的纪律、无私奉献、廉洁奉公等革命精神和优良作风，永远激励着普安这片热土上的广大人民群众不忘初心，前赴后继，奋勇向前，为实现中华民族伟大复兴的中国梦而继续奋斗的征程，这些正是普安红色文化独具魅力之所在，是党员干部理想信念的丰厚滋养，是党性党风教育的鲜活素材，重拾红色经典，重温光辉岁月，让广大党员特别是党员领导干部牢记先辈光辉事迹，在思想灵魂上有所触动，进而让其理想信念得到滋养，正是今天我们研究红色文化，以史为鉴传美德，以廉为镜正己身的意义所在。

**1. 历史价值**

（1）树立纪律规矩意识，坚定理想信念。习近平总书记指出："加强纪律建设是全面从严治党的治本之策。我们党是用革命理想和铁的纪律组织起来的马克思主义政党，组织严密、纪律严明是党的优良传统和政治优势，也是我们的力量所在。"坚持理想与纪律，是全面从严治党的一大标志，也是党的一大优势。守纪律、讲规矩是中国共产党的优良传统，是优秀红色文化的重要精神脊梁之一。历数普安红色文化中讲纪律守规矩的历史故事，让我们进一步认识纪律使理想信仰更加坚定。

（2）倡导艰苦奋斗作风，永葆政治本色。艰苦奋斗是中华民族的传统美德，是革命胜利的重要保证。没有坚定的正确的政治方向，就不能激发艰苦奋斗的作风，没有艰苦奋斗的作风，也就不能执行坚定正确的政治方向。我们党为争取民族解放和独立的斗争史，就是一部艰苦奋斗的创业史。红三军团在普安的两天一夜，党和红军的干部以身作则，率先垂范，以无声的命令带领广大指战员和苏维埃干部坚持和发扬艰苦奋斗的优良传统，在极其艰苦恶劣的环境中，顽强战斗，奋勇拼搏，磨炼出了坚强的革命意志、创造精神，取得一个又一个革命斗争伟大胜利，一幅幅鲜活感人的画卷就是一部艰苦奋斗的诗篇。

（3）培育无私奉献精神，强化责任担当。中国之所以有今天的辉煌与成就，正是因为我们有一批能打胜仗、敢打胜仗、无私奉献的共产党员，他们把自己的生命献给了党，献给了人民。一个民族没有甘于奉献的人们，就没有时代的进步，就没有成果的实现，就没有开创的奇迹，就没有今天的强盛，更没有未来的光明。在普安红色文化中，红军、党的地下工作干部等，面对血雨腥风的岁月，面对生与死的考验，面对敌人的屠刀、枪炮和严刑拷打，他们淡泊名利、勇于担当、威武不屈、大义凛然、视死如归，用鲜血和生命诠释了无私奉献这四个大字。

（4）弘扬高尚革命情操，陶冶优良品格。能否始终保持共产党人的高尚情操和革命气节，不仅直接关系着党员个人的荣辱，而且直接关系着党在人民群众中的形象和威信，关系着党的事业的成败。大量的事实得到印证。在普安这片红色热土上，生动再现了革命志士的高尚革命情操，革命友谊焕发出永远的光彩，让伟大的革命理想与道德唱出时代的赞歌。

**2. 现实利用**

红色文化资源是进行革命传统和爱国主义教育的宝贵资源。长期以来，普安在重大党史纪念活动、党内教育活动中，充分彰显红色文化影响力，大力彰显红色文化的教育功能，党性教育、理想信念教育都通过这些方式得到体现。

2011 年 5 月、2015 年 6 月，习近平总书记曾两次考察贵州工作，要求贵州充分利用红色资源向党员干部进行党的优良传统教育和理想信念教育，运用好遵义会议历史经验，让遵义会议精神永放光芒。普安县委、县政府迅速贯彻落实这些指示精神，加强对普安红色文化的研究、传承和利用工作。

（1）建立长征纪念馆，传承红色文化基因①。为加大对广大干部群众特别是青少年的革命传统教育，传承红军精神，由普安县委组织部牵头，县史志办、县文体旅广局、楼下镇等单位参与实施，于 2014 年年中开始，决定在楼下镇打造普安县红军长征纪念馆。普安县红军长征纪念馆的建筑系当地回族群众桂宝国、桂宝康的先祖辈桂根山于 1883 年修建，称为“四合天井六合门”的四合院。当年，红三军团军团长彭德怀、政治委员杨尚昆在此住宿并设立指挥部。2014 年年中以来经多方努力，共投资 30 余万元，对原址进行了维修，新建了红色文化长廊 1 个，收集文物 50 多件，并制作了 5 个章节的大型展板。2014 年 12 月 30 日，楼下镇红军长征纪念馆正式建成，1000 多名干部群众在此举行红军长征纪念馆开馆仪式，数百名当地群众早早地来到纪念馆门前等待进馆参观。普安县红军长征纪念馆开馆时，同时被命名为黔西南布依族苗族自治州干部教育实践基地、普安县党史教育基地、普安县红军长征革命传统教育实践基地。

---

① 《贵州普安县建长征纪念馆弘扬革命传统精神》，资料来源：http：//ly. wenming. cn/hswh/bbt/201501/t20150105_1530679. html。

(2) 打造红色教育基地，弘扬伟大长征精神[①]。为传承和弘扬红军长征精神，发掘楼下的红色文化，普安县充分挖掘和发挥本地红色革命资源优势，通过回顾长征革命历史、再现红军长征历程、体验红军长征精神等形式，多角度打造泥堡红色革命传统教育基地。

首先是还原历史，缅怀革命先烈。为了把党的这段历史真实、准确地还原出来，让更多的人了解先烈们不畏艰险、不怕牺牲、相信群众、依靠群众，始终保持与群众的血肉联系的红军长征精神，明确了由县委组织部牵头负责，成立专门工作组多次深入泥堡村实访，并沿着红军在普安境内的行经路线进行实地调查，探寻红三军团当年在楼下镇所刷写的标语遗址，深挖红军与当地群众的军民鱼水情和感人故事。为让更多的人铭记历史、缅怀先烈、不忘党恩，在对所收集资料进行整理和完善的同时，充分借鉴井冈山传统教育现场教学点评经验，反复总结和提炼讲解词，形成了一整套贯穿全部教学流程的教案脚本，并在展馆内配备专门的讲解员，讲解红军长征历史，特别是经过普安段的历史。

其次是情景再现了红军长征艰苦历程。红军长征过泥堡，是老一辈革命先烈给普安留下的一笔弥足珍贵的红色文化遗产。为将这份宝贵的红色遗产继承好，进一步加大对广大干部群众特别是青少年的革命传统教育，传承长征精神，普安县筹资30余万元，对指挥部原址进行了修缮，建立了普安县红军长征纪念馆。在红军长征纪念馆的布局上，最大限度地保持原状，对彭德怀和杨尚昆居住过的房屋，根据当年的实际情况准确定位，保持每间房子的原貌，红三军团当年在屋外墙面所刷写的标语遗址原始保留。房屋内保留下来的红军使用过和征集来的火盆、铜壶、床铺、石磨、镰刀、蓑衣等50多件珍贵革命文物，全部附上解说进行专柜展示，通过声音、文字、录像、图片、革命史料、革命遗物等多种形式的展示，充分再现红军长征时的艰苦历程。同时，在纪念馆外，新建了红色文化长廊1个，制作了5个章节的大型展板，将红军长征过泥堡的历史，通过文字、图片的形式详细地展现出来。

---

① 《普安县三举措打造红色教育基地弘扬长征精神》，资料来源：http：//www.gzxw.gov.cn/Jcdj/Cxjz/2015/11/16/248110.html。

最后是感同身受体验长征精神。在教育形式上，县委组织部通过借鉴和提炼，采取现场专题教学、体验互动教学等模式，精心设计了一套情景模拟线路，为来参观学习的人员提供直观、生动的课堂。一是重走长征路。将红三军团在普安境内走过的从泥堡村纪念馆到岩脚寨长达 9.5 千米的长征路作为参观学员的体验项目，沿途设置关卡，完成通关任务才可继续前行。让学员充分体验革命先辈在艰难困苦的环境下不懈斗争、百折不挠的精神，感悟革命胜利的来之不易。二是撤退抬伤员。在重走红军路途中，模拟在炮火纷飞的战场抢救伤员的情景，将队伍分为几队，开展抬伤员比赛，达到体验红军战士浴血奋战、不屈不挠、艰苦奋斗、积极向上的战斗精神的目的。三是组织唱红歌。在长征路上设计关卡，将队伍分为几队，进行唱红歌比赛，提出通关要求，完成任务方可放行，通过传唱红歌的方式，深化红色革命传统教育。

## 四、普安红色文化发展利用的对策建议

### （一）具体实现路径

#### 1. 依托普安红色文化资源禀赋，构建不同层面的党性教育实践体系

（1）红色文化进入党校知识课堂教学。对于党员干部理想信念教育的培训，党校是主阵地、主渠道。而党校课堂教学最基本的方式是讲授法，但是，从目前教学实践来看，单一的讲授法已不能满足理想信念教育的深层次要求。党的历史能够说服人，这是不容置疑的。但是，新时代需要创新各级党校的教学方式。各级党校课堂教学不再是简单的教师与学生的关系，更要关注教育者和教育对象之间的互动关系，因为受种种因素的影响，许多人在研究教学方式时仅仅论及教师的教，而学生的学以及作为整体的教学则被有意或无意地忽视了①。党的十八大以来，始终强调要抓好理想信念教育这个核心，学习党的历史，弘扬党的优良传统和作风。理想信念教育被提高到了对党的历史和传统的尊重，学习党的历史是理想信念

① 张泰城：《论红色资源的教育教学方式》，载《中国井冈山干部学院学报》2015 年第 6 期。

教育的基本内容。党史教学最为基本的教学方式是课堂教学，各级党校依托党史文本教材，在文本教材的基础上开展了多种形式的教学实践活动，使党的历史在学习交流中说服人。与此同时，实践教学是融知识性与价值认同为一体的教学形式，对理想信念教育起着重要的实践支撑作用。“从某种意义上说，党员的党性修养和党性锻炼最终应该在实践中得以体现，而党校的党性修养和锻炼只是其长期党性修养和锻炼过程中的一个特殊阶段。”① 党校实践教学是党员干部党性修养、理想信念教育的基本构成，要教育引导学员在情感认知上对党的历史和价值认同产生共鸣，学有所获、学有所悟，在实际工作中践行核心价值观。党校实践教学主要包括现场教学、体验式教学和访谈式教学等形式，如现场教学可通过带队到楼下红军长征纪念馆实地解说红军的革命精神，如体验式教学可让学员亲身参与让其感受革命先烈的艰辛，如访谈式教学可通过实地调查采访，在红军的故事中感知红色文化魅力和坚定信念等，党员干部党性在这些实践教学中自然会有意想不到的提升。

（2）红色文化进入党的理论宣传教育。榜样是一面旗帜，也是一面镜子。以先锋模范为镜，就能把对广大党员干部的理想信念的要求人格化、具体化、形象化，转化为可触摸、可感知、可学习的鲜活样本。镜子清晰可鉴，就能照到深处、照见细处、照到实处，使问题和缺点纤毫毕现，真正做到摆问题、找差距、明方向。先锋模范是一个时代的精神标杆，“是看得见的哲理”。对照王进喜，“宁可少活 20 年，拼命也要拿下大油田”，就能检查自己是勤于奋斗，还是不思进取；对照杨善洲，“不要躲在机关里做盆景，要到人民群众中去当雪松”，就能检查自己是情牵群众，还是官僚主义；对照郭明义，“对工作对社会有怎样的态度，就会有怎样的行动和付出”，就能检查自己是律己以严，还是贪图享乐。以先锋模范为镜，就是要以他们的崇高精神作为标尺，用严格的尺子衡量自己，用很高的标准要求自己，用无私无畏的勇气对照、检查、改进，见贤思齐、修身正己，真正来一次思想和工作作风的大排查、大检修，实现自我教育、自我

① 钟龙彪、赵晓呼：《党性教育的困境与突破》，载《观察与思考》2014 年第 5 期。

检查、自我批评、自我完善。

红色文化是在革命战争年代，由中国共产党人、先进分子和人民群众共同创造并极具中国特色的先进文化，蕴含着丰富的革命精神和厚重的历史文化内涵。红色文化的先进理念至少包含着三大层面的价值，即思想价值、经济价值与文化价值。当代政治发展深刻凝结着红色文化的思想价值。这首先表现在红色文化能够巩固党的领导核心地位，有利于推动整体持续改革创新。因此，以党员先锋模范人物来宣传宣讲红色文化，肯定能起到“1 +1 >2”的效果。这也应是在红色文化宣传教育中行之有效的方法，同时，也值得相关部门在实践中试点推广，为党的建设的有效性不断摸索新路子。

（3）红色文化进入现代网络文化阵地。党的十九大指出：意识形态决定文化前进方向和发展道路。必须推进马克思主义中国化时代化大众化，建设具有强大凝聚力和引领力的社会主义意识形态，使全体人民在理想信念、价值理念、道德观念上紧紧团结在一起。高度重视传播手段建设和创新，提高新闻舆论传播力、引导力、影响力、公信力。加强互联网内容建设，建立网络综合治理体系，营造清朗的网络空间。

随着信息技术的不断发展，网络意识形态安全对于一个国家的意义越来越突出，是国家利益的重要体现。2013 年 8 月 19 日，习近平总书记在全国宣传思想工作会议讲话中强调，意识形态工作是党的一项极端重要的工作，一定要胸怀大局、把握大势、着眼大事，找准工作切入点和着力点，做到因势而谋、应势而动、顺势而为。当前，国家网络意识形态，面临来自三方面的挑战：首先，网络意识形态呈现分化趋势，主流意识形态易受冲击。由于我国政治经济社会的不均衡发展，人民群众的生存生活状态也不均衡，在利益诉求和思想观念领域呈现日益多元化趋向，网络意识形态也呈现出新的态势，所有意识形态谱系都反映到了网络上。同时，社会结构的变化导致传统一元主导的单向度灌输模式已无法适应多元主体共同参与的社会治理模式，加上主流意识形态媒介在网络空间的覆盖面仍显不足，由此造成主流意识形态话语权和领导力受到冲击。其次，网络意识形态领域的斗争更加隐蔽激烈。网络是一个虚拟空间，网络信息传播具有即时、自由、开放、隐秘等特性。线上与线下、虚拟与现实、软件与硬件重叠交错、跨界影响，意识形态领域不可避免地成为各种利益诉求的集散地，成为国家之间、群体之间相互渗透攻击的重要渠道。最后，网络意识形态与社会公共事件的交互影响越来越深入。由于网络信息传播极其迅速，关于一件社会事件的信息不对称及其来源的真假难辨，很容易引发意识形态的激烈论战。小到过马路，大到国家大政方针，都可能在网络上演化成意识形态的争论，持续不断地影响和冲击社会公众心理。

因此，在新时代、新形势下，我们应当尊重人民的主体地位，相信和依靠网上群众，加强主流意识形态的引导教育，转变话语方式，讲好中国故事。挖掘普安红色文化，滋养党员干部理想信念，对于党员干部而言，就是要突出干部在线载体，以网络教学强化理想信念教育。要紧跟干部教育培训新时代的要求，为每一名参训学员配备学习用电脑，有条件的地方，可以率先开发手机移动学习系统，实现碎片化学习，以创新的方式推进参训学员在线学习。在信息化时代，知识增长的模式是一种几何层级的增长模式。为有效解决优质干部教育培训资源不足的问题，干部教育培训应当充分利用在线学习平台资源，设置理想信念教育专题等板块，开设多元丰富的视频教学专题，引进全国一流专家讲座资源，开阔学员视野、拓宽学员思路、树立世界眼光。大力推荐慕课学习，积极开展“翻转课堂”教学改革，充分发挥网络教学资源和教学方式的优势，紧密联系时代实际，突出国情、省情、州情、县情研学，各级各部门领导参与研讨、教研骨干人员认真引导、全体学员积极参与，为经济社会发展出谋献策①。

（4）红色文化融入党组织生活的必修课。坚持“三会一课”制度，是严格党内生活的重要方面。实践也证明，我们党通过坚持“三会一课”制度，提升了党员素质，增强了党内团结，凝聚了党员力量，是“思想建党”的重要载体和抓手。党的十八届六中全会通过的《关于新形势下党内政治生活的若干准则》，就“三会一课”制度提出：“要突出政治学习和教育，突出党性锻炼，坚决防止表面化、形式化、娱乐化、庸俗化。”在

① 资料来源：http：//skl. maoming. gov. cn/2016/1109/1058. html。

《关于推进“两学一做”学习教育常态化制度化的意见》中，专门就“三会一课”制度作重点强调，指出：把“两学一做”学习教育纳入党支部“三会一课”等基本制度。再次强调“三会一课”“要突出政治学习和教育，突出党性锻炼，坚决防止表面化、形式化、娱乐化、庸俗化”①。

防止“三会一课”的“四化”问题，就要不断丰富“三会一课”内容，把党史国史纳入“三会一课”的范畴，加强对广大党员的红色文化教育力度，就显得非常必要，也非常及时。因为红色文化是党领导全国各族人民在革命斗争和社会实践中形成的极具中国特色的先进文化。红色文化在培育党员理想信念、塑造社会主义核心价值观、凝心聚力等方面具有不可替代的重要作用。在艰苦卓绝的革命斗争中，普安这片红土地上诞生了伟大的长征文化（指红三军团的长征）、敌后文化（张立等普安地下党的秘密斗争）、剿匪文化（青山－雨核剿匪等）等，这是革命前辈留给普安儿女的宝贵精神财富，值得继承发扬，也必须要继承发扬，作为一名党员更是要不折不扣地学习好、运用好，要入脑入心。党支部在“三会一课”中应融入红色文化元素，对红色文化学习教育的情况进行督导检查，层层传导压力，对不认真、不严肃的，要严肃批评指正；情况较重的，要采取整顿等措施，进行组织处理。

**2. 依托普安红色文化资源禀赋，建设滋养理想信念的红色文化工程**

（1）建设一批具有普安特色的红色文化资源数据库。当今时代，是一个“全媒体的时代”，所谓“全”，其实质是反映了未来媒体的发展形态。具体而言，“全媒体”就是用文、图、声、光、电等综合表现形式，对传播内容进行全方位、多侧面的立体式展示，同时通过网络、通信、广播、电视等多种传播手段来传输的一种新的传播形态。可以说，一个“全媒体的时代”正在渐进式到来②。而在“全媒体的时代”，数据库的建设就尤为重要，数据库资源乃基础性资源。

第一要弥补红色文化存量流失。尽管近些年来，对相关资源的搜集做了大量的工作，进行了很多的走访调查，但由于技术、人员、资金等限

① 资料来源：http：//opinion. china. com. cn/opinion_ 38_ 162038. html。

② 资料来源：http：//www. chinanews. com/ga/2013/12－16/5623739. shtml。

制，许多资源都没被系统地挖掘出来，导致相关资料收集不全，宣传力度也不够。长期以来大多是依靠老红军及世居老人口述的方式进行传承，随着时光的流逝，部分口述资源逐渐流失，系统挖掘整理相关资源并进行科学的保护与传承刻不容缓。

第二要适应红色文化增量需求。“红色文化”传播是增强国家文化安全的天然途径，红色文化的有效传播不仅可以使我国的优秀文化实现代际传承，保持文化的延续、发展、创新，还可以增强中国特色社会主义文化的吸引力，进一步弘扬民族精神和时代精神，达到有效抵御西方敌对势力对我国进行的文化入侵。红色文化以马克思主义为指导，融汇马克思主义中国化的系列成果。红色文化传播是先进意识形态的传播，“红色文化”数据库的建设将不断增强马克思主义科学理论的说服力、吸引力、感染力、凝聚力，以互联网的形式科学地理论武装广大青少年、党政干部、人民群众的头脑，进一步巩固马克思主义的指导地位，加强马克思主义意识形态的主导地位；红色文化通过互联网传播可以保持人民群众健康向上、昂扬拼搏建设社会主义的精神状态，坚定社会主义的理想信念、意志品格，增强中华民族华夏文化的内在凝聚力，促进人民群众对社会主义核心价值体系的认同，用红色文化传播为国家文化安全筑起一道强有力的安全屏障。

第三要建设红色文化资源数据库。其一，数据库建设资金。相关的调研、采访、数据库规划、硬件设备、后期运营维护等都需要资金的投入。相关资金除地方政府财政外，还应多多争取国家、社会、个人等资金筹措渠道，为数据库建设奠定基础。其二，数字化采集。组建专业的团队，对采访人员进行专业训练，避免漫无目的的采集与编辑。采集内容主要可归纳为四个方面的采集：一是图书、报纸、期刊等纸质文献的收集；二是在普安县境内进行实地走访，对相关老红军等进行摄影、录音等数字化采集，加工成相关影音资料；三是搜集普安县境内的红歌、舞蹈、曲艺等艺术形式的资源；四是对普安县境内的纪念馆、博物馆、烈士墓以及其他革命遗迹等进行数字化采集。其三，互联网传播。相关资料采集后，要及时进行互联网的宣传与推广，避免耗费大量人力、物力、财力后仅在小范围内流通。运用现代信息图情技术，对数字资源进行加工、剪辑、编辑和分类，以方便大众的互联网检索、查阅及研究。例如把图片的 RAW 格式通过 Photoshop 等处理软件转化为 JPEG 图像格式；语音转换为 MP3 等格式。在网站上建立读者留言板块，积极吸收留言中的有益部分，对网站进行不断的提升与完善①。

（2）打造一批具有普安特色的红色文化社科普及基地。党的十九大报告强调：要加强理论武装，推动新时代中国特色社会主义思想深入人心。深化马克思主义理论研究和建设，加快构建中国特色哲学社会科学，加强中国特色新型智库建设。对普安县而言，就要打造一批具有普安特色的红色文化人文社科示范基地，夯实红色文化传播阵地与传播渠道。

第一要增强人文社科示范基地的红色元素。习近平总书记指出：“坚定的理想信念是共产党人精神上的钙。”红色文化承载着先进思想境界和高尚的道德情操，彰显着中国共产党人的政治本色、优良品质，诠释着人生理想的经典。加强对中国共产党人理念、信仰、精神的彰显和传播，有利于革命红色文化传承弘扬，有利于革命思想精神深入人心，有利于引导大众建立正确的文化价值观，有利于鼓舞青少年树立远大的人生志向。

普安有数处红色文化遗址遗迹、纪念馆等，是进行中国革命和建设史教育，特别是党史教育和爱国主义教育的重要载体和示范基地，要将这些基地建设成为人文社科示范基地，建设成为地方城市建设的标志性建筑，成为城市的精神符号和文化象征，在推进革命理想信念教育中发挥作用。当前，应在社科知识宣传与普及中自觉地把红色文化纳入自己的视域中，红色文化资源与人文社科知识的普及宣传必须有机结合起来。要围绕“传承红色基因、弘扬革命精神、坚定理想信念”的主题，充分彰显红色元素，在党员干部中倡导学好红色经典、讲好红色故事、传递红色能量的活动。

岁月的流逝，留下的是沧桑，洗不去的是那份扎根在心底的信念；时代的发展，留下的是变迁，抹不去的是那段闪闪发光的红色记忆。各类人

---

① 袁子英：《红色资源数据库建设研究——以筹建贺龙图书馆为例》，载《图书馆学研究》2012 年第 14 期。

文社科示范基地是普及人文社科知识最好的平台，如果缺少了对红色文化的普及宣传，那就是没有尽到应尽的职责。要做红色文化的宣传者和传承人。以真诚之意感悟历史，以虔诚之心尊重英雄①。

第二要加快建设红色智慧人文社科基地。要注重发挥普安特色的红色文化资源优势，以打造红色智慧人文社科教育基地为核心，强化党员干部理想信念教育。当前，社科普及工作的目的是满足人民群众日益提高的精神文明需求，全面提高人民群众的人文素质。由于社会文化多元、多样、多变，传统科普的“授课”方式已经明显落伍，迫切需要真正实现以受众为中心的变革。具体要使受众拥有“选择权”“诉求权”“参与权”。事实证明，只有互联网和大数据才能实现知识“海量”聚集，让受众有选择的空间和自由。而建设红色智慧人文教育普及基地，就是要以互联网、物联网、通信网无缝对接为纽带。面向智慧的红色文化传播，需要借助云计算、物联网等新技术，通过互联网、无线网络，借助便携终端设备，实现各类红色文化信息的自动感知、及时传送和挖掘分析，不断提升广大党员在学习活动中的自主性、互动性，为广大党员带来超出预期的学习体验和无处不在的红色文化氛围，实现红色文化资料的数字化、红色文化学习的智能化和体验个性化②。而这一切在客观上要求“互联网、物联网、通信网”三网无缝对接。同时，要加强以红色文化为主导的人文社科普及教育基地的建设，实现从传统向现代的转变，从平面型教育向立体型教育的转变，从单一化教育向多元化教育的转变，紧贴信息化时代与智能化时代的特征，实现红色文化在人文社科知识普及中的大跨越。

(3) 要推出一批适合不同层次需求的红色文化经典作品。文化创新是文化发展的实质，更是保持文化多样性的重要手段。在新形势下，弘扬红色文化，实现其滋养党员干部理想信念的价值，就要推动红色文化的创新，要在内容和形式等方面加大创新力度。既要规范红色经典改编，创作红色文化精品，又要因地、因时制宜，发挥大众媒体和新媒体的独特优势来传播红色文化，增强红色文化传播能力，更好地实现红色文化滋养党员

---

① 资料来源：http：//www. huangchuan. so/news/newsshow - 20409. html。

② 资料来源：http：//skl. maoming. gov. cn/2016/1109/1058. html。

干部理想信念的价值。

“精神产品和社会文化生活对人们的思想观念、道德情操有着潜移默化的影响，必须重视发挥精神产品的社会教育功能。”要实现红色文化滋养党员干部理想信念的价值，丰富其内容是根本。对于当今红色文化产品受到恶搞、解构的现象，我们要重视和规范红色文化经典的改编，把尊重原著的核心精神与引领大众的精神需求结合起来，努力创作出新的红色文化精品力作，满足广大党员干部不断增长的精神文化生活需要。

首先要规范红色经典改编。红色经典是曾在全国引起较大反响的革命历史题材文学名著，它是红色文化的核心元素和基本载体。红色经典改编是历史与现实的交响，对于红色文化滋养党员干部理想信念的价值的实现有着十分重要的意义。改编红色经典需要尊重原著核心精神和大众的认识定位，在适应中引领广大党员干部的精神需求，注重育人的隐性化和实效性。

一是红色经典改编要尊重原著的核心精神。红色经典真实记述了我党我军的光荣革命历史，生动描述了无数革命仁人志士的英勇奋斗和宝贵创造，凝聚着革命英雄主义精神、理想主义光辉、爱国主义情怀，是中国革命优秀传统和伟大民族精神的集中展现，具有超越时空的价值魅力。因此，改编红色经典的根本前提就在于尊重红色经典，把握红色经典原著的核心精神内涵和基本价值蕴涵。在红色经典改编过程中，必须把红色文化滋养党员干部理想信念的价值的实现放在首位，坚持弘扬时代主旋律和对真善美的价值追求，坚持尊重原著的核心精神，不能为了经济利益而人为地扩大作品容量，稀释作品思想，用新、奇、怪等方式糟蹋红色经典。

二是红色经典改编要注重引领人的需求。优秀的精神作品在帮助人们正确认识生活的同时，也影响着人们对生活的看法和态度，能引导人们树立科学的世界观和人生观。红色文化产品必须把广大党员干部的精神需求引导到正确、高雅的轨道上，抵制和消解当今社会的歪风邪气给其精神和心理带来的负面影响。借用法国哲学家勒维纳斯的话来说，就是如何引导人们不断“升越”。具体而言，改编红色经典要尊重党员干部的认识定位和心理期待，不能一味地迎合口味而降低其精神价值标准。比如，对待中老年党员干部，红色经典改编要把握这种长期形成的稳定集体记忆和强烈怀旧心理，适当保持老照片似的“褪色”基调，能够让他们重温和回味历史；对待广大年轻党员干部，特别是“80后”“90后”党员干部，红色文化改编可适当加入一些富于现代性的“色彩”，使红色经典重新焕发出新时期璀璨的光芒。在此基础上，红色经典更应显示自身独特的精神魅力和价值内涵，积极引领其精神需求进入健康发展的轨道。

其次要创造具有时代气息的红色经典影视戏剧作品。历史充分表明，凡是经得起时间考验，能够流传至今的经典文化作品，都做到了知识性、思想性、艺术性与观赏性的有机统一，而那些公式化、概念化、脸谱化，仅仅为了单一的应景配合而生产出来的产品，早已湮没在时间的尘埃里。21世纪红色文化经典作品的创造必须融合多元文化优势，弘扬主流价值，摆脱过去的谨慎叙事和严肃说教，才能让人们铭记鲜活的历史，达到宣传教育的目的。美国好莱坞电影畅销全球，有媒体称好莱坞电影是“铁盒里的大使”。这种影片之所以受到中国大众的欢迎，就在于它顺应时代发展要求，融入许多流行元素来吸引许多人的注意力，从而在“隐性”状态下传播其价值观念。

要深入挖掘普安红色文化的精神内涵，创作具有当今时代特征、反映当下精神面貌的红色经典作品，塑造出当代人喜爱和认同的“红色人物”形象，使红色文化为社会主义先进文化注入不竭的前行动力，保证先进文化的“红色血脉”生生不息。红色历史与当下观众特别是年轻观众的接受之间存在一个“裂缝”，红色文化产品要得到年轻人的认同和接受，就必须在思想感情方面实现个人“小我”与国家“大我”、“红色叙事”与个人化叙事的有机结合。通过对红色经典影视作品的包装、设计，注入一些娱乐元素、时尚元素、偶像元素，使其富有时代感，才能让当代青年更好地感受到昔日先辈的所思所感所行，打破时代隔膜并产生心灵的共通点。《延安颂》《开国大典》《张思德》《长征》等文学影视佳作厚重大气；《恰同学少年》《建党伟业》《风华正茂》等以“全明星”阵容或“青春”为号召，为我们探索了一条承接传统的创新之路，那种平实平易的叙事表达方式和青春靓丽的唯美风格，既坚持了“红色文化”的基本立场，烘托红色文化精神的崇高内涵，又显示出“发乎情止乎礼”的审美特征，有效地满足了受众多方面的审美需求。这样，红色影视剧坚持观赏性与故事性的统一，在还原革命历史的同时增强剧情的吸引力，避免“政治说教”，打破以往“高、大、全”之脸谱化，深刻挖掘和充分展示革命领袖和英雄人物的内心世界，从而提高了红色文化在人们心中的地位，促使人们在多元多样文化中自觉地选择红色文化，使其育人作用得到很好的发挥。

最后要编辑出版反映普安红色文化的报刊书籍。近些年，中国出版集团联合多家出版社出版了一系列的红色经典连环画，如《毛泽东同志在陕北》《地球上的红飘带》《南京路上好八连》等新中国成立以来的优秀作品，用这种图文并茂的表现手法、通俗易懂的叙述特点生动描摹了中国共产党领导全国人民建立新中国的光辉历程，展现了时代的主色调，增强了广大党员干部尤其是“80后”“90后”党员干部学习党史的积极性、主动性，坚定了对党的信念。《社会主义在中国》《苦难辉煌》《毛泽东传》等红色书籍再次畅销，这些经典著作在让我们铭刻历史的同时，也更加强调观照现实、反映后代，注重弘扬民族精神、培育民族自信。《忠诚与背叛——告诉你一个真实的红岩》被赋予新的时代背景，打破小说《红岩》“典型化”的局限性，还原一段真实的历史，激起读者的好奇心，让读者从作品中看到一部红岩斗争的真实历史，全面体现了中国共产党人的党性原则与人性精神世界，从而给读者留下了深刻的印象，提高了红色文化的传播能力和滋养党员干部理想信念的效果。普安作为革命老区，红色文化资源非常丰富，在这方面完全可大有可为。编辑出版一批具有普安地域特色的红色文化报刊书籍，既是历史发展的必然要求，也是时代发展的必然需要，功在当代，利在千秋。

总之，创新红色文化内容，规范红色经典改编，创作新时期红色精品力作，编辑出版一批具有普安地域特色的红色文化报刊书籍。这不仅不会冲淡神圣庄严的红色历史，不会冲淡人们心中那种敬仰，反而会使历史在可亲可感可触中给人们带来更深刻的震撼和更真切的感受，对那段岁月的崇敬之情、敬畏之心油然而生，从而涤荡思想灵魂。

（4）要合理规划建设一批城市红色文化建筑。社会主义文化建设是经济社会发展的软实力和向心力的集中体现，将文化融入城市建设本是社会发展的需要，要构建一种以红色文化为主导精神力量的社会氛围。习近平指出：文化自信，是更基础、更广泛、更深厚的自信。普安红色文化是具有地方特色的理想信念教育资源，是增强普安人民地域认同感和文化认同感的原动力①。

第一要列入城市规划建设。普安红色文化是贵州得天独厚的历史产物，对普安的发展具有重要的历史价值，通过普安红色文化引导理想信念教育，用理想信念教育引领社会教育，普安红色文化与城市建设相融合对普安城市建设具有跨越性意义。城市规划建设的根基在文化建设，文化建设要体现历史韵味和时代气息。普安红色文化包含物质形态和精神形态的红色资源，城市规划建设需要灵魂，文化是灵魂支撑的核心。务必将红色文化基因与城市规划建设有机融合，将红色文化转化为物质力量，鼓舞普安人民积极建设，这也体现了普安县委、县政府致力于发展红色文化建设，并将红色基因永续相传的历史责任与时代担当。

第二要融入城市文化活动。当代城市文化呈现多元并举与百家争鸣的趋势，这也是时代发展的必然趋势。在多元文化百家争鸣的过程中，必须要有重点，要突出重点，要有主流和支流之别，否则就会出现思想文化的混乱。中国共产党是马克思主义政党，是坚定的无神论者。故此，一方面，欧美传来的历史建筑，乃至与“基督教文化”有关的历史建筑，也应当获得保护，但是精神不能泛滥；另一方面，与封建主义相关的“古文化”色彩的古迹也要保护好，但是要去其糟粕，取其精华。“红色文化”是中国共产党领导中国人民历经浴血奋战，无数革命先烈用鲜血换来的，是中国近现代史上的先进文化，是新中国立国的文化基础，因此，“红色遗迹”必须要保护，革命传统精神必须要传承与发扬下去。

当然，城市文化建设，首先是城市文化的硬件建设。我们不可能将城市每一处红色遗址都建成红色文化纪念地，但是，在红色文化资源较少的地区，每一处遗址都是极其珍贵的，应该给予保护和修缮，使其起到纪念

---

① 资料来源：http：//cpc. people. com. cn/n1/2016/0713/c64094 - 28548844. html。

先烈、教育后人的作用。在当今城镇化建设中，许多地方大建教堂、大修庙宇、大造道观，富丽堂皇，美轮美奂，美其名曰增加城市文化内涵。而其实许多地方历史上并无此类建筑的遗迹，并没有历史的痕迹，在一个没有历史积累、没有历史底蕴的地方，鼓励和支持新建宗教的场所，不但不能增加进步的文化内涵，反而会增加消极的文化影响，不利于社会主义核心价值观的弘扬。此外，红色文化与儒家文化也不是相对立的文化，但是现在很多城市建设，“重儒轻红”却时常可见。例如，孔子像新塑立不少，但红色遗址保护却不见起色。其实两者都是中华民族的优秀文化，都要保护和传承。而作为中国共产党人，应当是“红中见儒”，而不应是“儒中不见红”。这些都是我们在城市建设中必须要认真考虑的问题。

### （二）组织保障措施

**1. 加强组织领导**

建立健全党委统一领导、党政群齐抓共管、有关部门各负其责、全社会积极参与的领导体制和工作机制。县委、县政府要始终坚持“两手抓、两手都要硬”的方针，把普安红色文化列入经济社会发展总体规划，与脱贫攻坚、乡村振兴战略、美丽乡村建设等紧密结合，统筹推进普安经济建设、政治建设、文化建设、社会建设、生态文明建设和党的建设，各乡（镇、街道）、村党政主要负责同志要亲力亲为，狠抓任务落实。

**2. 加强队伍建设**

建立健全普安红色文化建设工作领导机构，确保该项工作责有人担、事有人干。乡镇（街道）党委（党工委）专（兼）职宣传委员、农村“两委”班子、第一书记、党建帮扶队员、大学生村干部等要把普安红色文化建设工作作为基本职责，使之在普安精神文明建设中发挥重要作用。要把普安红色文化工作队伍培训纳入地方宣传文化队伍的教育培训规划，为提升普安红色文化建设工作水平提供保障。

**3. 加大财政投入**

县、乡两级要建立财政投入逐年增长机制，保证一定数量公共财政资金用于普安红色文化建设，要因地制宜推进精神文明建设与物质文明建设协调发展。此外，要积极推动社会力量参与普安红色文化建设。

**4. 加强部门协作**

宣传文化部门要加强普安红色文化宣传阵地建设，营造普安红色文化宣传的浓厚氛围。各级各部门要结合自身职能，积极创造条件推动普安红色文化建设。各级工会、共青团、妇联、科协、红十字会等群众团体、社会组织以及非公有制经济组织要发挥自身优势，支持和参与普安红色文化建设。

**5. 加强氛围营造**

各级各部门要充分利用报刊、图书、广播、电视、互联网、微信、微博、手机等媒体，大力宣传普安红色文化。各级新闻单位要策划开办专栏专刊，持续宣传推送普安红色文化，营造浓厚氛围。

**6. 加强考核问责**

各级各部门要提高政治站位，要站在争夺意识形态话语权的高度，来认识红色文化在时代文化与精神文明建设中的极端重要性。因此，在红色文化发展建设过程中，对于失职者要严肃追责问责，发现一起，惩处一起，绝不姑息。

# 调研篇

# B.6 普安县茶产业发展研究

课题组[①]

**摘要：** 世界之茶源于中国，中国之茶始于贵州，普安是贵州茶的发源地。普安县坚持以习近平新时代中国特色社会主义思想为指引，认真学习贯彻习近平总书记对贵州工作的重要指示精神，牢牢守住发展和生态两条底线，践行“绿水青山就是金山银山”的理念，坚持将茶产业作为普安县的脱贫主导产业、绿色生态产业、乡村振兴产业、特色优势产业来进行重点打造，全县茶产业的规模、质量和效益稳步提升，为普安县决战脱贫攻坚、同步小康奠定了坚实的基础。2011 年普安县被中国茶叶流通协会命名为“中国古茶树之乡”，2017 年被授予“中国茶文化之乡”，生产的普安红被授予“中华文化名茶”，2017 年被评为“全国十大魅力茶乡”，是贵州省首批20 个重点茶叶生产县之一，2015—2018 年连续四年荣获“全国重点产茶县”称号。本文主要围绕普安县茶叶历史和茶产业现状进行一个全面的分析与回顾，从中查找阻碍普安茶叶产业发展的制约因素，以便找到解决问题的对策建议，从而促进普安县产业健康发展。

**关键词：** 茶产业　发展　研究

截至 2019 年 6 月底，普安县干茶产量 3483 吨，干茶产值 6.75 亿元，综合产值 10.43 亿元。在茶叶采摘及加工、育苗、茶园管护等环节可为群

---

① 课题组成员：甘正刚、马家丽、张钧、李玖美、黄琚能、朱正敏。甘正刚，普安县茶业发展中心主任；马家丽，普安县茶业发展中心农艺师；张钧，普安县茶业发展中心助理农艺师；李玖美，普安县茶业发展中心助理农艺师；黄琚能，普安县茶业发展中心助理农艺师；朱正敏，普安县农业资源区划办公室助理农艺师。

众增加务工收入 6834. 74 万元。新植茶园建设已落实土地 29520 亩，成规模苗圃建设 820 亩。围绕努力将普安县建设成为茶产业强县的目标，将坚定不移把茶产业作为全县重要的支柱产业，对标全省先进水平，放眼全国和国际市场，聚焦培育公用品牌培育、加工升级、开拓市场、严格质量安全管理等关键环节，落实产业发展“八要素”，加快推进普安县茶产业转型升级，助推脱贫攻坚。

## 一、普安县种植茶叶的历史回顾

### （一）茶籽化石发现地

普安是茶的发源地，1980 年，在普安与晴隆交界处云头大山笋家箐发现了一块新生代第三纪四球茶籽化石。1987 年，经中国科学院南方地质古生物研究所鉴定，化石形成年代在 2400 万年前，为迄今世界发现最早的茶籽化石。

### （二）四球古茶树资源丰富

2011 年，普安江西坡镇、新店乡、青山镇、雪浦乡共发现野生四球古茶树群落 2 万余株，面积上千亩。经中国茶叶研究所、云南茶科所、贵州茶科所、贵州省绿茶品牌发展促进会专家组鉴定是目前世界上已发现的最古老、最大的四球古茶树，也是目前世界上已发现的最古老、最大的四球茶野生古茶树居群。同年 10 月 21 日，中国茶叶协会向普安颁发了全国唯一一个“中国古茶树之乡”牌匾。普安遂成为世界之茶的发源地。普安古茶树是目前国内已发现的最古老、最大的四球茶树，也是目前最大的四球茶野生古茶树居群。在分类上属于四球茶种，是珍稀古茶树资源，在茶树起源、演化和分类研究上具有重要的学术价值。经普查统计，普安县共有古茶树 24567 棵。其中，地径 15 厘米以上的 1096 棵，8—15 厘米的 853 棵，8 厘米以下的 22618 棵，其中单株调查 2095 棵，群体 22472 棵。主要分布在青山镇、江西坡镇、地瓜镇和白沙乡 4 个乡镇，其中青山镇分布最多。青山镇（分布在普白林场、马家坪、托家地、母树沟、干沟、鸡洞）

共有古茶树16608棵，其中地径15厘米以上的814棵，8—15厘米的624棵，8厘米以下的15170棵；江西坡镇（分布在东南村、细寨村、高潮村）共有古茶树317棵，其中地径15厘米以上的90棵，8—15厘米的21棵，8厘米以下的206棵；地瓜镇（分布在鲁沟村）共有古茶树6956棵，其中地径15厘米以上的31棵，8—15厘米的19棵，8厘米以下的6906棵；白沙乡（分布在卡塘村马家坪）共有古茶树686棵，其中地径15厘米以上的161棵，8—15厘米的189棵，8厘米以下的336棵。

### （三）用茶的历史悠久

《茶的历史》说，“茶起源于我国云贵川一带的密林中……我国从开始发现并利用茶的历史，应当在5000年以上，甚至有10000年左右。”其时，正与18处濮人原始部落聚居茶区的年代相符，比神农氏时期还早6000多年。普安种茶、制茶、售茶、饮茶的历史悠久，从远古的周朝时期至唐宋到明清，茶事昌盛。周武王伐纣时，征服了巴蜀之地（《茶经述评》称：“当时所指巴蜀，包括今四川省及云南、贵州”）。巴蜀之师中的贵州濮人贡献给周武王的就有濮人茶。而发现18处濮人史前遗址和18处古夜郎遗址（有7处双重遗址）的夜郎本土中心就位于黔西南布依族苗族自治州的普安县。2000年前的夜郎王多同，将先人创制的茶贡奉给汉王以示臣服，获赠“夜郎王”金印。后因夜郎王兴得罪汉朝致夜郎亡国，茶路中断，相关人物事迹已不可考。兴起于唐宋时期的茶马古道（秦汉时期的南方丝绸之路为主干道的国际贸易通道），以马匹为主要交通工具，且茶叶与马匹都成为唐宋时的主要贸易商品，故名“茶马古道”。两宋时期，“茶马互市”的茶贸兴盛，作为茶马古道重要节点的普安，成了宋室向大理采购马匹的重要贩运处。到了明清时代，茶在普安当地生活中的地位日益重要，他们不但把茶作为一种饮料，还作为一种重要祭品。《普安县志·风土志》中记载了明清时期的一个生活片段：“十二月三十日，鸡鸣争汲水烹茶祀灶谓之‘接灶’。”清咸同年间，普安有茶商周先型修茶叶桥的事迹。《普安县志（民国本）·乡贤志·德行·清》中记载：“周先型，字遇泰，中区地瓜坡人……地瓜坡河，每夏潦暴涨，不利行人，先型手种茶，精制出售，积金建木桥，为母求寿，如是者数矣。尝曰：‘吾在一日，决不使此河无桥。’故屡圮屡修，而志不衰。乡里贤之。”至今在普安县地瓜坡镇一带还流传着周先型在“盘江茶叶擂台赛”上夺魁的故事：当年甲长传来县太爷口谕，邀请地瓜茶商周先型携精品茶赴青山参加“盘江茶叶擂台赛”，周先型在本次比赛中一举夺冠，声名远播。

### （四）茶叶贸易历史悠久

2000 年前，唐蒙在夜郎集市上见到的商品茶——夜郎福娘茶，出自今普安县，是中国最早记载的商品茶。据《华阳国志》记载：“平夷县出山茶蜜。”在云南大学周瑜先生所著《中国西南历史地理考释》有关“平夷”地望一节辨之甚详，定“平夷”在今贵州普安、郎岱一带。其地正当牂牁江中游，是西南夷水运主干道牂牁江的重要通道。由此证明，最早销售产品的茶市，不再是巴蜀的武阳，而是发现 18 处濮人史前遗址和 18 处古夜郎遗址（有 7 处双重遗址）的夜郎本土中心——黔西南普安县，比武阳（今四川彭山）最早的茶市还早 76 年。兴于唐宋、盛于明清的茶马古道进一步见证了普安茶贸的兴盛。普安白沙古驿道，自形成商周时期的民间国际商道、秦汉时期的南方丝绸之路以来，又形成唐宋以来茶马互市的通道，“万马归槽”，历史内涵十分丰富。作为夜郎国本土中心的普安北端老鹰崖，本无道路，因边民流动，每每造成间隙之路，再加上四川商贾买卖逐利，就形成了一条东接北方“草原之路”直达欧洲，西连滇国入身毒（今印度）的民间国际商道。当年秦始皇开五尺道通夜郎、汉武帝辟南驰道达西南夷地区，与北方丝绸之路相对应，在商周时期的民间国际商道基础上，形成秦汉时期的南方丝绸之路。唐宋以来，茶叶、马匹成为主要商品，白沙古驿道遂成了茶马古道典型路段。

### （五）民族茶俗文化丰富

普安县茶庵寺位于今江西坡镇联盟村旧寨门口田，当地人称“纳谬”（庙田），20 世纪下半叶被毁，今仍遗残墙柱础等。1657 年的一天早晨，隆（龙）安弦［普安土官隆（龙）文治族女，幼有才华，貌美，声若夜莺，擅茶事，结庐煮茶济世］于井边救得一满身血污、奄奄一息的男子，自称秦兴朝。安弦将男子弄回家里，采来茶树叶熬水为其清洗伤口，并用水嫩茶叶煮清粥喂其喝下，一个多月后该男子复康。在此期间，二人同生情愫，私定婚姻。男子康复辞去后，派人送来金帛锦衣，以大象载诸物答谢，并想接安弦到北京享福，细问方知此人原来是逆臣孙可望（年号兴朝，后投清反明），安弦亦不齿于其背义行径，因此断然自尽。孙可望痛惜之下，赐金建庙来纪念安弦，这个庙就是茶庵寺。据《普安县志——民国点校本》记载：茶庵寺，在县城东四十里，建于明朝末期，一层五间，并捐金置，庙租八石。布依族在“六月六”举行祭祀活动，祭祀人文始祖布洛陀、茶神。布依族茶神——娅雅洛，是布依族人文始祖布洛陀的妻子，教授族人耕织、女红，讲解礼仪规矩，后来成为布依部落里沟通天人的神职，代代相传。

## 二、普安县茶产业的发展现状

普安县从20世纪80年代以来，就锁定了大力发展茶叶的产业思路和目标。1986年，普安县积极争取政策支持，以江西坡茶果场和新寨茶场为依托，创办了普安县万亩茶场，以创办国有企业引领和打造茶叶品牌。特别是党的十八大以后，普安县茶产业得到迅猛发展，2012—2018年，全县新增茶园10.1万亩，新增面积占总茶园面积的70.6%，茶园总面积达到14.3万亩，其中，有机认证茶园面积4200亩，通过无公害茶园面积认证104090亩。主要茶叶品种有四球古茶、黔湄601、云南大叶、福鼎大白、龙井43、乌牛早、安吉白茶（白叶一号）、黄金芽等。

### （一）茶叶产量产值情况

普安县现有茶园14.3万亩，投产茶园9.1万亩。种植茶叶品种有云南大叶、黔湄601、四球古茶、乌牛早、龙井43等11个；茶叶中高端产品以普安红茶、普安绿茶（明前茶）为主，低端产品（大宗茶）主要有烘青和炒青。2016年全年实现干茶产量5850吨、综合产值9.36亿元，占全省茶叶总产量28.4万吨的2%、综合产值502.2亿元的1.86%；2017年实现干茶产量5880吨、综合产值9.56亿元，占全省茶叶总产量32.72万吨的1.8%、综合产值567.8亿元的1.68%；2018年全年实现干茶产量7150吨、综合产值11.6亿元，占全省茶叶产量36.2万吨的2.2%、综合产值394亿元的2.9%。截至2019年6月底，干茶产量3483吨，干茶产值6.75亿，综合产值10.43亿元。

### （二）茶叶企业合作社情况

2016年全县有茶叶企业、合作社、加工大户（作坊）75家；2017年全县有茶叶企业、合作社、加工大户（作坊）85家，较2016年增长13.3%；2018年有茶叶企业、合作社、加工大户（作坊）151家，较2017年增长101.3%；2019年全县现注册涉茶企业、合作社、加工大户（作坊）共195家，较2018年增长29%。其中，专门从事茶产业的企业、合作社共116家（企业57家、合作社59家），其他涉茶企业、合作社50家（企业33家、合作社17家）。目前主要从事茶叶加工的企业、合作社共88家（企业41家、合作社47家），非加工涉茶企业、合作社共78家（企业49家、合作社29家）。有茶叶加工大户（作坊）29家。省级龙头企业2家，州级龙头企业9家，省级扶贫龙头企业2家，省级农民合作社示范1家。

### （三）布依民族开办茶叶专业合作社情况

普安县现有布依族合作社5家，分别为普安县细寨布依人家茶叶专业合作社、普安县江西坡镇奇香茶叶农民专业合作社、普安县江西坡奇贤茶叶加工合作社、普安县江西坡镇东南茶叶专业合作社、普安县江西坡镇春夏农民专业合作社。布依族合作社占全县合作社的8.5%，其中规模最大、发展较好的是普安县细寨布依人家茶叶专业合作社。普安县细寨布依人家茶叶专业合作社成立于2009年5月，现有社员518户，基地5500亩，茶叶加工厂4个，可生产扁形茶、卷曲形茶、炒青茶、香茶、普安红等品种，年生产能力1000吨左右。合作社在普安、黔西南、北京、南京、山东东营等地设有专卖店（销售中心）15家，同时利用互联网开设了淘宝、贵州电商云、微信营销等网络平台进行销售。现获得省级扶贫龙头企业、省级示范社、全国500强合作社等荣誉。

### （四）茶叶企业上市情况

普安县宏鑫公司作为普安县茶产业的龙头企业之一，在脱贫致富上起到了较好的带动作用。2015年在县委、县政府的正确领导下，举全县之力助推宏鑫茶业开发有限公司上市。目前，公司已基本具备新三板上市的条件，正在推动上市前准备工作。该公司计划第一阶段投入3.2亿元，建500亩无性繁育基地，10000亩全机械化采收有机示范茶园；新建年产1500吨CTC红碎茶生产线两条，年产1500吨CTC绿碎茶生产线一条，10吨红条茶生产线一条；完成冷库建设、有关设备的购置和厂区道路、环境、水电等配套基础设施建设，现已超额完成第一阶段规划。第二阶段投入1.6亿元，建成年产1200吨茶多酚提取物生产线，进行保健品市场开发和饮料市场开发。第三阶段与美国方德门达生物制药公司联合投资2.3亿元，建立研发中心，利用茶多酚的药效部分开发茶多酚生物制药系列药品。

## 三、重振普安县茶产业行动

### （一）规划引领：制订茶产业发展规划

普安以“一园两区三带”（“一园”指的是“白叶一号”感恩茶；“两区”指的是江西坡国家级出口食品农产品质量安全示范区、青山古茶树核心区；“三带”指的是罗汉－新店－晴隆产业带、地瓜－江西坡产业带、江西坡－高棉－白沙产业带）为茶产业发展战略规划，力争到2021年使茶叶种植面积达到30万亩，到2025年实现茶叶产量1.2万吨，茶产业综合产值达20亿元，建成全县农业第一支柱产业，贵州西部重点优质茶生产基地县。同时发展茶产业服务业、旅游业、茶文化创意产业等，通过第一、第二、第三产业的联动发展带动产业链的完善和升级。依托秀美的田园风光、深厚的农耕文化，大力推进“茶源普安”品牌建设、农产品转化为旅游地商品，逐步将农业由简单的生产功能朝着环保、文化推广、农耕体验以及休闲旅游等诸多功能延伸，推进农旅深度融合，促进农业增效、农民增收。

### （二）组织保障：成立茶产业发展指挥部和县茶叶协会

为加强茶产业组织保障，推动普安县茶产业健康蓬勃发展，普安县成立了以县委书记、县长任组长，县委副书记、县人民政府常务副县长为执行副组长，其他县委常委和相关副县级领导为副组长，其他相关部门主要领导、乡镇（街道）主要领导为成员的茶产业工作领导小组。成立专门的领导小组，实行“双组长”机制，并明确了县人大常委会主推茶产业，通过“双组长”推动、部门联动的方式，为普安茶产业发展提供有力的组织保障。

### （三）品牌战略：申请普安红茶地理标志产品保护

举全县之力集中打造“普安四球茶”和“普安红”茶品牌，积极探索强化市场营销理念。一是与红茶鼻祖福建正山堂公司进行合作，把“普安红”品牌打造成全国知名红茶品牌，作为企业的发展目标和方向，拓宽产品思路，继续深挖当地民族特色，发挥区域优势，加大品牌宣传和推广力度。二是严格把控好种植、生产加工环节，加工出高标准、高品质、高品位的产品，提高产品市场竞争力。在市场建设上首先借助“正山堂”的品牌优势及全国500多家的销售网点渠道和“普安红”品牌效应，采取由外而内的战略，迅速在西南、西北、东北、华北、华东等大中城市建立30余个销售网点和经销商体系，推销“普安红”产品；其次建立公司自己的销售体系，面对全国招商，进入全国市场，加大品牌的城市覆盖率和占有率。三是通过“正山堂”品牌促进地方品牌融合发展，制定产品标准，把创新和传统工艺相结合，打造一款具有地方特色的普安红产品，真正达到“借船出海”的目的。四是普安县宏鑫茶业开发有限公司在深圳市宝安固戍投资成立简能茶业开发有限公司，建立“普安红”全球营销中心（占地1500平方米），主攻产品研发、电子商务、品牌推广，瞄准国际国内市场开展业务。

### （四）发展路径：推进普安茶产业发展的具体措施

充分利用普安县的区位优势、自然环境优势和茶产业优势，以江西坡工业园区为载体，面向全国吸纳更多实力强大的企业到普安县投资经营。并出台了《普安县招商引资优惠政策》（普府办发〔2017〕36号），入驻企业可以享受以下八项优惠政策：一是基地建设的补贴。新建茶园补贴1800元/亩。二是电商建设补贴。参照州、县电商建设补贴政策执行。三是金融支持。有权申请及享受普安县产业基金及扶贫基金的使用。四是基础设施奖励。如企业需扩大生产能力，征地自建产业园，由县国土局按零地价以“招、拍、挂”的方式提供给乙方，同时，县政府根据项目投资情况，给予一定额度的基础设施奖励资金。五是固定资产投入奖励。固定资产投入2000万元以上，自合同之日起，足额缴纳的增值税地方留存部分的50%，企业所得税地方留存部分的100%，由县财政连续3年按等额标准奖励给乙方。六是企业管理奖励。对企业高层管理、高级技术人员，年薪在10万元以上的，其实际缴纳的个人所得税地方留存部分，由县财政连续3年等额奖励给个人。七是投资建设奖励。对投资建设标准厂房，在投资企业经营期间，其每亩税收每年高于5万元，其当年足额缴纳的土地使用税由县财政等额奖励给投资企业；出租厂房形成的租金收入，前2年县财政按其租金收入实际足额缴纳的营业额营业税（增值税）和房产税的100%等额奖励给投资企业，后2年按50%奖励给投资企业。八是固定资产投资补助。对固定资产投资2000万元以上5000万元以下的，按投资额的0.8%补助；对投资5000万元以上8000万元以下的按1%给予补助；对投资8000万元以上的给予1.5%的补助。由县财政在企业申报当年给予补助到位。通过这些政策的实行，为普安县营造了良好的投资经营环境。

### （五）加强市场拓展：创立品牌形象

近年来得益于品牌影响力的提升，现有普安红专卖店56家。其中县内17家、省内县外22家、省外17家。普安红专柜100余个。宏鑫茶业公司已在深圳建立了“普安红”全球营销中心（占地1500平方米），高薪聘请了280人，主攻产品研发、电子商务、品牌推广，瞄准国际国内市场开展业务。省级扶贫龙头企业（布依人家茶叶专业合作社）一边苦练内功，将几个分厂进行升级改造扩大产能，一边积极拓展市场。本土的富洪茶叶、布依福娘茶业等也在纷纷攻城略地，各出奇招拓展市场。

## 四、近年来普安县茶叶产业成就

近年来，普安县把茶产业作为“五大”农业特色重点产业之一、脱贫攻坚“一县一业”来抓，按照“强龙头、树品牌、带农户，打好产业扶贫硬仗”的要求，以江西坡茶业现代高效农业示范园区为重点，以发展优质生态有机茶叶为目标，切实促进了产业结构调整和升级，达到农业增效和农民增收的目的，为全县脱贫攻坚和同步小康作出了积极贡献。

### （一）基地规模持续增长

全县现有茶园总面积14.3万亩，投产茶园面积9.1万亩，涉及12个乡镇（街道）76个村（社区），茶农7022户26954人（其中贫困户2354户9766人）。特别是党的十八大以来，普安茶园面积增长迅猛，2012—2017年，全县新增茶园7.9万亩，6年时间新增面积占总茶园面积的55.24%。2018年预计新植茶园面积5万亩，已落实地块。在“十三五”期末，全县茶园面积预计达到30万亩。为确保“十三五”规划30万亩标准化、规范化生态茶园基地建设，于2017年2月启动了4.68亿株以大叶茶为主的订单育苗项目（分四个年度实施完成）。2019年6月底，新植茶园建设已落实土地29520亩。

### （二）绿色防控成效显著

以建好基地为抓手，主打“绿色牌”“生态牌”，大力实施茶园绿色防控、生物防控技术，农业植保部门、市场监管部门对全县茶园进行动态管控，从栽种、施肥、除草、采摘、加工、储存、运输等各个环节进行监控，保障茶叶品质，并明确2名专业技术人员驻村指导茶农科学使用生物农药，传授茶农茶叶种植管理、绿色防控、采摘加工等技术，提升茶农种植管理和采摘水平。2017 年 9 月，国家质量监督检验检疫总局批准普安县为“国家级出口食品农产品（茶叶）质量安全示范区”。全县已通过无公害茶园认证面积 57690 亩，有机认证的茶园面积 4200 亩，产品认证面积 6540 亩，产品通过欧盟 400 多项检测。

## （三）助农增收效果明显

全县涉茶企业（合作社）151 家，其中从事茶叶生产企业（合作社）共 88 家（公司 18 家、合作社 35 家、加工小作坊 35 家），同时具备食品和茶叶生产能力企业（合作社）63 家。现有省级龙头企业 2 家，州级龙头企业 8 家。县内涉茶企业取得食品生产许可的 9 家。2018 年 1—7 月，共完成茶青产量 20385 吨、干茶产量 4530 吨，干茶产值 3. 59 亿元，实现综合产值 10. 59 亿元。带动全县茶农 7022 户 26954 人实现户均增收 4. 26 万元（其中贫困户 2354 户 9766 人，户均增收 1. 41 万元）。预计下半年产量 3441 吨，综合产值 0. 905 亿元；全年可实现干茶总产量 6891 吨以上，综合产值 11. 2 亿元以上。2019 年 6 月底，干茶产量 3483 吨，干茶产值 6. 75 亿元，综合产值 10. 43 亿元。在茶叶采摘及加工、育苗、茶园管护等环节可为群众增加务工收入 6834. 74 万元，带动贫困户 3541 户 15937 人人均增收 0. 39 万元。

## （四）品牌推介成绩斐然

近年来，先后获得“普安红茶”“普安四球茶”国家质检总局地理标志产品和国家工商总局地理标志证明商标。得益于品牌影响力的提升，全国已累计开设普安红销售中心 4 个，普安红专卖店 38 个，普安红销售专柜 100 余家。北京、宁夏、内蒙古、上海、广州、河南、广西、苏州等地设有多家普安红销售店面，省内销售店面分布广泛。

一是利用招牌，大力宣传。通过重点品牌引领、公共品牌跟进方式，充分利用普安县“中国古茶树之乡”“黔茶第一春”等金字招牌，举全县之力，大力举办各种茶事活动和宣传推介活动，不断总结办会办节经验，提高办会规格。2016 年、2017 年、2018 年共举办茶事活动和各种展销活动百余次。先后到北京市、贵阳市、宁夏回族自治区、内蒙古自治区等地方举办推介会，通过重点品牌引领、公共品牌跟进方式，促进企业集聚，构建黔茶品牌系列。二是加强合作，借船出海。为实现普安茶产业的提质增效，自 2015 年 8 月以来，开始走“借船出海、高位嫁接”的品牌提升战略。与国内红茶标杆企业福建正山堂茶业有限责任公司进行合作，2017 年 2 月，贵州“正山堂·普安红”茶业有限公司正式成立，落户普安县东城区小微创业园，公司生产的“正山堂·普安红”是正山堂高端红茶锦绣中华系列之一，作为 2017 年厦门金砖会议唯一一款大叶种红茶，以金砖品质搭乘正山堂旗下红茶作为国礼赠送给参会国家领导人。三是出台政策，强化管理。2016 年 7 月 4 日，“普安红茶”与“普安四球茶”获国家质量监督检验检疫总局批准成为国家地理标志保护产品，省级地方标准已于 2016 年 12 月 22 日发布，并规定从 2017 年 6 月 21 日起开始实施。普安县已出台《普安县茶业地理标志产品保护管理办法》，并制订了《普安县茶叶地理标志产品保护工作方案》，市场监管局正在对使用“普安红”标志的企业进行备案管理。

### （五）古茶保护取得突破

为切实做好古茶树保护和开发利用，普安县积极协调 2015 年中央财政现代农业生产发展资金（野生古茶树保护、利用与适度开发），开展古茶树保护工作。

一是开展普查摸清家底。为切实做好古茶树保护和开发利用，普安县茶业发展中心、贵州大学和贵州省茶科所组成的专家团队，对全县范围内的古茶树资源开展普查工作，同时根据普查情况，对重点古茶树采取“一树一策”的方案进行选择性保护。二是开展繁育试种。2017 年 12 月 30 日，茶业发展中心与贵州叶之初茶业有限公司签订了四球茶苗繁育基地建设合作协议书。同时，公司聘请了浙江大学梁月荣教授作为科技支撑人员，负责组建专家团队提供全环节技术支撑。公司选择哈马村的 28 个大棚作为苗木繁育基地大棚（原种植蔬菜），已全部按照技术要求完成了改造；

在青山镇哈马村鸡洞组选定了291棵采穗母树，采集穗条开展苗木培育，11月份可以出苗100万株左右。另外，县内还有江西坡镇、地瓜镇、青山镇的6家育苗单位及部分农户，采用传统方法育有四球茶苗100万余株。三是成立机构加强合作。为做好古茶树保护的延续工作，在县茶业发展中心设立了普安古茶研究院，专门负责全县古茶树生存环境、现状、保护和开发利用工作。目前正在寻找合适的科研机构，对普安古茶品种或杂交品种进行选育，以及开展对普安引进的茶树品种性状、产量等指标开展实验、研究等工作，拟建古茶树无性繁育苗圃试验基地。四是充分利用发挥效益。为充分利用好现有古茶树资源，推动四球古茶普安红产品开发，增加茶农经济收入，县财政投资60万元在普安县青山镇哈马村托家地建设四球古茶加工厂，已建成并投入使用。五是开展众筹全民保护。2017年4月18日至5月28日期间，在北京成功举办了古茶树保护众筹活动，邀请侯耀华、吴欢、于文华、刘仪伟等20名明星和著名文化界人士到“普安红”四球古茶树保护现场参与认养活动，增强广大群众对“古茶树”的保护意识。六是立法保护破坏严惩。《黔西南布依族苗族自治州古茶树资源保护条例》定于2017年12月1日正式颁布，于2017年11月30日在“古茶树之乡”普安县青山镇马家坪举行了新闻发布会，通过召开新闻发布会，对《黔西南布依族苗族自治州古茶树资源保护条例》进行了大力宣传，对进一步保护黔西南布依族苗族自治州古茶树资源，打造茶叶品牌，推动产业发展，发挥巨大作用。

### （六）利益联结助推扶贫

以正山堂公司为代表的入股分红型，正山堂吸纳江西坡500户贫困户户均2万元入股，通过提高茶青收购价格、年终分红等，贫困户茶园亩均收入超过9000元。以普安富洪茶叶公司为代表的辐射带动型，采取“公司+合作社+农户”的经营模式，辐射带动普安县江西坡、白沙4个乡镇1000多户农民和40多家合作社建设茶园2万余亩，其中贫困户117户，公司每年在收购茶青时均比市场价高2角钱，2019年贫困户仅销售茶青人均收入就达4000元，高的突破1万元，茶产业已成为当地农户稳定的收入来源。以宏鑫茶业公司为代表的吸纳就业型，贫困户将土地或茶园流转给公司，公司以每年每亩200—800元支付给贫困户，让贫困户有稳定的收益；公司有针对性地招聘产业工人，确保贫困户能有合适的岗位上岗，增加收入。

## 五、普安县茶产业发展存在问题

### （一）茶农方面

一是新植茶园管护不到位。近几年新植茶园由于管护不积极、不到位，导致茶园成活率低，封园慢，投产比低。二是投产茶园管理模式没有改变。全县多数茶园管理处于粗放生产状态，往往是能采多少就采多少，没有从施肥、修剪、改良土壤、绿色防控等方面来提高产量，导致全县茶产业发展处于低投入、低收益生产经营状态。很多茶园一年只采春茶一季，有的茶园只采不养，有的低产园没有得到及时改造，影响了全县茶产业的健康有序发展。三是高质量发展认识不足。在国家级出口食品农产品质量安全示范区仍有茶农在使用草甘膦、联苯菊酯等违禁农药，涉及食品安全相关部门尚未形成合力，没有构筑从茶园到茶杯的安全监管网络。

### （二）企业方面

一是茶叶企业规模小。全县虽有88家企业（合作社）从事茶叶生产，但干茶年产量达500吨以上的没有几家，基本都是家庭作坊式生产，加工水平低、生产设备落后、环境卫生状况较差，导致普安茶叶特色资源优势没有真正转变为经济优势。二是销售渠道不够畅通。绝大多数企业缺乏专业营销团队和市场拓展人才，没有稳定的销售渠道。三是抗风险能力较弱。近年来，很多企业抢抓发展机遇，积极争取茶产业发展子基金改扩建加工厂房，提升产能。因政策原因子基金停止使用后，企业无力继续推进已开工项目，对投资项目风险分析不足。

### （三）政府保障方面

一是科技支撑不足。没有长期合作的科研技术团队，产业发展中遇到的基础性、应用性问题得不到及时解决。二是缺乏可操作性强的行动方案。近几年茶园建设每年都下发了实施方案，明确种植面积、品种等，但没有长远规划，乡镇不清楚自己应该做什么、怎么做。对苗圃、市场、加工厂未科学布局。三是四球茶特色资源开发利用步伐缓慢。首先是在新品种选育上进展缓慢，在2万多株四球古茶中没有选育出至少适宜全县种植的优质新品种；其次是育苗技术还没有真正攻克；最后是对种植模式缺乏科学研究和总结。四是人员队伍和产业发展需求不匹配。县茶业发展中心成立于2008年，现在编在岗仅有7人。12个乡镇（街道）除江西坡镇成立茶叶站，其余的乡镇（街道）均没有成立茶叶机构和配备茶叶专业人才。五是部门协作配合力度不够。涉茶部门之间协作配合力度不够，没有形成高效、紧密和无缝对接的团队，影响了工作的快速推进。六是普安红品牌知名度还不够高，品牌打造任重而道远。

## 六、普安县茶产业发展对策建议

### （一）提高政治站位

严格按照县委、县政府的正确决策，加大力度强力推进脱贫攻坚产业扶贫“一县一业”茶产业工作。在工作面前不推诿扯皮、不讨价还价，高标准、高质量完成2018年的0.6万亩四球古茶种植和玉米调减结合任务，2019年新植茶园面积3万亩，补植补造2万亩。督促指导完成2016—2018年新植茶园乡级自查验收、业主复查，牵头完成县级验收。积极谋划2020年5万亩新植茶园基地建设所需苗圃建设工作。按1000亩苗圃基地建设规模，提前安排茶苗基地建设，确保2020年茶园建设用苗。

### （二）制订发展方案

一是制订《普安县茶产业发展三年行动方案（2018—2020）》。明确年度目标。统筹将老茶园补植补种、新植茶园、投产茶园监管作为年度工作目标。明确工作职责。将苗圃基地建设在各乡镇（街道），由各乡镇（街道）按三年目标任务来确定年度育苗数量。县财政、县平台公司负责资金筹措，县农业、林业、县茶办等部门负责基地规划和技术指导，各乡镇（街道）、县平台公司负责组织实施。科学布局厂房。在茶叶种植规模大的乡镇（街道）建设加工厂房，拓展茶叶鲜叶收购空间，提高茶叶产品品质，增加群众就业机会，有效带动茶农走出传统加工模式，带领茶农增加收入。二是制订《2019 年“普安红”专卖店补助方案》，兑现 2018 年 56 家“普安红”专卖店补助 431 万元。

## （三）规范种植管护

一是在茶园管理、加工环节，推行“一提倡、两严禁、三坚决”体制机制。一提倡：提倡使用人工除草。两严禁：严禁使用草甘膦，严禁使用目录名单外的农药。三坚决：对违法施用（售卖）农药行为坚决上限处罚、对使用过草甘膦的茶园坚决铲除、对违法使用添加剂的茶叶加工企业坚决执行一次性死亡制度。二是制定出台《普安县茶叶产业发展奖励办法》。对茶叶种植面积大、种植规范、管护到位、成活率高的种植大户或合作社给予一定奖励，激励带动农户积极性，让种茶、爱茶的群众积极参与茶园种植、管护。三是要求每个乡镇（街道）都要打造 1 个 300 亩以上的高标准规范化示范基地，由县林业、农业、茶业发展中心组成技术服务指导组做好全县茶园的规划技术指导，规划好主道、支道、步道，沟渠、窖、池等水利排灌基础设施。高起点规划，高标准实施，高质量管理，切实发挥示范引领作用。

## （四）推动企业发展

积极推动组建“普安红集团”工作。着力解决茶叶企业规模小、抗风险能力弱、销售渠道窄等问题，实现普安茶产业从基地建设、管理、加工、包装、销售全环节走规范化、品牌化、集团化发展之路。

## （五）全力做好服务

一是着力解决科技问题。聘请省农科院、贵州大学茶学院和州农委高端科技人才作为科技支撑团队，通过科技支撑、人才培养、成果培育等举措，针对县域内茶叶生产、加工、销售和古茶树资源保护、开发与利用，助推普安县“中国古茶树之乡”“中国茶文化之乡”品牌建设和人才培养，为普安茶产业实现高质量发展打下基础。二是多渠道筹集资金。调整茶产业发展子基金用于茶园建设，同时积极谋划绿色产业扶贫投资基金申报，为产业发展提供强力资金保障。三是强化品牌宣传推介。以“四球古茶”“黔茶第一春”等资源优势进一步挖掘地方茶文化，积极组织参与各种大型茶事活动，宣传普安茶文化，打造普安茶叶特色品牌。

### （六）严格奖惩制度

一是落实好《普安县茶叶产业发展奖励办法》，对工作突出的县直部门、乡镇（街道）给予一定奖励。二是为确保5万亩茶叶种植任务圆满完成。对任务完成得较好的乡镇（街道）和个人，进行宣传和表彰；对工作不力、完不成任务的，将在全县范围内进行通报批评。对工作推进滞后的单位和责任人，进行通报或诫勉谈话；造成严重影响的，严格追究有关单位主要负责人和相关责任人责任。

**参考文献**

[1] 普安县茶业发展中心2019年上半年工作总结及下半年工作计划.

[2] 普安县茶业发展中心2015年工作总结和2016年工作打算.

[3] 普安县茶业发展中心2016年工作总结和2017年工作打算.

[4] 普安县茶业发展中心2017年工作总结和2018年工作打算.

[5] 普安县茶业发展中心2018年工作总结和2019年工作打算.

[6] 2015—2018年贵州省、黔西南布依族苗族自治州、普安县茶产业情况统计表（普安县茶业发展中心提供）.

# B.7 普安县社会治理成功典范

刘 平[①] 李顺红[②]

**摘要：** 近年来，普安县的社会治理工作在省、州的坚强领导下，在上级业务部门的关心、支持和帮助下，认真贯彻落实“打防并举，注重预防”的工作方针，充分发挥社会治理成员单位和广大人民群众的主力军作用，加强社会治安防控体系建设，全面落实社会治理各项措施，始终保持严打高压态势，严厉打击各类违法犯罪活动，2018 年全县安全感和满意度分别达 98.13%、96.88%，人民群众的获得感、安全感、幸福感不断增强，平安普安建设整体推进。随着当前经济转轨，社会转型，面对当前复杂多变的国际国内形势，加强和创新社会治理任务更加艰巨繁重，只有大力推进县、乡、村三级综治中心规范化建设，把社会治理工作向纵深推进，才能持续巩固普安经济社会平安稳定发展的良好局面。

**关键词：** 社会治理 平安建设 纵深推进

当前，我国正处在全面建成小康社会、全面深化改革、全面依法治国、全面从严治党的重要时期，面临复杂多变的安全和发展环境，各种可以预见和难以预见的风险因素增多，维护国家安全和社会稳定任务繁重艰巨，社会治理面临诸多挑战，平安普安建设任重道远。只有扎实抓好社会治理工作，才能加快“秩序普安、清洁普安、法治普安、平安普安”建设步伐，全面促进经济社会和谐发展，切实维护广大人民群众的根本利益。笔者一行通过深入基层走访调研，并结合长期从事社会治理工作实际，从

---

① 刘平，普安县委政法委副书记。

② 李顺红，中共普安县委党校初级讲师。

预防和化解社会矛盾、打击各类违法犯罪、重点人群管理、法制宣传教育、基层基础设施建设等方面认真总结提炼工作中的主要做法、存在问题和下一步工作思考，撰写了“普安县社会治理成功典范”一文。

## 一、普安县社会治理主要做法和成效

近年来，县委、县政府及其职能部门高度重视社会治理工作，各级党政主要领导坚决扛起社会治理政治责任，认真落实目标管理责任制、一票否决制，牢固树立“发展是第一要务，稳定是第一责任”的理念，充分发挥政法部门特别是公安机关的骨干作用，大力依靠人民群众的力量，综合运用政治、经济、行政、法律、文化、教育等多种手段，通过加强打击、防范、教育、管理、建设、改造等方面的工作，实现从根本上预防和治理违法犯罪，化解不稳定因素，全面形成了齐抓共管、广大干部群众积极参与的社会治理新格局，全县社会治理工作成效明显。

### （一）切实强化组织领导，着力找准工作关键点

一是全县各社会治理部门进一步提高政治站位，深入贯彻习近平总书记关于国家长治久安系列重要讲话精神，把思想和行动统一到中央、省、州的安排部署上来，认真践行“对党忠诚、服务人民、执法公正、纪律严明”的服务宗旨，始终永葆忠诚、干净、担当的政治本色。二是进一步完善“四位一体”从严管理干部机制，抓好政法干警思想政治建设，牢固树立政治意识、大局意识、核心意识、看齐意识，在思想上、行动上始终和上级部门保持高度一致，切实树立了政法干警严格执法、公正司法的良好形象，着力造就一支政治坚定、忠于职守、勇于奉献、人民群众满意的队伍。三是加强领导，明确重点，层层分解落实工作责任。县社会治理领导小组办公室深入全县各乡镇（街道）、部分村（社区）进行调研，广泛听取群众对社会治理的意见，对全县综治基层基础建设、社会治理创新、社会稳定风险评估、矛盾纠纷排查化解、治安防控体系建设等问题提请县委、县政府进行专题讨论研究，下发一系列相关实施意见、规划、方案等，明确工作目标和工作任务。四是把全县重点成员单位全部纳入综治维

稳体系，大力构建大维稳格局，充分发挥职能部门作用，着力构建“党委领导、政府负责、社会协同、公众参与”的社会治理格局。把社会治理和政法维稳工作列为年终考核的重要内容，层层分解落实工作责任，分管领导认真履行第一责任人责任，组织相关部门每季度到各乡镇（街道）、村（社区）、治安问题较为突出的自然村寨开展督查，督促其认真落实社会治理各项工作措施，确保本辖区、本行业、本部门平安稳定。

## （二）切实加大宣传力度，着力调动人民群众积极参与社会治理的积极性和主动性

县社会治理领导小组办公室牵头，每年深入开展5月综治宣传月、“4·15”国家安全日、“12·4”宪法宣传日等活动，精心组织，把握重点，讲求实效，充分调动全县人民群众积极参与社会治理。一是精心制订方案，突出宣传重点，定期召开会议，专题研究5月综治宣传月、“4·15”国家安全日、“12·4”宪法宣传日等宣传活动有关事宜，制订宣传工作方案，明确牵头单位和相关责任单位职责，县社会治理成员单位同步开展宣传，确保取得实效。二是投入宣传经费制作宣传资料，向群众发放《中华人民共和国平安普安建设宣传手册》、围裙、袖套等宣传品，发放《中华人民共和国未成年人保护法》《中华人民共和国职业病防治法》《常见毒品宣传画》《贵州省禁毒条例》《防范和打击非法集资宣传资料》《扫黑除恶》等宣传资料10万余份。三是各乡镇（街道）组织乡镇（街道）派出所、司法所、综治办、国土所、农业服务中心、教育辅导站、法庭、林业站等部门，利用赶集日，摆摊设点，向群众宣传有关法律法规，接受群众现场咨询。通过宣传，不断提高群众对社会治安、平安建设活动的知晓率、参与率，为普安县社会治理和平安建设的有序推进奠定良好的基础。

## （三）切实加强教育管理，着力推进特殊人群服务管理“六项工程”建设

深入开展特殊人群服务管理“六项”工程，即严重不良行为未成年人专门教育“育新工程”、重点青少年群体救助保护“雨露工程”、社区戒毒

康复“阳光工程”、刑释解教人员安置帮教“回归工程”、精神病患者“安宁工程”、艾滋病防治“红丝带工程”。“育新工程”方面：将有严重不良行为的未成年人送到贞丰县仁智学校学习，让其改过自新，重新做人。“雨露工程”方面：对全县留守儿童和困境儿童由县民政局制订了农村贫困留守儿童救助实施方案，对生活困难的留守儿童和困境儿童及时开展救助工作。通过村（社区）调查、乡镇（街道）审核、县级审批的方式，将生活困难的留守儿童、困境儿童及其监护人家庭纳入最低生活保障；对小额度资金就能帮助解决困难的，由村（社区）调查，乡镇（街道）审批及时开展救助；需要大额度资金帮助才能解决困难的，由村（社区）调查，乡镇（街道）审核，报县民政局开展救助；对属于其他部门救助范畴的，按照“部门受理协同办理”工作机制，及时转办，确保救助对象求助有门，救助及时，真正把对留守儿童和困境儿童的关心关爱落到实处。“阳光工程”方面：县委、县政府高度重视吸毒人员管理，不断完善戒毒康复体系，深入推进“阳光工程”建设，推动禁吸戒毒工作提档升级。将吸毒人员纳入网格化社会管理服务体系，及时制订工作方案，全力协调阳光企业，让社区戒毒、社区康复人员就业，切实解决了吸毒人员生活、就业困难问题，为帮助他们早日戒断毒瘾、走上社会迈出了重要一步。加强基层干部禁毒业务培训工作。为全面落实社区戒毒康复工作，将禁毒业务知识纳入党校培训内容，2019 年，分别对全县各村支书、禁毒专干开展社区戒毒康复工作培训，有效提高了镇村禁毒工作人员业务水平。推进禁毒扶贫工作，全县社区戒毒康复人员全部纳入精准扶贫帮扶救助，共同享受国家各项惠民政策，实现共同富裕。“回归工程”方面：紧紧围绕“保稳定、抓经济、促发展”的工作思路，把刑释解教人员安置帮教工作作为维护社会稳定的一项重要工作来抓，把好两道关口，加强刑释人员的思想教育、化解消极心态和做好安置帮教工作，确保刑释人员的思想稳定，并要求各司法所做好跟踪管理，避免重新违法犯罪。截至目前，全县所有安置帮教人员均做到一人一档，帮教率达 100%。同时，在安置方面均采取落实责任（田）土地，临时救助或解决低保的方式进行了安置，至今无重新违法犯罪的情况发生。大力抓好社区矫正工作，认真落实社区矫正基本任务，加强执法规范化建设，至今全县无社区服刑人员脱漏管，无社区服刑人员发生重大安全事故、参与重大群体性事件，未发生在当地有较大社会影响的恶性刑事案件。“安宁工程”方面：在全县 90 个村（社区）建立严重精神障碍患者救助服务管理工作机制，按时发放以奖代补经费，对易肇事肇祸的精神病人强行送入精神专科医院进行医疗，对在家进行强制教育管控的，由家人和村（社区）以及公安部门共同管控；在病情控制中，和家人一起居住，由家人督促吃药，基本没有危害性。近年来普安县没有发生一起肇事肇祸的精神病人扰乱社会秩序的事件发生。“红丝带工程”方面：制订工作方案，加大宣传教育力度，结合美沙酮治疗门诊、VCT 咨询检测门诊及学校教育工作常年向广大人民群众开展宣传教育活动。对吸毒高危人群大力开展宣传教育培训，提高防艾知识，从源头上预防减少艾滋病的蔓延。“育新、雨露、阳光、回归、安宁、红丝带”工程稳步推进，为平安普安建设奠定了坚实基础。

### （四）切实抓好治安防控立体化建设，着力构建人防、物防、技防三张网

一是积极构建人防网。严格按照省、州文件要求，全面落实“网格化加责任制和巡逻联防加邻里守望”两个治安模式建设，制订工作方案和乡镇（街道）、村（社区）、村民组（自然村寨）三级网格图和相关工作制度，做到了人员明确、职责明确、任务明确，全县 12 个乡镇（街道）全部启动网格化管理工作，全面推行网格化管理，将村（社区）划分为基础网格、责任网格、终端网格三级网格，在各个网格配备督导员、网格主管、协管和工作人员，全面负责网格内的综治维稳、民政社保、村社文化、文明创建、环境卫生等工作，初步形成“人往格中走、事在网中办、难在基层解”的良好局面，达到社会管理在“网”上完善，公共服务在“格”中见效，安全稳定在“面”上实现的目标，可防性案件得以有效控制，切实维护了农村社会的稳定。

二是大力构建物防网。人防突出抓保安门卫建设、物防抓防盗设施建设、技防抓监控及报警系统建设，切实加强治安防控体系建设。2013 年以

来，在城区、各乡镇（街道）主街面以及重点要害部位已建成“天网”视频监控1020个，覆盖党政机关、公共复杂场所、重点区域和主要道路，其中城区422个、乡镇607个，道路卡口22套，人脸识别10套、制高点3个；建有监控中心平台17个，报警点80余个，制高点摄像机3个，治安卡口9个，覆盖城区各重点地段。新增巡逻装备车5辆、运犬车辆1辆，整个城区治安的防控能力进一步增强，在街面上实现了“白天见警察、夜晚见警灯”的巡逻防控模式。

三是深入构建技防网。以城镇街面巡防、社区村寨防控、单位和行业场所防控、区域警务协作、技术视频防控为重点，大力完善城乡社会治安群防群治工作机制，推进全县社会治安防控体系建设，加强移动10户联防建设，以10户为一个单元，将10个手机号码绑定为一个联防组，组内号码拨打求救号（12582995）后，平台通过语音、短信等方式通知组内的其他所有联防用户号码，利用手机呼叫，实现向邻里（亲属、同事）求助和得到互助、帮助的功能。全县将22896个移动用户编为3194组，一旦有事，能招之即来，联系得上，为防控体系建设打下基础。组建了150人的专业巡逻队伍，在城区开展全天候24小时巡防，在168家商铺安装了接入手机的防盗报警系统，确保全国、全省“两会”等重要敏感时段的平安稳定。

通过加强“三张网”建设，基本实现了勤务一线化。在县城区以特（巡）警队伍为主体，有效整合派出所、交警等多警种力量，将巡逻民警、辅勤、警车投入街面，增加街面见警率。实行全天候值班盘查，强化城镇外围出城路口、高速公路出口、国道、省道重要地段的治安防控，积极开展“勤务改革、屯警街面、动中备勤、武装处突”等工作，随时做好处理各类突发事件的应急处突准备。强化治保主任兼警务助理的管理和考核，加大对90个村（社区）治保主任兼警务助理的考核力度，实行统一着装、统一培训、统一管理、统一考核，全县农户技防覆盖率达68%，城区各居民小区技防率达85%，机关及企事业单位技防率达99%。广泛动员干部群众、离退休人员、治安积极分子参与治安联防，组建了“六老”义务护院队，农村组建了“无职党员巡防小组”和“巾帼义务巡逻岗”，全县共组建义务巡防组织213支，全面形成了“三防”结合的治安防控网络新格局。但随着社会治理的逐步深入，按照“全域覆盖、全网共享、全时可用、全程可控”的四项建设目标要求，下一步全县将按照省、州部署，再增设1360个监控点、44套路网卡口、90套人脸识别枪机、8套风险感知平台、1660个社会资源接入，着力打造“雪亮工程”升级版。

### （五）切实开展矛盾纠纷多元化解，着力解决人民群众普遍关注的热点难点问题

按照建设“秩序普安、清洁普安、法治普安”的总要求和“两手有法”（一手有法理、一手有办法）的原则，深入开展矛盾纠纷大排查大下访大化解活动，有力地维护了社会和谐稳定。

一是抓制度建设，全力以赴抓化解。以“五大制度”为抓手，切实把矛盾纠纷排查化解整体推进。推行矛盾纠纷多元化解报告制度。县委政法委（原县综治办）每月召开各乡镇（街道）政法委书记或综治办主任会议，会议对本月全县矛盾纠纷多元化解工作情况进行研判，对存在的突出矛盾问题及时分析研判，形成问题清单，逐一制定化解措施。推行领导接待日制度。县委、县政府每天安排一名副县级以上领导在县群众工作中心值班，负责处理群众来信来访事宜。县群众工作中心明确专人负责做好来信来访接待、登记、交办、督办、答复、回访等事宜，确保群众反映的问题件件有着落，事事有回音。推进重大突出矛盾纠纷调处包案制度。对一些比较突出的矛盾问题，实行副县级以上领导包案化解，以带案下访、约访等形式深入群众家中调查走访，排查化解。推行信访调处联席会议制度。对涉及群众切身利益的信访案件及时召开联席会议，查找问题症结，研究制定解决问题的措施和办法，争取在第一时间化解到位，做到群众普遍关注的问题不叠加、不拖时。推行信访矛盾形势分析制度。坚持每月特别是在重大节日、重大活动前对全县信访矛盾形势进行分析评估，对可能发生群体上访苗头提前介入，努力将矛盾纠纷化解在萌芽状态。

二是加强社会稳定风险评估。认真抓好省、州重大项目的社会稳定风险评估工作，对涉及人民群众利益的征地拆迁、移民安置等重大项目，坚

持做到先评估、后决策、再开工，始终把社会稳定风险评估作为作决策、上项目的前置程序、刚性门槛，做到应评尽评，风险评估全覆盖。县委、县政府做到了依法决策、依法行政，没有因决策失误、行政违法和风险评估不到位引发的上访案（事）件，有力维护了社会稳定。

三是实行联勤联动。充分发挥县社会治理成员单位的职能优势，由县群众工作中心对来信来访案件、交办案件，排查中掌握到的新情况等进行梳理分流，明确矛盾纠纷调处责任主体，区分案件轻重缓急，提出转办和督办意见，并按照程序及时办理矛盾纠纷调处工作，为群众提供了快捷方便的纠纷解决渠道，真正畅通了民意，解民之所需，努力把矛盾纠纷解决在基层，化解在萌芽状态。

四是坚持运用法治思维和法治方式化解社会矛盾。始终把综治维稳工作与全县经济社会发展同部署、同安排、同考核、同奖惩，定期分析社会稳定形势，作出正确决策。扎实抓好预防和依法妥善处置群体性事件工作，全县政法机关和重要职能部门采取分行业、分领域制订处置突发事件应急预案，提出预防和应对措施，成立应急处突队伍，进一步配齐、配强处突装备，加强演练，确保一旦发生群体性事件能科学处置，合理化解。

五是加大突出问题化解力度。抓好重点领域的矛盾排查化解工作，大力抓好征地拆迁、医疗劳资、安全生产、矿群纠纷等领域的矛盾纠纷排查化解工作，对排查出的问题进行责任分解，进一步落实包保稳控措施，纳入“两个四级台账”及时化解。在重大敏感节点期间严格按照“七个一”机制进行包案化解，特别是对涉及面广、影响大、社会关注度高、组织化倾向明显的群体性问题，主要领导包案化解。以创新普法宣传为契机，切实构建大调解工作新格局，坚持重大矛盾纠纷和不稳定因素日报制度和重大矛盾纠纷信息预警处置工作机制，实行排查、化解、稳控、处置一体化工作机制，各类矛盾纠纷化解成功率达96%以上。

### （六）紧盯“平安普安”建设总目标，着力构建平安和谐新普安

一是把平安建设作为综治维稳工作的重要载体，列入重要议事日程，并在全县范围内大力开展平安乡镇、平安单位、平安村组、平安家庭、平

安校园、平安医院、平安小区创建活动。全县 12 个乡镇（街道办）均实现平安达标；90 个村（社区）平安创建率达 100%；全县 163 所学校有 157 所平安创建合格，覆盖率为 98.31%；99% 的机关事业单位、100% 的村民组均实现平安创建达标；15 家医院均创建为平安医院，基层平安创建活动扎实有效开展。

二是以综治维稳为抓手推进社会管理。大力抓好流动人口管理和服务，积极探索“以证管人、以房管人、以业管人”的流动人口服务管理模式，每年开展大规模的集中统一清查，全面采集信息，掌握动态情况，确保对流动人口管理和服务各项措施落实到位。

三是以平安建设为抓手深入开展社会治理。以扫黑除恶专项斗争为牵引，深入打击整治枪爆违法犯罪、“两抢一盗”、农村野赌、治安重点整治等专项行动，县政法各部门始终以法治思维和法治方式开展工作，坚持以审判为中心，审判态势良性运行，以狠抓案件质量为主线，严防冤假错案发生，以打击犯罪作为最大民意来抓，平安普安建设持续纵深推进。

## （七）切实抓好综治警务中心建设，着力营造安全稳定的良好环境

普安县东城区布依茶源小镇是普安县脱贫攻坚易地扶贫搬迁新市民重要居住区，位于江西坡镇茶场社区，地处沪昆高速、晴兴高速、沪昆高铁和即将开工建设的纳晴高速公路接合部，区位优势明显，既是少数民族聚居地、山地旅游骑行胜地，更是全县脱贫攻坚主战场。布依茶源小镇有 39 个自然村组，户籍人口 2264 户 11000 人，少数民族人口占户籍人口总数的 96.7%；易地移民搬迁计划安置规模 2983 户 13530 人，现已入住 2789 户 13397 人。辖区有流动人口 2650 人，重点单位 7 家，企事业单位 28 家，加油站 2 个，烟花爆竹零售点 3 家，房屋租赁 90 余家，社会治安形势较为复杂。县委、县政府大力争取公安部的帮扶力度，共投入资金 1764 万元帮助和支持江西坡综治警务中心的规范化建设。

一是坚持问题导向，实行重心前移。针对当前新市民居住区“矛盾纠纷多、治安风险较大和办证服务集中”的突出问题和服务需求，按照县委、县政府的统一安排部署，在江西坡纳茶社区设置了新市民居住区警务

室，警务室设置为“一厅三室”（应急值守大厅、调解共商室、值班备勤休息室和联合党支部党建活动室）。应急值守大厅是新市民居住区的警务窗口，警务室民警（协警）24 小时值守岗位的地方，大厅接入居住区智能安防视巡平台、派出所办证服务终端、基础信息采录系统、公安内网及值班电话等；调解共商室属多功能办公室，用于矛盾纠纷调处、治安共商、会议室等；值班备勤休息室参照派出所值班备勤休息室标准，建在应急值守大厅旁边，室内主要用于存放警用装备；联合党支部党建活动室将县相关部门派驻的党员干部组织起来，成立联合党支部，作为党员干部学习教育活动的新阵地。警务室有民警 5 人，辅警 25 人，交警队员 5 人，警务助理 2 人，县综治办、县法院、县检察院、县司法局各 1 人，配备了 3 台警用车辆、2 辆警用摩托车。充分发挥职能作用，把化解矛盾、维护稳定和服务办理新市民居住证有机结合起来，大力发挥联合党支部的战斗堡垒作用，有力助推了警务室各项工作的深入开展。

二是坚持高标准设计，建设高智能安防系统。为适应大扶贫战略背景下易地扶贫搬迁对社会治安管理的新需求，有效推进新市民居住区社会治理，2018 年 5 月，县委书记农文海率党政代表团专程赴公安部汇报脱贫攻坚工作，恳请公安部继续加大“平安帮扶”力度，帮助建设东城区布依茶源小镇智能安防系统。公安部领导高度重视，立即指派部科技信息化局安全技术防范工作指导处赵源处长率东方网力公司专家和技术人员等到布依茶源小镇开展实地调研，在与省公安厅科信处、黔西南布依族苗族自治州“雪亮办”和县东城区管委会广泛沟通交流的基础上，决定组织实施布依茶源小镇智能安防系统建设内容，包括视频监控系统应用、人脸识别系统应用、车辆识别系统应用、视频 AR 应用五大功能，建设投入使用 135 个点位（卡口 5 套、人脸识别 7 套）。按照“135”模式建设东城区布依茶源小镇智能安防系统（即搭建一个风险感知平台，对新市民居住区所采集的“人、车、物、事”数据进行汇聚挖掘、碰撞比对、分析研判；在居住区出入口及周界、公共区域、单元楼布置三道防线；实现人口管理、风险预警、服务民生、安全布控、信息采集五个智能化），投入资金 279 万元，建成点位 135 个（包括 5 套卡口、7 套人脸识别系统），涵盖视频监控系统、人脸识别系统、人群分析系统、车辆识别系统、视频 AR 五大应用功能。2018 年 9 月智能安防系统建成投用以来，纳茶警务室利用系统破获刑事案件 2 起，查处治安案件 20 起，救助服务群众 30 人次，开展视巡视侦 210 余次，完成各项活动安全保卫 13 次。同时警务室积极开展摩托车芯片安装和隐网建设建成联网终端，实现了打击犯罪更精准。搭建一个风险感知平台，对新市民居住区所采集的“人、车、物、事”数据进行汇聚，并推送至大数据警务产业园数据室进行深度挖掘、碰撞比对、分析研判；布建居住区出入口及周界防线、居住区公共区域防线、居住区小区单元楼防线三道防线；实现人口管理智能化、风险预警智能化、服务民生智能化、安全布控智能化、信息采集智能化五大智能化应用，为居住区住户提供安全、方便、和谐的社会治安环境。

三是坚持创新驱动，治理效果明显增强。自 2018 年 6 月以来，社区警务室实行内勤全时制和外勤实时制工作机制。内勤警务实行全时制，民警（协警）在应急值守大厅，实行 7 ×24 小时开门办公，全时值守，白天见警察、晚上亮警灯，让群众有事能找到警察。内勤警务主要负责接待群众来访、受理报警求助、视频综合巡查、办证咨询服务、信息采集录入、应急值守处置等工作。外勤警务实行实时制，外勤警务坚持警力跟着警情走，警力跟着群众需求走，由民警组织协警、警务助理、治安信息员（楼长）等力量，动态化、针对性地开展网格巡逻防范、基础信息采集、矛盾纠纷排查化解、重大活动安保、案件查处、交通管理、上门走访、代办服务、应急处置等工作，确保新市民居住区各项社会治理工作步入正轨。

四是坚持源头防控，矛盾纠纷调处有力。结合辖区矛盾纠纷多、治安风险大、服务需求高、沟通难度大等诸多特点，警务室民警充分发挥主观能动性开展矛盾纠纷调处工作。实行党建引领网格化管理，根据治安复杂情况，将社区划分区域分“色”进行管理，由社区民警加辅警加警务助理整合村支“两委”（纳茶小区党总支、斗弹达吟党总支）、老党员、楼长、户长等人员组成网格管理员对区域进行管理，社区民警每月组织网格管理员进行培训和召开治安共商、形势分析会。开通微信公众号实行指尖接警，通过纳茶警务室微信公众号收集案件信息线索，为侦破案件提供帮助，同时通过平台下达任务和排查化解矛盾纠纷、进行基础信息采集。明确八大工作职责开展调处工作，网格员认真履行八大工作职责（掌握社情民意、采集基础信息、矛盾纠纷化解、协助管理实有人口、协助交通管理和消防管理、组织巡逻防范、提供违法犯罪线索、服务人民群众），成为八大员（情报信息收集员、法制宣传员、矛盾纠纷调解员、群众服务员、交通管理员、义务帮助救助员、消防监督员、社会治安管理员），综合运用扁平化、精细化、信息化的管理模式扎实抓好新市民居住区的各项安全稳定工作。针对疑难案件和网格员无法化解的矛盾纠纷，由民警到现场调查处理，仍调处不成功的组织联合党支部人员到现场处理，再次调解不成功的，为其提供法律援助或引导走法律程序。目前，已成功调解各类矛盾纠纷 33 件，除 1 件走法律程序外，其余的 32 件均做到定分止争、息诉罢访，双方当事人握手言和，做到案结、事了、人和，实现了政治效果、法律效果和社会效果的有机统一，新市民居住区初步实现了安全、法治、便民、稳定、和谐的景象。

五是以机构改革为引领，全力抓好综治中心建设。根据新一轮机构改革部署要求，普安将牢固树立以人民为中心的发展思想，以夯实平安建设基层基础为主线，将深入推进基层综治中心建设与学习推广新时代“枫桥经验”创新城乡社区治理、实施乡村振兴战略紧密结合，健全完善重心下移、力量下沉、保障下倾的工作机制，充分发挥综治中心在促进社会平安稳定等方面的重要作用，构建富有活力和效率的新型基层社会治理体系，着力打造一村一综治中心、一村一警务室、一村（居）一法律顾问、一村一联调队、一村一网格、一村一员联网终端、一村一微型消防站、一村一路长、一村一审批服务终端、一村一共治格局的工作机制，充分整合相关部门和社会资源力量，形成共建共治共享合力，为平安普安建设奠定坚实基础。

通过全县各级各部门的共同努力，截至当前，全县没有发生一起危害国家安全和社会稳定的政治事件、群体性事件、规模性赴省进京上访事件、暴力恐怖事件和重大个人极端事件、有政治影响的网络炒作事件，有力维护了全县社会政治稳定，没有发生一起重大恶性案件和多发性案件，刑事治安案件逐年下降，社会丑恶现象大大减少，治安突出乱点整治纵深推进，社会秩序良好，人民群众获得感、幸福感、安全感全面提升。

## 二、普安县社会治理存在问题

在全县各级干部的共同努力下，普安社会治安持续好转，社会政治稳定，经济持续发展，人民安居乐业。在充分肯定成绩的同时，当前影响全县社会治安的因素仍然较多，不稳定、不确定、不安全的因素大量存在，社会治理工作的任务仍然艰巨而繁重，还面临一些困难和问题。一是政法综治维稳反邪基层基础薄弱，县、乡、村三级综治中心没有实现实体化运行；二是各类社会矛盾点多面广，维护社会稳定任务依然艰巨；三是运用法治思维和法治方式处理复杂矛盾问题的能力和水平不高，有待进一步加强；四是治安防控体系建设在防范、打击违法犯罪上力度不够，存在薄弱环节；五是每月开展社会治理形势分析力度不够，矛盾纠纷排查化解不够彻底；六是处置突发性、群体性事件的体制机制有待进一步加强；七是部分综治维稳队伍综合素质有待提高，业务水平和工作能力还不适应当前社会治理的需要。

## 三、关于促进普安县社会治理的几点思考

针对当前社会治理面临的新情况、新问题，如何统筹推进社会治理，笔者认为，要以问题为导向，列出清单、补齐短板、狠抓落实，才能为全县经济社会和谐发展保驾护航。

### （一）进一步学习贯彻习近平总书记系列重要讲话精神，全面推进社会治理现代化

一要持续深入学习宣传贯彻党的十九大、十九届二中全会精神，在全县深入开展学习贯彻党的十九大精神和习近平总书记关于治国理政的重要讲话精神，切实用党的十九大精神指导新时期政法工作。把学习贯彻党的十九大精神与“两学一做”学习教育活动有机结合起来，做到理论联系实际，更好地推动社会治理各项工作的深入开展。二要提高认识，加强领

导，社会治理是一项庞大的社会系统工程，全县各级各部门和社会各界要高度重视，进一步增强做好社会治理维护稳定工作的责任感和紧迫感，牢固树立稳定压倒一切的思想，认真履行发展是第一要务，稳定是第一责任职责，把社会治理工作列入经济社会发展的重中之重，把保护人民生命财产安全视为天职，做到守一方土地、保一方平安、促一方发展，形成合力，齐抓共管，才能克服当前社会治理中面临的各种困难和问题，以更加有力的措施推动经济和社会各项事业健康协调发展。三要以学习贯彻《中国共产党政法工作条例》为切入点，牢固树立政治意识、大局意识、核心意识、看齐意识，坚定中国特色社会主义道路自信、理论自信、制度自信、文化自信，坚决维护习近平总书记党中央的核心、全党的核心地位，坚决维护党中央权威和集中统一领导，围绕统筹推进“五位一体”总体布局和协调推进“四个全面”战略布局，坚持党的领导、人民当家作主、依法治国有机统一，坚决捍卫党的领导和中国特色社会主义制度，维护宪法法律权威，做到严格执法、公正司法，履行维护国家政治安全、确保社会大局稳定、促进社会公平正义、保障人民安居乐业的主要职责，创造安全的政治环境、稳定的社会环境、公正的法治环境、优质的服务环境，不断增强人民群众获得感、幸福感、安全感。四要牢固树立总体国家安全观，进一步完善党委领导、政府负责、社会协同、公众参与、法治保障的社会治理体制，不断提高全县社会治理社会化、法治化、智能化、专业化水平。五要以建设县、乡、村三级综治中心为重点，形成以综治中心为枢纽、以网格化服务管理为底座、以信息化为支撑的服务管理体系，切实发挥好基层社会治理的前沿阵地和运转枢纽作用，努力把综治中心建成为社会治理的“指挥部”、社会平安的“守护者”、社会稳定的“减压阀”和政策法治的“广播台”。

## （二）进一步强化矛盾纠纷化解，全力维护社会持续稳定

一要强化基层组织建设，发挥矛盾纠纷化解作用。要围绕建设秩序普安、清洁普安、法治社会的总体要求，进一步加强基层组织建设和综治维稳干部的学习教育，加强基层综治维稳干部的思想建设、组织建设和作风

建设，让基层综治维稳干部树立清正廉洁、廉洁奉公、服务于民的思想意识。进一步加强基层综治维稳干部的法律知识的宣传和学习，使基层综治维稳干部学习用法律手段解决问题、处理问题的能力，进一步提高化解矛盾的能力，提高基层干部在方针、政策、理论运用方面的素质，增强服务意识以及工作责任感，深入了解基层矛盾实际情况，有的放矢，有针对性地解决问题。让基层综治维稳干部更好地抓好维护社会稳定工作，更好地为一个地方的经济发展和社会稳定作出更多更好的贡献。二要提高基层党组织处理矛盾、应对突发事件的能力。在基层矛盾的协调处理中，党组织的能力起到关键的作用。基层党组织应从三方面着手提高自己处理矛盾的能力：第一，做到权为民所用，情为民所系，利为民所谋，切实解决群众最关心、最直接、最现实的利益问题；第二，依靠群众，在解决矛盾、化解矛盾中做到与群众共商；第三，建立健全矛盾调处机制，运用政策、法律法规等协调化解矛盾。三要进一步强化服务改革发展。把深化改革、加快发展与改善民生、促进社会公平有机结合起来。依法防范和打击各类破坏投资环境、扰乱市场经济秩序、影响和谐稳定的违法犯罪行为。加强经济领域风险评估预警，密切关注重点行业、重点领域涉稳风险，及时预警、研判、报告、处置。四要推进重大决策社会稳定风险评估全覆盖，切实解决评估不规范、选择性评估等问题。将社会稳定风险评估全覆盖工作向决策事项、建设项目、重大活动延伸，向乡镇（街道）、单位延伸，推动各级各部门科学、民主决策，依法行政。健全完善决策事项社会稳定风险评估和重大决策终身责任追究制及责任倒查机制，将风险评估制度与民意调查制度、“五步工作法”有机结合起来，作为社会治理单项考核的内容之一。五要进一步完善矛盾纠纷多元化解机制，深入推进矛盾纠纷动态排查多元化解，形成职责法定、权责明确、协调联动的矛盾纠纷多元化解机制。拓宽人大代表、政协委员、律师、法律工作者等第三方参与纠纷化解的制度化渠道，吸收专家参与技术性、专业性领域纠纷调解工作，努力形成常态化。进一步完善重大矛盾纠纷权力清单、责任清单和县级主管部门点对点帮扶基层机制，着力化解一批钉子案、骨头案。对涉及群众切身利益的土地山林纠纷、农田水利、资源权属、生产经营、合同纠纷、金融借贷、人身伤害等矛盾纠纷切实加大排查化解力度，充分发挥村（社区）调解委员会在排查化解矛盾纠纷中的前沿作用，严防细小矛盾和因发现不及时、调处不到位而引发大矛盾，力争实现矛盾纠纷“增量下降，存量归零”的目标。六要深入研究群体性事件的特点和规律，不断完善处置机制和办法，积极预防妥善处置群体性事件，认真落实“八个第一时间”处置要求，健全完善应急处突机制，确保一旦发生群体性事件，能在第一时间快速妥善化解。

### （三）进一步完善社会治理体系建设，全力保障人民群众安居乐业

一要切实加强立体化社会治安防控体系建设，推动把公共安全建设纳入经济社会发展、城乡建设等规划，重点规划好公共安全基础性制度、设施、平台，完善人防物防技防投入增长机制，进一步织密“防控网”。二要切实加强特殊人群服务管理，扎实推进育新、雨露、阳光、回归、安宁、红丝带“六项工程”，以“底数准、动态清、管得住、服务好”为目标，加大投入，努力实现“救治救助全覆盖、服务管控全方位、肇事肇祸零发生”，推动“六项工程”全覆盖。三要深入开展社会治安综合治理，以专项打击和集中整治为重点，集中力量、集中精力在精准的时段，采取精准的措施对重点区域和重点部位予以打击整治。对刑事发案、毒情严重排名靠前的乡镇（街道）进行重点整治，切实解决发案率高、破案率低、群众不满意等问题。深化禁毒人民战争，借鉴先进地区禁毒工作“两个路径转变”经验，强化毒品问题源头治理。深入开展命案可防可控工作，牢固树立命案可防可控理念，严防发生“民转刑”案件。四要强化交通、消防、危化物品、易燃易爆物品等公共安全隐患排查整治和安全监管，严防重大公共安全事故，将公共安全管理的手段、步骤、程序纳入法治化。推动党政领导责任、部门监管责任、企业主体责任和日常监管、隐患整改、责任追究制度。五要把社会治安立体化防控体系建设作为提升群众安全感满意度的基础工作，进一步完善社会治安防控体系建设，对城中村、“三无”小区（无物业、无视频监控、无安保人员）、老旧小区建立人防、物

防、技防相结合的社会治安防控网，不断加密监控视频的覆盖面。全面实施“警灯闪烁”工程，合理安排警力，实现警务工作前移，提高群众见警率，实行动态接警，提高对违法犯罪分子的震慑力，做到“天网24小时不眨眼”与“地面24小时不断人”紧密结合，形成以视频监控与报警为依托，以新的巡防警务机制为支撑，“空中有监控、地面有巡逻、出城有卡口、社区有联防”的全方位、立体式的治安防控体系，切实维护广大人民群众的生命财产安全。

### （四）进一步加强网络管理，全力净化网络舆论环境

要加强网上侦查打击力度，深化打击整治网络政治谣言和有害信息专项行动，依法打击网络贩枪、网络诈骗和侵害公民个人信息等违法犯罪活动。加强网络阵地管控，落实网上巡查管控机制，督促运营服务商严格履行责任，严格落实网络身份认证和实名登记。加强网络安全防护，以全县大数据、关键信息基础设施为重点，完善信息安全等级保护制度。认真组织开展互联网金融领域专项整治，加强对民间融资借贷活动的规范和监管，加大对非法集资等违法犯罪的打击力度，依法妥善处理涉众型案件。

### （五）进一步加强基层基础建设，全力推进社会共治共享

一要创新社会治理技术手段和机制，将政法机关信息化平台建设纳入经济社会发展规划，积极探索有机衔接、有效协同的工作机制。将信息技术手段与推广社会治理有机结合起来，加强对各类信息系统和指挥调度平台的集成应用，努力实现情报研判、决策指挥、联动处置一体化，不断提高打击效能和整体防控水平。二要深入开展平安普安建设，围绕开展“人人积小安，共建大平安”的主题活动，进一步做好预防青少年违法犯罪工作，根据青少年的心理生理特点，有针对性地进行思想道德和法制教育，完善工作机制，切实做好青少年特别是社会闲散青少年的教育管理工作。要加强对学校及周边治安环境的整治，严格监管“网吧”等文化娱乐场所，消除暴力、色情、迷信等不良文化对青少年的消极影响。以推进平安普安建设为总目标，以建设平安校园为切入点，通过落实法治课，强化学

生安全教育，全面整治校园周边乱象，彻底消除学校周边安全隐患，积极营造良好的育人环境。在抓好“平安校园”创建的基础上，在辖区广泛开展平安乡镇（街道）、平安村（社区）、平安单位、平安市场、平安企业、平安医院和平安家庭等系列创建活动，全面巩固和扩大了平安普安创建成果。三要强化法制宣传，把全民普法和守法作为依法治县的长期基础性工作，在全县培育法治信仰、倡导契约精神、树立规则意识。将大法治、大安全工作有机结合起来，务求取得实效，使“大法治”真正成为普安经济社会发展的有力保障。四要加强普法依法治理，深入推进“七五”普法工作，创新法制宣传形式和载体，完善国家工作人员学法用法制度。加强青少年法制宣传教育，把法制教育纳入国民教育体系，在中小学开设法治知识课程。加强农村法制宣传教育活动，进一步增强农民群众尊法、学法、守法、用法意识和权利、责任意识。推动建立落实国家机关“谁执法、谁普法”责任制，加强普法志愿者队伍。配齐配强一村（居）一法律顾问，推动人民调解工作取得实效，为社会治理创造良好的法治环境。五要积极探索自治、法治、德治“三治”融合发展。党的十九大报告提出，健全自治、法治、德治相结合的乡村治理体系，在基层社会治理中，自治是法治、德治的目标，法治是自治、德治的保障，德治是自治、法治的基础，三者的有机结合和深度融合，是对打造社会治理基础工程，不断提升人民群众获得感、幸福感、安全感的根本举措。要大力强化自治基础作用，明确村（社区）居民各类合法证明盖章一律由乡镇（街道）联审，推动基层自治组织职能回归，进一步修订完善“村规民约”“社区公约”，结合重点工作，强化规范导向，促进民事民议、民事民办、民事民管。要进一步强化法治保障作用，全面推行“一村（居）一法律顾问”和“法律十进”活动，推进“法律进宗教场所”“法律进景区”“法律进村寨”等活动，增强全民法治观念，引导群众自觉把法律作为基本行为准则，依靠法律手段解决纷争。要强化德治引领作用，按照“引导有方向、评判有标准、学习有榜样”的要求，建立县、乡、村三级道德评议组织，加大对道德模范、最美家庭等先进典型的培树，推动社会主义核心价值观落细落小落实。推动文艺三下乡巡演，繁荣群众精神文化生活。建立道德讲堂，引导人们遵道德、讲道德、守道德，把“三治”融合与脱贫攻坚、乡村振兴等有机结合起来，通过共商等形式，积极探索“三治”融合深入开展。六要防范和化解重大风险，深入开展各领域重大风险的防范化解工作，要按照“属地管理、分级负责”和“谁主管、谁负责”的原则，认真落实主体责任，勇于担当、履职尽责，着力在社会各领域治理上下足功夫，筑牢防线，为庆祝中华人民共和国成立70周年营造安全稳定的社会环境。

# B.8 搬迁脱贫：普安县易地扶贫搬迁报告

黄德林[①]

**摘要：** 普安县易地扶贫搬迁是普安县脱贫攻坚的重要组成部分，2019年是新中国成立70周年，也是普安县全面建成小康社会的关键之年。2019年普安县易地扶贫搬迁报告，主要围绕2015年至今全县易地扶贫搬迁的移民安置点建设情况，以及全县易地扶贫搬迁工作的主要做法及经验、存在困难和问题、相关对策建议等内容展开分析研究。

**关键词：** 普安县　易地扶贫　搬迁

易地扶贫是指将生活在缺乏生存条件地区的贫困人口搬迁安置到其他地区，并通过改善安置区的生产生活条件、调整经济结构和拓展增收渠道，帮助搬迁人口逐步脱贫致富。“十三五”时期易地扶贫搬迁对象主要是居住在深山、荒漠化、地方病多发等生存环境差、不具备基本发展条件，以及生态环境脆弱、限制或禁止开发地区的农村建档立卡贫困人口，优先安排位于地震活跃带及受泥石流、滑坡等地质灾害威胁的建档立卡贫困人口。贵州地处云贵高原东部，长江、珠江流域上游地带，西南喀斯特生态脆弱区的中心，是一个以岩溶地貌为主的典型内陆山区省份。长期以来，由于经济社会发展滞后，贵州农村贫困问题突出，是全国农村贫困人口最多、贫困面最广、贫困程度最深、扶贫开发任务最重的省份之一。普安县，位于贵州省黔西南布依族苗族自治州北部，行政区划属于黔西南布依族苗族自治州，全县总面积1429平方千米，辖8镇6乡，耕地面积

① 黄德林，贵州省社会科学院社会研究所所长、研究员。

243825亩，人口27.8万，居住着汉、苗、布依、回、彝、黎、白等10多个民族。普安县平均海拔1400米，平均温度14℃左右。普安县属于国家扶贫开发工作重点县，实施普安县易地扶贫搬迁工程，既是推动贵州扶贫攻坚行之有效的途径，又是保护和恢复脆弱生态环境的重大战略举措。普安县为加快脱贫攻坚工作步伐，县委、县政府始终将易地扶贫搬迁作为决胜脱贫攻坚的历史机遇、作为统筹城乡发展的历史机遇、作为百姓富生态美的历史机遇、作为改善人居环境的历史机遇。2019年是新中国成立70周年，也是全面建成小康社会的关键之年。2019年，根据省易地扶贫搬迁工程建设指挥部《关于调整下达贵州省"十三五"易地扶贫搬迁项目和计划任务的通知》（黔迁指发〔2018〕20号）文件要求，"十三五"期间，全县规划搬迁安置7675户35399人，其中建档立卡贫困人口24052人。

## 一、基本情况

普安县扶贫搬迁工作大体上分为三个阶段：第一阶段，2012—2015年，扶贫生态移民阶段；第二阶段，2016—2019年，易地扶贫搬迁阶段；第三阶段，2018年至2019年上半年新市民计划实施阶段。本文主要围绕2016—2019年易地扶贫搬迁阶段展开分析研究。

### （一）2012—2015年扶贫生态移民工作完成情况

2012年盘水街道办河边村铁厂安置点，计划修建住房160套12800平方米，搬迁任务160户700人。2012年6月，完成住房建设159套，其中统规统建住房完成116套，统规自建房完成43套，有一栋房屋还未动工建设，实际入住112户512人，入住率为73.1%，距离12月完成搬迁入住还差188人，排污系统改造正在进行。2012年江西坡细寨村茅背冲安置点，计划修建住房125套10000平方米，安置任务125户731人。2012年6月，完成住房修建115套9200平方米，实际搬迁入住2户9人，入住率为0.01%，距离12月完成搬迁入住还差722人，细格至茅背冲安置点道路建设正在进行。2013年楼下镇夹马石安置点，计划修建住房376套30080平方米，安置任务376户1715人。2013年12月，实际搬迁入住376户1715

人，入住率为100%，基础设施建设100%。2014年青山镇百合小区安置点，计划修建住房232套29693.16平方米，安置任务232户1140人。2014年12月，实际搬迁入住224户1140人，入住率达100%。2015年新店镇新店林场安置点，计划修建住房136套16279.20平方米，安置任务136户585人。目前，自建房77套已完成69套，还有8套正在进行主体施工，公租房安置已全部建成，基础设施完成42.8%。2015年龙吟镇长冲安置点，计划修建住房125套14746.98平方米，安置任务125户552人，2015年6月，已完成分房126户581人，搬迁入住108户500人，入住率为90.6%，距离12月完成搬迁入住还差52人，基础设施建设正在进行。

### （二）2016—2018年易地扶贫搬迁工作完成情况

2016年计划实施易地扶贫搬迁1920户8558人。截至2017年6月30日，已搬迁入住1978户8817人，入住率为103%，超任务59户259人。各安置点完成情况如下：一是县城惠民小区安置任务为358户1417人（贫困人口260户974人），截至2017年6月30日，已搬迁入住383户1550人（贫困人口324户1300人）；二是东城区纳茶小区安置任务为845户3870人（贫困人口461户2112人），在实际搬迁中，部分搬迁群众搬迁意愿发生变化：原定在东城区纳茶小区的搬迁户有25户133人提出愿意搬迁至县城惠民小区，有222户882人提出愿意搬迁至兴义洒金安置点，由此，纳茶小区实际入住601户2855人（贫困人口431户1973人）；三是兴义洒金（一期）安置任务为667户2946人（贫困人口509户2231人），截至2017年6月30日，已搬迁入住944户4087人（贫困人口808户3497人），超任务59户259人（贫困人口）；四是兴义木贾安置任务为50户325人（贫困人口29户201人），截至2017年6月30日，已搬迁入住50户325人（贫困人口29户201人）。

2017年计划搬迁4010户16537人，其中建档立卡贫困人口2863户11728人，共规划建设3个安置点（其中县内安置点1个，跨区域安置点2个）。一是东城区布依茶源小镇计划搬迁安置1310户5356人，其中建档立卡贫困人口1268户5200人。截至2017年12月，已上报搬迁对象1185户

5581人，贫困人口为842户3945人，从上报情况看，贫困人口差1255人。二是兴义洒金（二期）计划搬迁安置1555户6386人，其中建档立卡贫困人口1056户4278人。截至2017年12月，已上报搬迁对象1226户5626人，贫困人口为1062户4832人，从上报情况看，总任务差760人，贫困人口超554人。三是兴义市浙兴商贸城计划搬迁安置1145户4795人，其中建档立卡贫困人口541户2250人。截至2017年12月，已上报搬迁对象1056户4918人，贫困人口为891户4056人，从上报情况看，贫困人口超1806人。

2018年度搬迁对象实行“三包一”或“二包一”包保机制，截至2019年4月26日，2018年度搬迁规模10304人，77人已在2018年6月提前搬迁，2019年应完成10227人，已完成搬迁对象锁定10259人。其中，东城区应搬迁4304人，动员锁定6201人，搬迁意愿超1897人；西城区应搬迁5923人，锁定4058人，还差1865人未锁定，未完成锁定的有3个乡镇：白沙乡应完成1325人，锁定11人，差1314人待锁定，完成率0.83%；兴中镇应完成282人，锁定13人，差269人，完成率4.61%；罗汉镇应完成52人，锁定48人，完成率92.31%。已按各安置点涉及乡镇搬迁任务全部完成房源分配，共2262套，可安置10227人，超额分配龙溪石砚小镇33套195人房源给南湖街道进行限时人房对接，目前乡镇（街道）完成人房对接561套2795人，完成率为27%，要求2019年4月底前完成人房对接工作；布依茶源小镇206套房源已开始分发钥匙，下一步加大督促涉及乡镇组织群众搬迁入住。

### （三）2018年至2019年上半年新市民计划实施情况

紧紧围绕省委、省政府明确的“六个坚持”，根据州委、州政府“新市民计划1+13”政策措施体系，大力实施新市民计划，统筹后续保障落实，确保“稳得住、快融入、能致富”。研究出台《普安县易地扶贫搬迁“新市民”计划实施方案》，成立新时代新市民（新村民）行动计划工作组和办公室，涉及的农业、卫计、教育等13个部门结合工作职责提出了具体的推进措施，并研究制订《关于加强新市民社区党建推进基层治理工作方案》《中共普安县委办公室　普安县人民政府办公室关于印发〈普安县新市民社区组织管理方案〉的通知》（普委办字〔2018〕89 号）文件，强化新市民居住区组织体系、管理体系和服务体系建设，着力推动新市民转变思想观念、就业方式和行为习惯。认真落实“六个坚持”“五个三”部署，加快推进东西城区易地扶贫安置住房及配套设施建设，仅 2019 年建成安置住房 2416 套，确保 10304 人搬迁入住。完成 2017 年度 3754 户旧房拆除复垦复绿工作。提高社区管理、治理水平，抓实就业、教育、医疗等后扶管理，做好已搬迁人口的低保、医保和养老保险等各类社会保障的转移衔接，东城区民族实验学校 3 月实现开学招生，盘活东城区 1400 套公产门面，做大、做强商业业态，着力完善双创产业园配套服务功能，加快西城区长毛兔产业园区建设，以产业聚集带动搬迁家庭每户至少 1 人以上稳定就业，消除“零就业”家庭。

## 二、主要做法及经验

### （一）加强领导，强化调度

在脱贫攻坚战中，按照“每周一碰头、两周一调度”的要求，定期召开易地扶贫搬迁指挥长办公会，新市民计划、拆旧复垦复绿等会议进行安排部署；按照“一日一调度、三日一汇总、一周一通报”的要求，强化对各战区、各新市民计划重点单位工作开展情况调度，针对存在问题进行分析研判，根据进展情况进行部署落实。

### （二）问题导向，推动落实

贵州省委第四巡视组巡视反馈易地扶贫搬迁方面共 3 类 5 个问题，整改完成 2 个（挪用扶贫资金边改边犯；部分审计发现问题未整改完成），3 个正在整改［普安县西城区（三板桥）龙溪石砚小镇易地扶贫搬迁项目应建住房 1417 套，截至 2018 年 11 月 25 日，住房主体工程建设进度仅达到 30%，仍有 987 套住房未完成主体工程问题；对搬迁对象审核把关不严、对象不精准；2017 年度布依生态小镇建设超批复用地 2. 3353 公顷，截至巡视时仍未整改到位］，整改完成率 40%；省审计组审计反馈 2017 年易地扶贫搬迁项目实施及资金管理使用情况问题16个，县级层面已全部整改完成。按照“抓具体、抓深入，先行进村（社区）解剖问题，再到乡镇（街道）研究推进”的要求，深入乡镇（街道）战区调研督导、分析研判、解决问题。采取先实地调研查看、再开会研究部署的方式，深入东、西城区推进工作，共梳理东、西城区项目建设、后续保障、企业服务等方面问题75个，研究解决措施94条。

### （三）健全机制，压实责任

一是推行社区网格包保机制。构建“总支—居委会—网格—楼栋”的网格化管理机制，按照“新居住区党总支和管理服务中心领导包片、全体干部职工和社区常务干部包网格”的要求，把新居住区全体干部职工、社区常务干部、党员群众、积极分子等选配为网格员和楼栋负责人，对搬迁群众进行全方位包、“一揽子”包，提升新居住区管理服务水平。二是强化稳定融入机制。县人社、卫健、教育、民政等新市民计划部门对搬迁入住对象进行动态排查和跟踪管理，全面抓实搬迁户就业、创业、教育、医疗、文化、文明、心理融入等后续服务保障。三是建立包保责任机制。各乡镇（街道）战区普遍建立“三包一”“二包一”机制，从搬迁农户前期动员、对象锁定到搬迁入住、后续保障直至稳定融入全生命周期诸环节进行“一揽子”包、一包到底，压紧压实包保责任。四是严格签字背书制度。县易地扶贫搬迁指挥部与各乡镇（街道）战区、新市民计划“1+13”部门签订责任书，完不成任务按责任书追责，推进工作落小落细。

### （四）强化指导，严格督导

在脱贫攻坚战中，明确四名副县级领导分南、北两线对易地扶贫搬迁工作进行常态化循环督导督查，建立“问题导向、清单管理、结果倒逼”机制，推动工作快速落实。督战问效专班定期对各乡镇（街道）战区、县直重点部门履职情况进行工作业务、纪律作风督战问效，梳理问题清单、工作清单，推进问题按时按要求整改销号。

## 三、存在问题及解决办法

### （一）指挥调度不够科学有效

虽然易地扶贫搬迁指挥部适时召开调度会、专题会、现场会等进行部署落实，但仍然存在工作安排不深不细、过程管理和跟踪问效不严等情况，究其原因，主要是“五步工作法”落实不好，导致项目建设、搬迁入住、后续保障等工作推进不理想。认为东、西城区都有专门的管委会在抓，县易指部、专班主动跟进研判推动不够。解决办法：一是严格督导落实。认真贯彻“五步工作法”，工作部署后，迅速启动工作督导和问题解决机制，确保工作安排落地见效。二是加强调查研究。经常深入各战区和东、西城区调研，发现问题，解决问题，推动易地扶贫搬迁和新市民计划实施。三是主动对接推进。定期深入东、西城区，与东、西城区管委会一道，研究问题，解决问题，确保各项工作有序推进。

### （二）项目建设严重滞后

虽然东、西城区 2416 套住房主体工程已全部完成，但绝大部分还在进行二次结构施工和内部装修，完成所有房屋装修入住难度大。供水、供电、绿化等配套设施工程量大，导致搬迁入住工作推进慢。解决办法：一是加强督促调度。持续调度、督促东、西城区安置项目建设指挥部严格按基本建设程序，既要严把建设质量关、安全关，又要全力以赴推进度，加快安置点项目建设。二是严格时间节点。要千方百计确保按既定时限安排，力争东、西城区完成剩余住房全部装修并达到入住条件，要完成水、电、路等配套设施建设。三是倒排工期推进。精准测算东、西城区剩余工程量，根据二次结构砌筑、墙体粉糊、地板安装等各类工程进度需要，按照精细化施工管理要求，增加施工人员，倒排工期，抢晴战雨，昼夜施工、平行施工，确保东、西城区按上述时间节点完成工程建设任务。

### （三）搬迁入住严重偏慢

受东、西城区安置点项目建设滞后影响，截至目前，全县 2018 年易地扶贫搬迁仅搬迁入住218户1022人（含2017年度超搬的18户77人），全州排名最后，2019年6月30日前要完成余下的9282人搬迁任务，每天需搬迁165人以上，压力很大。解决办法：一是压实包保责任。巩固人房对接成果，严格执行“三包一”“二包一”机制，防止搬迁群众搬迁意愿变化，做好已锁定搬迁对象巩固工作，确保按既定搬迁时间节点搬迁。二是有序推进搬迁。东城区2019年5月底前完成余下的3435人搬迁，5月中旬搬一批，5月底搬一批；西城区结合房源提供情况进行搬迁，5月具备条件可先搬一批，余下的6月20日前搬完。

### （四）拆旧复垦复绿推进偏慢

2017年度应拆除旧房3002户，根据省的要求，2019年6月底前需完成旧房拆除60%以上（即应拆除1801户），截至2019年5月4日，仅拆除593户，距离目标要求差距较大。县易指办、县自然资源局等日常调度、督促不够，虽有三个施工队伍同时开展拆除工作，但总体推进偏慢。解决办法：一是根据2018年搬迁进度需要，科学统筹旧房拆除工作。二是督促乡镇（街道）加大政策宣传力度，按照“动员一户、拆除一户”的要求，在施工方动拆前，提早将搬迁户房内物件腾空，断水断电，确保顺利拆除。三是在推进旧房拆除复垦复绿的同时，督促施工方同步完成档案收集完善等工作。县供销社同步做好搬迁群众承包地、山林地、宅基地“三块地”台账，加快推进“三块地”盘活工作，增加搬迁群众资产性收入。四是每日调度各乡镇（街道）拆旧复垦复绿进度，每周研判和排位，经督促后，工作仍严重滞后的，启动问责程序。

### （五）搬迁入住巩固不好

经县易地搬迁指挥部与安置点管理机构共同核查，2017年度实际搬迁入住率仅为25%—30%，主要是2017年旧房拆除复垦复绿偏慢，搬迁群众出现“两头住”现象；就业解决不好，未真正实现“一户一人”就业，尤其是未有效解决好搬迁户中的老人、妇女等就业问题，导致搬过来后住不下来。解决办法：一是优化承接服务。县易指办与安置点管理机构建立联动机制，做好承接服务，严格网格包保，每周到搬迁户家中走访排查和解决问题，切实为搬迁群众搞好服务，确保搬迁一户稳住一户。二是强化后续保障。县人社、教育、卫健等部门建立问题滚动排查和跟踪管理机制，及时解决搬迁群众在就业、教育、医疗等方面的困难和问题，尤其要加强培训就业服务，切实解决搬迁群众就业问题，推动实现稳定融入。三是加快旧房拆除。督促各乡镇（街道）加快旧房拆除工作进度，遏制搬迁群众“两头住”的现象。

### （六）督导指导力度不够

县易地搬迁指挥部督导各战区推进易地搬迁、督导“1+13”部门抓好新市民计划实施力度不够，到各乡镇（街道）战区、新市民计划“1+13”部门指导工作不多，共同研究解决问题不及时、不深入，导致工作推进不平衡，影响全县工作进度。解决办法：一是工作战线前移。县易指办联合新市民计划重点部门，定期到安置点、乡镇（街道）现场推动，对工作中的困难和问题进行点对点解决。二是强化业务指导。合理分配县易指办及“1+13”部门业务人员力量，循环到各乡镇（街道）、村（社区）进行业务指导，确保县、乡、村三级易地扶贫搬迁工作上下衔接、左右互动、步调一致。

### （七）向上对接汇报不够

定期向州委、州政府分管领导汇报工作不多，主动到州易地搬迁指挥部、州新市民计划办对接工作较少。对其他县（市）阶段性工作情况掌握不及时、不准确，未做到“眼观六路”“耳听八方”，致使普安县工作和上报数据滞后，造成工作被动。解决办法：一是严格审核把关。易指办上报工作情况和相关数据，由指挥长、副指挥长严格把关，重要情况报县委、县政府主要领导审核，确保数据一致，口径统一。二是加强工作衔接。实时掌握其他县（市）易地搬迁和新市民计划工作情况，学习先进经验和做法，争取工作主动。三是强化向上汇报。定期到州易地搬迁指挥部汇报工作，争取上级指导和支持，确保各项工作有力有序推进。

## (八) 资金“瓶颈”问题突出

东城区布依茶源小镇二区安置点总投资6.08亿元，截至2019年4月30日完成投资5.9亿元，根据合同约定需支付4.72亿元，目前共支付了3.4亿元，还欠工程款1.32亿元。解决办法：由县东城区管委会、县移民局、县财政局、金源公司等单位多渠道筹集资金，妥善解决好县东城区项目建设、配套设施建设等方面资金缺口问题。

## (九) 巡视反馈问题整改尚未完成

2018年，普安县西城区（三板桥）龙溪石砚小镇易地扶贫搬迁项目应建住房1417套，截至2018年11月25日，住房主体工程建设进度仅达到30%，仍有987套住房未完成主体工程。解决办法：一是五方参建单位优化施工组织方案和保障方案，细排施工横道图，从建材物资、项目资金、施工机械设备、突发天气施工调整计划等方面提供要素保障，确保2019年5月底所有安置房达到入住条件。二是增加施工人员，每天上班工人不少于1500人。在聘请项目管理人员基础上，增派监理现场旁站监督力量，保工程安全、质量和进度。三是由县纪委、县监委派驻纪检监察组常驻施工现场开展全过程督导监察。

关于对搬迁对象审核把关不严、对象不精准问题。解决办法：一是严格按照《关于印发贵州省易地扶贫搬迁对象识别登记办法》（黔府办发〔2016〕27号)、《关于印发易地扶贫搬迁政策实施过程中有关问题处理意见的通知》（黔迁指发〔2017〕5号）文件要求，督促乡镇（街道）对2016—2018年度搬迁名单进行严格审核把关，确保搬迁对象识别精准；二是对审核中发现不符合搬迁对象的人员及时反馈涉及乡镇（街道）进行清退，杜绝已购买商品房、廉租房、公租房、经济适用房农户及危房改造对象、国家公职人员参与搬迁情况。

关于2017年度布依生态小镇建设超批复用地2.3353公顷，截至巡视时仍未整改到位问题。解决办法：一是依法启动对行政违法行为和事实的查证、查处；二是将超批复用地问题纳入第三次全国土地调查（以下简称

“三调”）范畴，2019 年 12 月底完成“三调”外业工作，成果审核通过后，即可在新国土空间规划中将超批复使用的 2.3353 公顷一般农田调整为建设用地，从而消除违法状态，在 2020 年底前彻底整改到位。若国家政策有调整，新国土空间规划工作时间提前，将积极争取在最短时间内完成整改。责成业主单位积极与省、州业务部门对接，按程序申报建设用地审批。

## 四、下一步易地扶贫工作的几点思考

### （一）紧扣目标，攻坚克难

紧扣目标任务，县领导带头，各战区、县直部门、前沿攻坚队奋力攻坚，争分夺秒，全力攻克项目建设、人房对接、搬迁入住等重点工作，确保按期完成目标任务。

### （二）强化调度，强力推进

坚持每日一调度，随时掌握工作进展情况，通过现场办公、现场研判、现场解决问题等方式，及时解决工作中存在的重大难题。

### （三）加大力度，加快进度

加快推进 2018 年度安置点项目建设进度，倒排时间表，增派施工力量，强化要素保障，抢晴天、战雨天，确保 2019 年 5 月底前完成 2416 套安置房及配套设施建设任务并交付使用，2019 年 6 月 20 日前全面完成搬迁任务；加快推进“1 + 7”和州新市民计划“1 + 13”政策落实，解决搬迁群众就学、就医、就业需求。

### （四）压实责任，推动落实

进一步压实县级领导、包保部门、乡镇（街道）战区、村前沿攻坚队工作责任，严格落实“三包一”“二包一”机制，将工作任务具体责任到人，确保工作精准落实。

### (五)加强督查,严肃问责

充分发挥县脱贫攻坚指挥部督战问效专班、考核问效组工作职能,加强督促检查,定期进行通报,对不落实的人、不落实的事进行严肃追责问责,确保各项工作高效落实。

**参考文献**

[1] 普安县人民政府. 普安县2015—2018年易地扶贫搬迁(扶贫生态移民)工作总结.2018-11-22.

[2] 普安县易地扶贫搬迁工程建设指挥部. 普安县易地扶贫搬迁专班工作情况汇报.2019-5-6.

# 案例篇

# B.9 普安县“白叶一号”工程

陈玲玲[①]

**摘要：**“白叶一号”工程是由浙江省安吉县溪龙乡黄杜村20名党员发起，向西部落后地区扶贫帮扶的善举，得到习近平总书记的充分肯定。白茶“白叶一号”，经过专家考察，普安县属于最佳种植区。目前，实施“白叶一号”工程成为普安县脱贫攻坚的重要举措，白茶“白叶一号”已经在普安县地瓜镇和白沙乡两地落地生根，并带动当地农民脱贫。

**关键词：**白茶 “白叶一号”工程 脱贫

## 一、普安县“白叶一号”工程

### （一）工程缘起

早在2003年4月9日下午，浙江省委书记习近平同志来到安吉县溪龙乡黄杜村调研白茶基地，在听取了安吉县如何富裕一方百姓的工作举措后，充分肯定“一片叶子富了一方百姓”的绿色发展路径。这一肯定，大大激发了茶农的积极性。目前，全村村民经营茶园面积已达48000余亩，产值4亿多元，人均纯收入超过3.6万元。这个曾经的贫困村，发生了翻天覆地的变化。村民们用实际行动和成果，践行了习近平总书记的“两山理论”。15年后的2018年4月9日，浙江省安吉县溪龙乡黄杜村20名党

---

① 陈玲玲，贵州省社会科学院社会研究所助理研究员。

员自发给总书记写信，在汇报种茶致富的同时表达了“拿出1500万株最好的白茶苗‘白叶一号’捐赠给西部适合种茶的贫困地区”的意愿，帮助脱贫致富。收到来信，习近平总书记作出重要指示：“‘吃水不忘挖井人，致富不忘党的恩’，这句话讲得很好。增强饮水思源、不忘党恩的意识，弘扬为党分忧、先富帮后富的精神，对于打赢脱贫攻坚战很有意义。”

随后，国务院扶贫办会同有关方面立即落实，经过实地走访踏勘，最后确定湖南省古丈县、四川省青川县和贵州省普安县、沿河县3省4县的34个建档立卡贫困村作为受捐对象，共实施新植茶园5000亩。为了给“白叶一号”找到最佳种植区，浙江省安吉县、浙江茶叶集团、浙江省供销社、黄杜村党员代表及种茶专家，3次赶赴普安实地调研，认为200万年以来就有茶树生息繁衍的普安是最理想的地方之一，最终决定把5000亩中的2000亩种植规模的扶贫苗选在了普安，普安也成为此次获得捐赠“白叶一号”最多的县，见表1。

**表1　“白叶一号”捐赠**

| 受捐县 | 面积（亩） | 茶苗（万株） |
|---|---|---|
| 贵州省普安县 | 2000 | 600 |
| 贵州省沿河县 | 1000 | 300 |
| 四川省青川县 | 1500 | 450 |
| 湖南省古丈县 | 500 | 150 |
| 合计 | 5000 | 1500 |

## （二）工程实施情况

### 1. 项目覆盖贫困户情况

“白叶一号”工程总规模2000亩，覆盖贫困人口862户2577人。其中，地瓜镇屯上村1500亩，覆盖（四村一社区）贫困人口691户2020人；白沙乡卡塘村500亩，覆盖（四村一社区）贫困人口171户557人。项目覆盖贫困户到村，见表2。

表2 普安“白叶一号”工程实施情况

| 受捐乡镇 | 种植面积（亩） | 实施地点（受捐村） | 受益村 | 面积（亩） | 茶苗（万株） | 带贫户数（户） | 带贫人数（人） | 备注 |
|---|---|---|---|---|---|---|---|---|
| 地瓜镇 | 1500 | 屯上村 | 屯上村 | 119 | 35.7 | 93 | 145 | 地瓜镇合计覆盖691户2020人 |
| | | | 鲁沟村 | 488 | 146.4 | 184 | 656 | |
| | | | 木卡村 | 572 | 171.6 | 228 | 756 | |
| | | | 岗坡村 | 93 | 27.9 | 72 | 124 | |
| | | | 地瓜社区 | 228 | 68.4 | 114 | 339 | |
| 白沙乡 | 500 | 卡塘村 | 卡塘村 | 52 | 15.6 | 20 | 54 | 白沙乡合计覆盖171户557人 |
| | | | 红寨村 | 286 | 85.8 | 85 | 321 | |
| | | | 铁厂村 | 77 | 23.1 | 31 | 92 | |
| | | | 大小寨村 | 70 | 21 | 27 | 72 | |
| | | | 白沙社区 | 15 | 4.5 | 8 | 18 | |
| 合计 | 2000 | 2 | 10 | 2000 | 600 | 862 | 2577 | 2镇10村862户2577人 |

**2. 项目实施情况**

“白叶一号”工程2018年10月22日启动，至2018年11月22日，完成了2000亩（地瓜镇屯上村1500亩、白沙乡卡塘村500亩）感恩茶园茶苗定植，成活率达95%以上，在认定合格的基础上提高了10%（成活率达85%为合格）。在此工程的引领下，全县打造示范点15个，示范带动全县4.4万亩新植茶园高起点规划，高标准实施，高质量管理，切实发挥示范引领作用。

## 二、普安县“白叶一号”工程实施举措

### （一）强组织，抓调度，推动“白叶一号”落地生根

黔西南布依族苗族自治州和普安县均成立了以党政主要领导为双组长的领导小组，普安县明确两名副县级领导常驻基地专抓专管，组建综合协调、技术服务、资金筹措、实施攻坚、宣传报道、督办督查6个工作专班，

设立项目建设指挥部，坚持“州级一月一调度、县级一周一调度、镇级一天一调度”的机制，加强统筹协调，推进工作落实。2018 年 6 月完成项目的选点和前期工作后，7 月 1—31 日完成了茶园规划，8 月 1 日至 10 月 15 日完成了土地整理，10 月 22 日举行了首种仪式，11 月 21 日全面完成了 2000 亩茶苗种植。

### （二）高标准，强规划，打造高效优质标准化示范区

坚持规划先行、高标准种植的理念，紧紧围绕将“白叶一号”工程项目区建成“脱贫攻坚示范区、感恩奋进展示区、绿水青山就是金山银山引领区、互帮互助实践区、先富带后富样板区”的目标，在邀请中国农业科学院茶叶研究所、贵州地矿测绘院对地质条件、水文特征、土壤情况、白茶生长习性等进行深入研究的基础上，制订了《普安白叶一号工程施工方案》，从规划布局、建设标准、投资估算、资金筹措、实施计划、效益分析、利益联结、茶园管护等方面进行了详细规划。在“白叶一号”工程项目建设过程中，严格推进土地标准化整理、茶苗标准化种植、基础设施标准化建设，同时，以管好为前提，坚持种管一体化，研究制定了《普安白叶一号工程茶园管护措施》，明确了施肥、浇水、除草、修枝、采摘等各环节的标准，把“白叶一号”茶园建设成为高效优质标准化的茶园示范区。

### （三）借外力，增内力，加大要素保障破解“瓶颈”制约

通过“请进来”和“走出去”的方式，邀请国务院扶贫办、中国农业科学院茶叶研究所、中国茶叶气象服务中心、浙茶集团、浙江大学农学院、浙江省安吉县溪龙乡黄杜村、贵州省扶贫办、贵州省农业农村厅、贵州省茶办等茶叶种植专家深入茶园开展技术指导 30 余次，开展技术培训 7 期，培训茶农近 400 人次。组织县内相关人员到安吉县溪龙乡黄杜村考察学习 1 次，为“白叶一号”茶叶种植提供了技术保障。通过争取多方支持和整合县内资源，积极争取浙江省镇海区、贵州省扶贫办、贵州省林业厅、贵州省农委、国家开发银行贵州分行共计投入资金 2500 余万元，普安

县级整合各类资金200余万元投入茶园建设，为茶园建设提供了资金保障。既“重眼前”，又“思长远”，引进中国最大的茶叶经营企业浙茶集团在普安建设茶叶精深加工生产线，开发茶产品，拓宽销售渠道，切实改变传统茶农“单打独斗闯市场”的格局，切实提高茶产品质量和品牌知名度。

### （四）重建设，强管护，全面提高捐赠茶苗种植成活率

为抓好“白叶一号”茶园规范有序管理，提高茶苗成活率，普安县边实践边探索，通过“两建三看四要”措施，强化茶园后续管护。两建：一是建好管理队伍，即建好平台公司专业化管理队伍和培训好贫困户管护队伍；二是建好管理体系，即建立涵盖巡查、中耕除草、施肥、病虫害防治、鲜叶采摘等内容的茶园管理技术体系。三看：定期巡查，坚持三看，一看叶、二看草、三看茶苗少不少。看叶：观察叶片颜色是否正常，是否有病虫害，便于及时补充养分和开展病虫害防治。看草：观察杂草生长情况，坚持“除早除小除了”原则，适时安排除草。看苗：观察茶苗成活、缺失情况，及时补植补种。四要：掌握“追肥、亮脚、揭膜、清沟”四要点。一是追肥要及时，苗期追肥坚持少量多次、以速效肥为主，第一次追肥不迟于3月底，每年3月、5月、7月各施一次，肥量每亩10公斤左右为宜。二是茶苗要“亮脚”，“白叶一号”茶苗栽植时为避免土壤水分流失，茶苗根部覆土较厚，结合除草减少茶苗周边的覆土、亮出茶苗的“泥门”（茶苗出圃时的土痕），避免土壤含水量过高导致茶苗烂根。三是揭膜要科学，若茶行土壤湿度太大，可将覆盖膜全部移去，减少土壤含水量，避免茶苗烂根。四是清沟要适当，清理茶行内侧的土层到外侧，形成内低外高，便于茶行水肥保持。

### （五）强龙头，抓联结，引领贫困群众脱贫致富

围绕贫困户增收这个目标，坚持企业主导、合作社统筹、贫困户参与，按照“龙头企业+专业合作社+贫困户”的模式，采取“6355”利益联结分配方式（贫困户共享60%、企业共享30%、合作社共享5%、土地流转共享5%），充分发挥龙头企业、专业合作社和贫困户的积极性，推动

茶园有序发展。龙头企业主要负责茶园标准化建设、茶青保底收购、茶叶精深加工和茶产品开发销售，合作社具体负责统筹将茶园覆盖区域的所有贫困户全员入社，组织有一定劳动能力的贫困户有序参与茶园建设、茶园管护、茶叶采摘、茶叶加工、茶产品销售等全产业链条务工获取收益，统筹贫困户以土地流转和茶苗折股量化入股分红获取收益，组织设置公益性岗位和评定最低保障标准，保障无劳动能力和不能参与茶园建设的贫困户获得收益，从而实现茶园覆盖区域的所有贫困户共享发展成果。建设过程中，动员 235 户贫困户参与茶园杂草清除、土地整理、茶苗种植、茶园管护等工作，贫困户务工费共计 90 余万元，户均增收 3800 元，让贫困户迈出了由贫农向茶农转变的第一步。

## 三、关于推进普安县“白叶一号”工程实施的几点思考

### （一）强化党组织领导，提供组织保障

普安县始终把“白叶一号”工程当作“一把手”工程来抓，县、乡、村三级党组织书记对项目建设负主责，将全县最优的资源、最足的资金、最强的力量向“白叶一号”工程聚焦，保障了工程项目的快速推进。并在种植基地成立临时党支部，将下派到基地的党员干部与当地的党员群众纳入党支部，通过党员干部宣传党员群众，党员群众宣传带动其他群众，把干部和群众融在一起，形成了推动茶园建设的强大合力，展现了党组织在思想宣传、组织领导、示范带动上的先锋模范作用。

### （二）注重工作方法，责任落实到位

在工程实施过程中，始终遵循贵州省委书记孙志刚提出的政策设计、工作部署、干部培训、督促检查、追责问责“五步工作法”。对茶园进行科学规划，明确茶园种植标准和工作推进思路，通过召开县委常委（扩大）会、领导小组会等，深入贯彻落实习近平总书记批示精神和国务院扶贫办的安排部署，进一步统一思想、凝聚力量、推动落实。通过积极开展干部群众技术培训，确保茶园种植的高标准推进。通过成立专项督查组，

对项目建设全过程实行清单化、责任化、时限化督促检查，对工作落实慢或不力的进行追责问责，推动各项工作高效有序落实。

### （三）总结成功经验，创新发展模式

一是建立“企业+合作社+贫困户”的模式，采取“6355”利益联结机制，既考虑企业的发展，又充分发挥出合作社的组织优势，更调动贫困户的积极性，把企业的主体作用、合作社的统筹作用和贫困户的内生动力充分激发出来，为项目的顺利实施奠定了坚实的基础。二是秉持“三分种、七分管”的理念，在专家的精心指导下，充分借鉴浙江省安吉县溪龙乡黄杜村白茶种植管理技术，并充分结合普安县当地的气候、土壤和传统茶叶种植管护经验，总结探索出了“两建三看四要”管护措施，从人员组织、体系建设、技术标准等方面进行了细化明确，提升了管护的及时性、系统性和科学性，确保了茶苗成活率。三是实现“荒山变茶山、贫农变茶农、山区变景区”，让种植“白叶一号”的“绿水青山”变为群众致富增收的“金山银山”。普安将怀着感恩之心，把捐赠的白茶苗精心管护好，把白茶产业发展好，以脱贫的实际成效回报总书记的关心厚爱，回报各级领导的支持和帮助，回报浙江群众的一片深情。

**参考文献**

[1] 中共普安县委，普安县人民政府．普安县“白叶一号”工程推进情况报告，2019-3-17.

[2] 普安县人民政府．普安县茶产业发展情况汇报，2019-3-11.

[3] 普安县茶业发展中心．2019年上半年工作总结及下半年工作计划．

# B.10 普安县茶旅一体化实践探索

李 高[①]

**摘要：** 普安县是“中国古茶树之乡”，红茶远近闻名。普安县崧岿寺距离县城20千米，白沙古驿道、芭蕉关、青山清真寺、铜鼓山、普纳山古战场等历史文化古迹美不胜收，曾一度留下徐霞客等名人墨客的足迹。普安森林公园是普安县城之“肺”，拥有最优良的自然资源，普安森林温泉毗邻普安森林公园，是优良的度假避暑胜地。近年来，普安县依托浓厚的茶文化与得天独厚的旅游文化资源，以茶为媒，通过深入挖掘茶文化内涵，打造茶文化旅游景区景点，开创了“以茶促旅、以旅兴茶”的茶旅一体化实践探索。

**关键词：** 茶旅　一体化　实践探索

## 一、普安县茶旅文化资源

### （一）世界茶源谷景区

“世界茶源谷景区”位于普安县城以东15千米（江西坡普安茶场），处于贵阳和昆明两大省会城市的中间地带；黄果树、兴义和六盘水“黄金三角旅游区”的中心；沪昆高速、晴兴高速在此交会；沪昆高铁普安县站至景区（标注：快速通道线路图）20分钟即可到达，区位条件十分优越。普安与晴隆交界的营头大山古茶籽化石；江西坡－地瓜镇－青山镇一带遗存的2万多株野生四球古茶树，上万亩的茶叶基地，多民族丰富的民族民俗文化，同时

---

① 李高，贵州省社会科学院社会研究所助理研究员。

普安高铁站、沪昆高速、晴兴高速都为景区的发展奠定了坚实的基础。

## （二）普安铜鼓山夜郎文化遗址

普安铜鼓山遗址位于贵州省普安县城南45千米的青山镇营盘村铜鼓山山顶。铜鼓山系青山坝子中一座喀斯特孤山，山顶海拔1627.50米，相对高度约80米，出露地层为中厚层至巨厚层灰白色石灰岩，山顶多数地区岩石裸露，地表覆第四纪浮土但土层稀薄。山体东、南、北三面陡峭，西面平缓，有一条小路可直达山顶，整座孤峰呈东西向长轴椭圆形，山峰底部周长735米，保护总面积41420平方米。山顶近圆形，围绕山顶有两层清代石砌围墙遗迹，围墙内遗址总面积约4000平方米，已发掘面积2000余平方米。1978年省博物馆考古队员在青山区废品收购站征得数件青铜器而顺线索发现铜鼓山遗址。1979年进行复查并试掘4米×2米探沟一条，出土铜、石、骨和陶器等遗物，尤为重要的是还出土有冶铸铜器的石范和陶坩埚等。1980年对其进行第一次较大规模发掘，发掘区位于遗址北半部，布5米×5米探方62个，发掘面积1519平方米。2002年3—5月，经国家文物局批准，贵州省考古研究所对其进行了第二次发掘，发掘面积800平方米，发掘成果入选国家文物局主编的《2002中国重要考古发现》一书。遗址地层被分为5层，最深约1.5米，两次发掘共清理出零散柱洞300余个，房址4座，灶4个，陶窑1座，灰坑11个，出土各类遗物1000余件，有玉石器、骨角器、青铜器、铁器和大量铸造青铜器的范模，陶器数量虽多，但基本是残片。除小件器外无复原者，陶质多夹砂且夹粗砂，陶色主要是褐色，其中以红褐色和黄褐色为最多，器表多饰绳纹，器物主要以卷沿和折沿的罐类为主，流行圆底器，因而遗址中还发现大量的陶支座。遗址中出土了大量的青铜冶铸资料，有石质和陶质的范、模与陶坩埚，其中范模近百件，有剑茎内模、外范，戈范、钺范、镞范、铃范、鱼沟范等，部分范模浇口明显，周边一圈冶铸痕，许多范上还残留有铜锈。陶坩埚多残件，器体小，圆底，胎厚，底胎厚近2厘米。通过两次发掘可知，普安铜鼓山遗址是贵州境内保存较好的一处山顶青铜冶铸遗址，并非普通居住遗址。其出土的三人牵手铜戈内模，带特殊符号的钺范、剑范等的出土，可解决战国秦汉时期流行于云南、贵州和广西甚至东南亚等地具有区域文化特征的部分青铜器的来源问题。自 20 世纪 80 年代以来，贵州省文物考古工作者与县文物部门联合，多次对铜鼓山遗址所在青山坝子进行考古调查，发现在青山坝子中除铜鼓山遗址外，还有狮子山、大营山、大院子、屯上、铜壶山、屯脚河、小营山、马鞍山、赵家大坡、倪大箐、下桃子湾灶壁岩洞、尖密穿洞、德依高洞、黄家坝双巴洞、下厂河台地 15 处遗址，这些遗址除洞穴面积稍小以外，其他与铜鼓山遗址一样均位于石灰岩小山顶上，面积在 3000—10000 平方米，山顶岩石裸露，地层薄。在山顶上均有明清时期营盘类石砌建筑遗迹。调查采集物除少量石器和青铜器外，主要是陶片，陶片均细碎，从陶质、陶色和纹饰看与铜鼓山遗址基本相同，表明它们系同一时期相同文化的遗存。

2013 年 3 月，国务院公布普安铜鼓山遗址为第七批全国重点文物保护单位。

### （三）普白森林公园

普白森林公园位于贵州省黔西南布依族苗族自治州普安县南部的普白林场中心工区、麻洼工区和林场相邻的楼下镇堵嘎村区域。公园是以优良的森林生态环境为基础，地貌景观为骨架，森林景观为主体，四球茶树景观、避暑气候、民族文化为特色，集休闲、度假、游乐等功能为一体的综合性省级森林公园。四大园区具体情况如下：茶园主要围绕普白林场所独有的珍稀茶树——千年野生四球古茶建设，其主要生长在阔叶林与竹林混交林、针叶林与阔叶林混交林中。分布面积约 2400 亩，核心区 640 亩，是公园里最有特色的森林景观资源，据不完全统计有 2 万多株，树龄千年以上的有 386 株，百年以上的有 1759 株，具有极高的观赏、科研和经济价值，其嫩叶精制茶叶闻名遐迩。清明时节，看布依青年爬上古茶树采茶，听布依情歌，亲身体验传统的手工制茶，累了再品一品古茶的幽香回甜，其乐无穷。竹园面积 740 亩，主要有金竹、方竹、刺竹、苦竹和箭竹，长年碧绿如春，冬季可看竹林雾凇，春季和秋季可体验采食竹笋之乐趣。金秋梨园位于沙子坡，交通便利，面积 100 多亩，其以果实硕大、味道香甜多汁而闻名，每年春季可进入梨园踏春观花，一片雪白让你误以为来到冬季北方雪国；金秋时节，满园果实累累，一片金黄，游觅其间，体验丰收季采摘的乐趣。野果园位于中心工区，野果琳琅满目，3 月有野樱桃，4—6 月有各种野草莓（包括白蒂藨、毡帽藨、对嘴藨、黄藨、牛奶藨、刺藨、蚕藨等），7—11 月有核桃、野板栗、杨桃（中华猕猴桃）、莲柑、八月瓜、羊奶奶、牛奶奶、牛筋木、老耗木等。穿行幽深密林、欣赏沿途无数美景、采摘各味野果，让你流连忘返。除此之外，园内还有许多珍稀野生动植物、可食用菌类、野菜和珍贵中草药。食用菌有野生冻菌、野生木耳、竹荪、红菌、木杂菌、刷把菌、马屁孢等；野菜有茼蒿菜、青冈藤、折耳根、野荞叶、刺老包、蕨菜芽等；中草药有独角莲、八爪金龙、小苦生、土人参（野桔梗）、野苦瓜等。珍稀树种有国家二级保护植物香果树和中华猕猴桃；省级保护树种有檫木、刺楸和三尖杉；特有树种有四球茶（仅产于普白林场）。珍稀野生动物有穿山甲、水獭、雀鹰、普通鵟、鹊鹞、小隼、红隼、领角鸮、褐翅鸦鹃、白腹锦鸡 10 种国家二级保护动物，小麂、大杜鹃、噪鹃、棕腹啄木鸟、黑枕黄鹂 5 种省级保护动物。

## （四）楼下红色文化

### 1. 红军标语

红军标语位于普安县楼下镇泥堡村泥堡街上回民桂宝国、桂宝康家后檐墙上。1935 年 4 月 21 日，中国工农红军第一方面军第三军团在军团长彭德怀、政治委员杨尚昆的率领下经兴仁龙场、三道沟进入普安泥堡。驻营泥堡村，用土红、蓝靛在该村屋墙巷道上用横向楷书字体书写“王家烈不打倒，贵州人民不得了”“反对王家烈犹国才抽丁当兵”等标语，宣传革命。春耕之际见群众缺粮，将管理盘县丹霞山庙田的和尚“二师爷”的粮仓打开，把一袋袋的粮食送到 20 多户住茅屋的贫苦人家，把土豪保光全家的布匹和洋纱分给穷人，给贫苦农民王立佳生病的儿子赠药救治，对当地土豪进行讯问。夜间，红军点着灯打草鞋、碾米、翻造子弹。第二天早上，红军经楼下铁索桥西进。红军刚走，国民党军便尾追到泥堡，涂抹大量的红军标语，当时回民桂崇德为保护他家后檐墙上的红军标语，用石灰浆把标语覆盖，数年后，灰浆脱落，现出“反对王家烈犹国才抽丁当兵”

字样，每字约二尺宽；落款“政工农”，字样五寸大小。据当时途经泥堡的红军连长肖道林于1980年8月2日上午在普安县文化馆讲话中回忆，此标语为三军团政治部主任徐光前所写。现保存较好，具有重要的历史价值。普安县人民政府于1981年9月公布为县级文物保护单位。

**2. 楼下铁索桥**

桥位于普安县楼下镇补者村鱼陇组的河段上。过去为楼下进入兴义、盘县及云南的必经之道。民国九年（1920），由罗汉乡名士田昌雯倡议，楼下乡绅黄文统及鱼陇村寨布依族捐款建成，命名为“楼下鱼陇同德铁索桥”。民国二十四年（1935）4月22日，中国工农红军第一方面军三军团从泥堡出发，在楼下与敌遭遇。国民党中央军企图利用这条河阻止红军前进步伐，从背后利用优势兵力，妄图围歼。但红军到达旧营后，与当地群众建立了鱼水关系，得到当地群众的帮助，经对头岩、铁索桥迂回渡过楼下河。当红军上了对岸的钻天坡、象鼻岭、五股梁子与红军大部队会合，准备往盘县西进云南时，尾追的敌军才赶到。见红军已全部过河，敌军只好空放一阵枪炮后无奈离去。桥为东西向，跨鱼陇河。1956年该桥因年久失修渐朽，贵州省人民政府拨款维修。桥以6根铁链平行固定于两岸石蹬上。铁链上铺木板，长35米，宽2米。具有重要的历史、艺术及科学价值。1992年普安县人民政府公布为县级文物保护单位。2018年被贵州省人民政府公布为第六批省级文物保护单位。

## （五）茶马古道

白沙茶马古道位于普安县城东北38千米的白沙乡境内，北起与晴隆交界处的叶家河直上高耸入云的老鹰崖，翻卡子上，下72道坎，西至白沙行政村止，全长20千米。因北衔茅口驿而分道四川、湖南，西接盘县入云南，川、湘、黔路通一线，为滇黔驿道白沙路段。今滇黔驿道路段经历代毁损，已残缺不齐，面目全非，而白沙古驿道依然保存完好的有4.2千米；道宽5尺，系5块长条形青石板铺成镶就，依山傍岭，逶迤蜿蜒，匍匐在茅草与刺梨花丛中。青石板上稀稀朗朗、大大小小、深深浅浅，残存着一个个马蹄石印，最深的已踏破40厘米厚的石板入泥三分，见证了古道岁月的沧桑。茶马古道，是唐宋至民国时期存在于中国西南地区以马匹为主要交通工具的民间商贸通道。因于秦汉时期形成的“南方丝绸之路”古道上以茶马互市得名。白沙古驿道，自形成商周时期的民间国际商道、秦汉时期的南方丝绸之路以来，又形成唐宋以来茶马互市的通道，“万马归槽”，历史内涵十分丰富。作为夜郎国本土中心的普安北端老鹰崖，本无道路，因边民流动，每每造成间隙之路，再加上四川商贾买卖逐利，就形成了一条东接北方“草原之路”直达欧洲，西连滇国入身毒（今印度）的民间国际商道。而后，秦始皇开五尺道通夜郎、汉武帝辟南驰道达西南夷地区，与北方丝绸之路相对应，在商周时期的民间国际商道基础上，形成秦汉时期的南方丝绸之路。唐宋以来，茶叶、马匹成为主要商品，白沙古驿道又成了茶马古道的典型路段。历经沧桑，喧嚣一时的茶马互市早已趋于平静，曾经的茶马古道亦旧貌换新颜，唯藏匿于深山老林的白沙古驿道古色古香，成为今天“茶马古道的活化石”。

### （六）崧岿寺

崧岿寺位于普安县罐子窑镇崧岿村境内，坐北朝南。始建于明万历年间，时称“五龙观”，意为四周有五条龙（五座山）逶迤簇拥着崧岿山，崧岿山形似乌龟，“五龙观”就建于龟背上，从远处看，崧岿山如海中之岛，又似“龟船”漫游在大海中。寺周围有多种参天奇特的千年古树，如名贵稀有的三尖杉、金丝朗等，明“茶马古道”沿山脚而过。清顺治年间，善权和尚（原名冷德光）奉命赴云南任职，途经此地，被这里的清幽胜景及风水宝地所迷，留下来担任了住持。感其周围树木高大挺拔，于是将“五龙观”更名为“崧岿寺”。据民国《普安县志》述：“崧岿寺有山崎秀，前临滇东，后倚关岭，左跨奥西，右架陇北。嘉柏西来，翠松东向。峭壁悬崖，名胜佳焉。”清道光《兴义府志》曰：“崧岿寺在深山中，松荫藏寺。”崧岿寺占地24400平方米，建筑面积752平方米，原为两殿两厢，中间为天井，前殿两侧各有15级台阶，台阶中部有鱼池，台阶尽头为一平台，平台边雕镌有一对大理石狮，狮背上驮着前殿的两棵鼓形檐柱。后殿面阔五间，通面阔24.8米，进深三间，通进深11.8米，抬梁式歇山青瓦顶，隔扇门窗。寺东存善权和尚墓，寺前有石狮1对、石碑2通。清乾隆年间，告老还乡官员谭尚能、胡肇江、李什羲出资增修寺，捐赠田地作为崧岿寺的庙田庙地，故左厢供有谭、胡、李三公宝坛牌位以祭之，右厢是铸造的大钟，左厢是横置的大鼓。两厢及后殿相连的檐柱吊瓜上是以形状奇特的独角兽为撑拱，兽头朝下，有飞檐走壁之势，雕工非常精湛。后殿便是大雄宝殿，屋檐下悬挂着住持耿天瑞书写的一块匾："大雄宝殿。"寺内原有雕像二十一尊，全为树木雕刻，香火旺盛一时。二梁上存有清晰可辨"民国十二年陆军上校易辅仁、普安县北区区长易辅猷暨谭胡李三姓乡民增修"字样。住持僧善权和尚之灵塔坐西向东，四角七级密檐式石塔，通高3.35米。塔基平面方形，边长4.2米，高0.8米。塔身平面为方形，底层边长2.8米，高0.4米。塔刹完好。具有一定的历史艺术和科学价值。2006年被公布为省级文物保护单位。2013年被国务院公布为全国重点文物保护单位。

### （七）白水瀑布

白水，以瀑布水流白而命名。白水原名叫担格店，意思是客人的店，古时候盘州布依人与郎岱方向的布依人往来，要在此处中转住宿休息。在白水居住的人，大部分是从盘县羊场搬迁过来的，口音变换习惯把白水称为当格田。1966年"白水"改称"洪水"，蕴含"红水"之意；1984年红寨公社改为白水乡时再次更名为"白水"。白沙乡白水瀑布位于红寨村白水组，瀑布上游是小巧玲珑的白水水库，水库里微波涟涟，蔚蓝一片，经年不断。瀑布分两层从悬崖垂下，且瀑布两旁有数株古松树陪衬，树裙下清泉飞溅，形成永不凋谢的浪花。面对此景，所有城市喧嚣顿时抛洒九霄云外，多少烦心事皆沉淀殆尽。这是一个精致清新的瀑布，更是一处参悟万物的幽境。到过白水瀑布，方知不可多见。红寨村地势落差大，造就出一些奇特的景致和山水。山峦间交叉着片片耕地，是典型的山地型地区。群山和山峦，有的独立，有的连绵起伏不定，走向不同，形态各异，全被植被覆盖着。中部是肥沃的斜坡沙性土耕地，因坡度过大基本上已退耕还林还草。其中最大面积的是从湾河组的夹龙洞至半坡组、颜家组、红一二三组接到铁厂村的五个坡处的这一片。长 10 多千米，宽 1 千米多，总面积近两万亩。多处是原始森林，如今还保持原貌。其中最为壮观的景点有白水瀑布、夹龙洞天险、岔河树抱石。白水瀑布，位于红寨村委会驻地黄猫坪南面 1000 米处。出水点方位坐北向南，三面环山。在近百米处两水相向而冒出，汇合成白水河。1958 年电站建造水库，蓄水发电，二水一出汇成水库水，水质好。碧绿色，因流淌之时水花呈白色而取名——白水。水从库坝流出，卷起层层浪花，绿水变白，斜坡流下，冲入大坑，有水更名潭，这便是潭和瀑布变更交替的第一水潭。水潭之水流向右稍拐斜度流下，是第一道瀑布。瀑布之脚又是一潭，此为第二潭。第二潭比其他潭要大，但不算深。第二潭水偏右水口出处就是白水新桥，建于 1972 年。水从桥下窜出分为左右两股，斜度下流后在 50 米处又环绕汇合并形成第三潭。在分水合水之间夹有一山，头进潭内，尾临新桥，似一条鲤鱼下潭之状。第二瀑布之水在第四潭内将身一转正面流入下方，河道是错乱交织的乱石沟，穿越百米后拢为一口向下喷泻形成第三瀑布。这瀑布口小底大，高约 50 米，不算宽大，但又分出块状。观者只见瀑布不见水源，也极为壮观，因靠路边，人们慕名拍景之所。其实上面的二级瀑布比此壮观数倍；第三瀑布之东面有树是雪花木，此树在附近已算大树受保护。白水古桥位于第二水潭之边，第二瀑布之顶。古桥是单拱桥，石头所建。桥的前面是百米悬崖、瀑布，后面是白水流入之潭，左边是参天直立大黄树，右边有悬崖横生老古榕。一桥横跨险境，景观好似天生。古桥西边还有一天生桥，水小时水从下流，水大时水又从桥上翻滚。冬春时节，白水哗哗流进桥后小潭，变成碧绿。

### （八）普安森林温泉

普安森林温泉位于贵州省普安县温泉路八号，距离沪昆高速出口 2 分钟车程，交通便捷，毗邻森林公园，环境得天独厚，常年气候宜人，属亚热带季风湿润气候，其特点是四季分明，雨热同季，春秋温和，冬无严寒，夏无酷暑。园区森林覆盖率高达 90% 以上，空气中负氧离子平均浓度达到每立方厘米 2 万个，是天然的避暑度假胜地。普安森林温泉规划占地面积150亩。目前一期总投资2.8亿元，由普安温泉大酒店和森林温泉两个板块组成，建筑面积约3万平方米，于2011年开工建设，2013年建成并投入运营。是一家以温泉养生为核心，集餐饮住宿、商务会议、休闲娱乐等融商务与度假为一体的四星级森林温泉度假区。目前一期项目及配套功能完善，酒店拥有房间155间（由温泉大酒店和森林温泉酒店组成），餐饮大小包房12个，宴会厅1个，棋牌室12个，大小会议室共4个，温泉拥有室内室外泡池28个，拥有游泳池1个，温泉井口1个（井深2200米，出水水温52—56℃，属于纯天然偏硅酸盐温泉）。同时配套有大型露天停车场，车位近300个。可以同时接待400人住宿、600人就餐、2000人温泉沐浴。凭借得天独厚的资源优势和良好的经营管理，是普安县目前主要的商务接待服务酒店，也是普安县休闲度假旅游的主要景点，年接待游客量达20万人次。获得多项市场荣誉，如人民网“影响黔西南布依族苗族自治州人生活品质”品牌大奖、黔西南布依族苗族自治州最美客栈第一名、贵州旅发委游客满意度企业等称号。远期规划拟建设康养中心、温泉公园等，完成之后将极大地丰富和完善景区项目，成为全国闻名的融商务与休闲旅游度假为一体的综合性度假区。

## 二、普安县茶旅一体化实践探索

普安县大力推进“茶旅一体化”，以“茶源普安·奇行圣境”为主题，按照“科学规划设计、分类分步实施”原则，结合普安县旅游资源现状和优势，以新发现未开发旅游资源和普查登记的优良旅游资源为基础，将旅游扶贫工作列入全县A级景区管理和景区项目建设考核的重点内容，分层次开发推出溯源朝胜之旅、奇行胜境之旅、古道探秘之旅等精品旅游线路。

### （一）规划茶旅一体化旅游路线

一是推出“世界茶源谷景区（含青山四球古茶树群）—普安铜鼓山夜郎文化遗址—普白森林公园—楼下红色文化旅游区”旅游线路。二是推出“中国苗族第一镇文化旅游区—茶马古道—崧岿寺—白水瀑布”旅游线路。

三是推出“普安森林公园—南湖湿地公园—海子湿地公园—龙溪石砚小镇”旅游线路。通过旅游线路串联，实现景村一体，旅居共享，错位发展，形成新的旅游板块。

## （二）打造布依茶源小镇

布依茶源小镇项目总投资75380.29万元，工程建设内容含安置住宅1064套，共计约83980平方米，安置人员配套生产经营及商业用房约101300平方米，20米市政配套道路1条、15米道路3条、12米道路1条。另设幼儿园、小学各1所，其他社区及市政配套服务项目，室外水景观绿化广场等。以茶文化为核心的清茶竹风、神龙祠等项目投入建设，其中清茶竹风现已建成投用。项目分二期建设，其中一期规划用地面积为153454平方米，总建筑面积为115117平方米，安置房屋572套，民宿572间；二期规划用地面积212649.7平方米，建筑面积87270平方米，安置房屋492套，民宿328间。目前已经完成一期建设任务，二期工程已规划建设。休闲度假小镇已初步建成，满足游客全方位、多层次、个性化的需求。世界茶文化公园，以文字、图片、雕塑、光电等手段展示茶的世界、世界的茶。布依风情街，以四球古茶、普安红茶、民族工艺品为代表的各种旅游商品琳琅满目，各具特色的民宿客栈鳞次栉比，美食小吃争奇斗艳。自行车主题公园的建成，为小镇再添青春与活力。

## （三）建成世界茶源文化公园

2016年投资0.8亿元，启动建设江西坡世界茶源文化公园，项目于2016年8月30日全面完成，建成集游客集散、旅游观光、节庆集会、茶文化体验、茗品等功能为一体的大型场地，现已全部投入使用。同时投资2.03亿元集休闲度假、康体养生的水岸山居民宿酒店正在建设中。例如，普安县普白森林公园位于贵州省黔西南布依族苗族自治州普安县南部的普白林场中心工区、麻洼工区和林场相邻的楼下镇堵嘎村区域，围绕茶园、竹园、梨园和野果园四大园区规划布局。公园规划总面积653.91公顷，公园是以优良的森林生态环境为基础，地貌景观为骨架，森林景观为主体，四球茶树景观、避暑气候、民族文化为特色，集休闲、度假、游乐等功能为一体的综合性省级森林公园，包括茶园、竹园和金秋梨园。

## （四）强化茶园茶山基础设施建设

茶源谷景区以四球古茶源地为核心，打造以茶文化体验园、茶产业基地、最美自行车道——户外运动基地、康体养生度假区、布依族民宿体验区以及民族民俗文化村寨为载体的旅游度假区。核心景区——茶神谷，也是普安茶产业示范基地，根源于千万年茶文化历史长卷中的四球古茶，代表普安茶产业砥砺前行，全力打造多彩黔茶产业升级版。中国茶文化之乡，全国十大魅力茶乡，中华文化名茶普安红，一系列殊荣纷至沓来。以正山堂普安红为品牌的四球古茶，已走向全国，享誉海外。江西坡万亩茶场集中连片分布在江西坡镇茶场社区、细寨村、联盟村等村寨，茶园地理分布呈梯田、八卦田等形状，茶园观赏性极强和茶园风光秀美。目前已完成茶园茶山旅游观光车道、观光亭、服务站等基础建设。其中最具代表性的茶神谷景点各项设施基本建设完成，具备景区建设要素要求。被誉为“中国最美山地自行车赛道”的普安国际山地自行车赛道位于江西坡镇，总长约 75 千米，起于茶源文化广场。赛道从海拔 1100 米上升至 1800 余米，以户外骑行、休闲观光、运动健身为主题，依山就势，沿水而建悬挂于峭壁、穿越秀美茶山、蜿蜒盘旋缠绕于山间，沿线打造婚纱摄影基地、汽车露营基地和户外儿童乐园等 20 个景点。2017 年国际山地旅游暨户外运动大会系列活动——中国山地自行车公开赛（普安站）在普安举行。从骑行到表演，从选秀到品茗，连续两天的精彩活动，让大众享受到精彩纷呈的视觉盛宴，感受到专属于体育行业的“速度与激情”，更让当地群众收获脱贫攻坚促进发展带来的满满幸福。这是一条国家级标准的自行车赛道，赛道共分为 3 个级别，专业组、业余组和淘汰赛组，其中专业组赛道全长约 4. 5 千米，难度最大，对选手的技术、耐力和爆发力要求较高；业余组赛道全长约 2. 8 千米，是在专业组赛道的基础上将一些难度系数大并危险的技术难度点避开后，选取合适难度和技巧性的路线供大众挑战的赛道；淘汰赛组赛道全长约 1 千米，赛道相对较宽，难度性较低，主要考验选手的爆发力。赛道主要由林地和茶地路段构成，技术难度点主要集中在林地区域，利用其天然地形，选取合适位置修建有多个如急陡坡、发夹弯、小跳台和“U”形弯等具有一定难度和观赏性的技术难度点。

### （五）生态体育公园建设

按照全省到2020年以县为单位规划建设一个生态体育公园要求，拟规划建设自行车主题公园、国际山地自行车赛道、国家级山地自行车越野赛道、体育馆、水上娱乐体验等体育项目。2016年3月，普安投资2.17亿元，全面完成75千米国际山地自行车赛道，其中包括18千米的绿道；投资2.45亿元的自行车主题公园正在建设。2017年已建成5千米的国家级山地自行车越野赛道，具备了举办国家级赛事的条件。

### （六）建设万亩茶场

贵州省普安县茶场始建于1985年，当时通过省农业厅有关专家全面考察论证后，在省农垦农工商公司的支持下，以江西坡茶果场和新寨茶场为依托，利用银行贷款，采用“公司+基地+农户”的模式开发万亩红碎茶基地。1987年11月16日，贵州省人民政府批复《省人民政府关于普安县茶厂、武警部队水电第一总队申请使用土地的批复》（黔府通260〔87〕号）中指出：“批准普安县人民政府将地瓜区细寨乡大田村大田村民组荒山一百零五点七五亩征为国有，划拨给普安县茶厂作为兴建出口红茶商品生产基地茶叶加工厂用地。”标志着贵州省普安县茶场正式成立，下辖两个独立分场，即江西坡茶果分场和新寨分场。历经20多年发展，茶场利用各类贷（借）款和部分国家扶贫资金，成功开发投产茶园2.09万亩，建成茶叶粗加工车间4个，分别为：一厂（大田场部）、二厂（大洼茶场）、三厂（东南茶场）、四厂（白水茶场），年加工能力达2000吨，曾一度成为普安县农业产业纳税大户之一。2012年前，普安县茶场属州级龙头企业和农业部重点贫困农场。通过万亩茶场的示范带动，茶区群众靠种茶走上了致富之路。2017年底，全县茶园总面积14.3万亩，投产茶园面积9.1万亩。特别是党的十八大以来，普安茶园面积增长迅猛，2012—2017年，全县新增茶园 7.9 万亩，6 年时间新增面积占总茶园面积的 55.24%。2019 年新植茶园建设已落实土地 29520 亩，分别为盘水街道落实 1000 亩、南湖街道 4500 亩、青山镇 6500 亩、楼下镇 720 亩、江西坡镇 1200 亩、兴中镇 2500 亩、龙吟镇 4500 亩、罗汉镇 1000 亩、新店镇 2000 亩、地瓜镇 4500 亩、高棉乡 1100 亩。

### （七）打造布依族风情村寨

普安县江西坡细寨村位于江西坡镇南部，距县城 15 千米，距镇政府所在地 10 千米，镇胜高速公路穿村而过。细寨村总面积 32.96 平方千米，辖 26 个村民组，现有 1381 户 7577 人，以布依族为主。江西坡细寨布依风情园由县城往东 10 千米，即到达江西坡镇属地万亩茶场，万亩茶山连绵起伏，青翠欲滴，布依采茶姑娘身着美丽的服装装点于绿海之中，悠扬的山歌随风飘荡，远处的朗寨瀑布如一条丝带从天而降，好一派山水与民情结合的自然风光。这里，布依族村寨的民歌，小打音乐，“打钩”等民族艺术活动会给游人带来美好的精神享受，将发展乡村旅游农家乐与布依风情结合起来，推动旅游业的发展。江西坡镇细寨村有着丰富的旅游资源，旅游区内主要旅游资源包括万亩茶园、布依风情园，国际山地自行车道，古老的四球古茶树群以及优质山地资源等，配合区域良好的气候及生态环境，是一个理想的休闲度假场所。近年来，细寨多次举办“六月六”布依风情节，吸引大批游客前来旅游，为细寨乡村旅游的发展奠定了基础。

### （八）大力开发茶系列旅游商品

目前普安已经开发了普安红、龙溪石砚、龙溪茶具等著名茶系列旅游商品。

一是普安红。普安红茶饮誉九州，极负盛名，为地理标志保护产品，是贵州省委、省政府重点推荐的红茶之一。其茶汤红艳明亮，颜色喜庆，入口醇和，高雅持久，外形秀丽隽永，前身的注册商标为“福娘红茶”，省委前书记赵克志命名为“普安红”。在贵州省上千个茶叶品牌中，2015 年至今最出风头的茶叶品牌莫过于“普安红”，“普安红”堪称贵州“史上最牛茶叶”。目前“普安红”被中国国际茶文化研究会授予“中华文化名茶”的称号，普安也被授予“中国茶文化之乡”的称号。

二是龙溪石砚。龙溪石砚是采用贵州省普安县城西九龙山腹地距今约10亿年以上的沉积岩砚石制作而成的砚台。其材质是少有的绿豆石和猪肝石，质地细腻、温润如玉，素有“摩挲如缎子，磨墨如错子”之美誉，且具“夏日储水不腐，冬日储水不结冰”等恒温特点。由于其品质优良、雕刻技艺精湛、风格独具个性，集文学、绘画、书法等艺术为一体，名贵典雅，极具艺术、实用和收藏价值。600多年来一直为滇、黔、桂各地文人墨客所青睐，成为案头必备和馈赠礼品。2005年，贵州电视台等媒体曾对“龙溪石砚”做过专题报道。2006年，龙溪石砚作品在黔西南布依族苗族自治州“多彩贵州旅游商品大赛”中获“最佳创意奖”，在贵州省“多彩贵州”旅游商品大赛中，龙溪石砚制作人获“贵州名匠”称号。

三是龙溪茶具。龙溪茶具是以龙溪石材为材料制作的具有很高价值的茶具，专为“普安红”而设计，目前县委、县政府高度重视龙溪茶具开发，致力于将其打造成为冲泡“普安红”的专用茶具。

## 三、关于普安县茶旅一体化融合发展的几点思考

茶旅一体化融合发展，不仅是在形式上将茶园建设与旅游业结合起来，关键是在茶产业与旅游业的内涵上融合发展。在茶旅一体化项目总体规划上，既要突出主题内容，又要凸显特色，从而营造出具有独特韵味的茶旅文化氛围。在规划设计上，在茶园的空间上要展现出旅游业文化特色和对茶文化内涵的形象表达，让花园空间与旅游景点展现出惟妙惟肖的文化意境，让游客在游览过程中有一个丰富的视觉和感官体验。同时，在服务体系建设上，要求统筹兼顾，体现茶文化和旅游文化内容的完美结合。

### （一）做好茶旅规划

普安县茶旅一体化项目丰富多彩，如何做好茶旅项目的总体规划，应从茶园选址、旅游景点、茶旅一体化建设和特色茶文化建设的角度对茶产业与旅游业紧密结合进行缜密的策划。茶旅规划是将茶文化与景观文化在

可行性论证工作完成之后，在总体规划上突出茶文化特色的项目计划。将茶业与旅游业结合时，需要注意突出地方特色及茶园特色，在江西坡茶园规划建设的基础上，营造良好的旅游环境，从而提高茶园效益。另外，茶旅一体化项目有吸引力，就能够得到游客的充分肯定，给旅游者留下深刻印象，从而实现旅游者主动推介茶旅景点的目的。

### （二）注重生态建设

普安县茶旅规划应当将茶文化与景观文化相互交叉结合，通过文化的相互碰撞得到一种新型的体验模式。当游客漫步在茶园的时候可以体会到类似于在名胜古迹观赏游玩的氛围，诸如在江西坡茶园中加入普安铜鼓山夜郎文化、楼下红色文化、茶马古道历史文化、崧岿寺佛教文化、白水瀑布山水文化元素符号。首先，旅游生态茶园建设的重要内容包括茶园的地理位置、生态条件以及茶园内景观规划。众所周知，高山云雾出好茶，茶园一般要求有一定海拔高度，茶园内地形多变，普安县正好具备这一地形特质，这对旅游茶园的景观地形规划提供了良好的自然条件，这样的地形有助于在园中进行纵向和横向景观建设，使茶旅融为一体。其次，良好的生态条件对旅游生态茶园建设至关重要。游人身处茶园中，可感到神清气爽，生机盎然的茶园，将会大大地吸引游客，同时也能增加茶园收入。再次，在特色景区设计中，选择有地方特色的水果、树种，从景点布局空间考虑高低搭配。最后，在适当的区域内设立主题建筑小品或茶园特色休息座椅作为视觉缓冲点。

### （三）构筑服务体系

在茶旅融合发展过程中，爽心悦目的自然景观、厚重的人文历史、多姿多彩的民族文化和悠久独特的茶文化是其根本，但打造良好的旅游服务软环境更为重要，因为它是茶旅一体化优质服务的内在要求。一是在服务内容上，体现茶产品特色，即茶品种、茶具等内容，同时还要体现茶文化特色，即茶俗、茶艺、茶歌、茶故事等内容。二是完善旅游服务基础设施建设，包括食品、住宿、交通、购物等内容的建设。三是以茶业为特色的体验式服务体系，即种茶、采茶、制茶、品茶等体验区。

## （四）强化龙头企业

着力打造有特色的茶旅一体化经营实体，应选择培育茶产业龙头企业，发挥其带头作用，强化茶旅一体化人才培养和引进，特别是要引进高端茶产业和旅游产业发展人才，为普安茶旅一体化项目奠定人才基础。加强茶旅一体化专业技术团队建设，夯实普安茶旅一体化产业理论基础，通过旅游业专业人员与管理团队，技术团队对普安县茶旅一体化实现全面技术指导。努力推出有品牌影响力和有较高市场占有率的特色产品，这将有助于普安茶旅一体化龙头企业的发展，这也是打造普安县茶旅一体化的关键步骤。茶叶企业（经营实体）应加强品牌建设，品牌知名度越高，人们对产品越忠实，产品销量就会增加，市场规模就会扩大。大力宣传推介普安旅游和茶系列旅游商品，特别是“普安红”和龙溪茶具，为宣传普安茶旅产业提供良好的平台。

## （五）形成特色文化

在充分挖掘整理茶文化特色的基础上，将茶文化特色内容融入茶旅一体化建设之中。诸如茶歌、茶故事、茶传说、茶树历史、茶马古道等有地方特色的茶文化是普安茶旅一体化发展的重要内容。在深入挖掘普安茶文化的基础之上，摸清普安茶文化生态的形成和内在构成元素，这些将构成普安县旅游文化的精神元素，使普安茶旅一体化不仅具有生动形象的文化表象，更具有丰富的持续文化内涵。

### 参考文献


[1] 普安县文体广电旅游局近三年来的工作总结及相关数据.

[2] 普安县茶业发展中心近三年工作总结及工作计划.

# B. 11 普安县长毛兔产业发展报告

王义飞[①]

**摘要：** 普安县长毛兔产业是浙江省宁波市镇海区东西部扶贫协作对口帮扶的短平快、可持续发展的农业产业项目。普安县长毛兔养殖从2006年开始，经过12年的发展，普安县长毛兔产业已基本具备产供销一条龙、工农一体化的产业发展基础，已成为普安县当前脱贫攻坚的支柱产业。本调研报告，主要围绕普安县长毛兔产业发展前景、基本做法和成效、存在问题等展开分析研究，在此基础之上提出相关建议和意见。

**关键词：** 长毛兔　产业　发展

普安县长毛兔产业是浙江省宁波市镇海区东西部扶贫协作对口帮扶的短平快、可持续发展的农业产业项目，2006年以来，经过近12年的发展，普安县长毛兔产业已基本具备产供销一条龙、工农一体化的产业发展基础，并成为普安县当前脱贫攻坚的支柱产业。

## 一、普安县长毛兔产业发展前景广阔

自对口帮扶以来，经过长期考察，宁波市镇海区决定在普安县选择发展既满足短期受益又有长远前景的长毛兔产业。普安县长毛兔产业发展得益于省、州领导高度重视，2015年5月13日，贵州省委书记赵克志、省长陈敏尔在普安县考察时强调："在贵州要加快发展长毛兔等群众能马上得益的产业。"充分肯定了长毛兔产业对普安县精准脱贫工作的推动作用，

① 王义飞，贵州省社会科学院社会研究所副研究员。

要求把长毛兔产业打造成普安县的标杆产业、全省的种兔基地。2016 年全国东西部扶贫协作和对口支援工作会议召开期间，《人民日报》“全国东西扶贫协作 20 年综述：兄弟携手共奔全面小康”报道中，介绍了宁波市镇海区对口帮助普安县发展长毛兔产业取得的成效。2018 年 5 月 3 日，浙江省委书记车俊与贵州省委副书记、省长谌贻琴到普安县考察时，给予充分肯定，并认定长毛兔产业为东西扶贫协作的标杆产业。

截至 2019 年 5 月，全县兔存栏 100766 只，完成任务的 62.97%，全县共有养殖企业 3 个，养殖农户（养殖能人）116 户（其中直接养殖的精准贫困户 57 户），覆盖贫困农户 827 户。其中，盘水街道兔存栏 27290 只、南湖街道兔存栏 9447 只、楼下镇兔存栏 8401 只、青山镇兔存栏 2760 只、新店镇兔存栏 5782 只、罗汉镇兔存栏 4087 只、地瓜镇兔存栏 6479 只、江西坡镇兔存栏 9396 只、高棉乡兔存栏 10331 只、兴中镇兔存栏 7521 只、白沙乡兔存栏 4682 只、龙吟镇兔存栏 4590 只。完成较好的乡镇有盘水街道、高棉乡、南湖街道；完成较差的乡镇有青山镇、龙吟镇、罗汉镇。普安县委、县政府将长毛兔产业作为继“烤烟、茶叶、核桃、草地生态畜牧业、芭蕉芋”五大扶贫产业之后的又一重要扶贫产业来抓，并加大了财政扶贫资金投入和政策宣传，制订了《普安县长毛兔产业扶贫规划》，争取到 2020 年末全县长毛兔养殖户达 6000 户以上，存栏达 200 万只以上，年产兔毛 3000 吨以上，产值达 6 亿元。

世界兔毛需求空间大，中国长毛兔产毛量占世界 95%。兔毛是一种珍贵的纯天然蛋白质纤维，素有“软黄金”之誉。据国内外纺织信息提供：纺织原料中化学纤维占 64.23%，棉花占 32.98%，羊毛占 1.56%，兔毛、亚麻、蚕丝和其他有机纤维仅占 1.23%。随着人们生活水平的不断提高，消费观念的改变，暖冬的出现，人们对纯天然高档兔毛制品的需求与日俱增，长毛兔养殖前景广阔。

## 二、促进普安县长毛兔产业发展主要做法与成效

2006 年 9 月，宁波市镇海区无偿提供了 251 只巨高长毛兔到普安县进行试养，拉开了普安县长毛兔产业发展的序幕。特别是 2018 年以来，普安

县坚决贯彻落实农村产业革命发展“八要素”要求，将长毛兔作为全县脱贫攻坚的主导产业，创新组织体系，全力推动养殖小区建设，呈现出快速发展的态势。

### （一）加强组织领导，优化产业选择

一是确定长毛兔产业为脱贫攻坚的重点产业。相继出台《普安县“一红一白”优惠政策》《普安县2019年长毛兔产业推进工作实施方案》等政策。成立了以县长任组长，相关部门主要负责人为成员的长毛兔产业发展工作领导小组，成立普安县兔业发展中心。二是将县兔业发展中心和县草地中心进行整合，现有技术人员30名，专抓长毛兔产业的技术服务工作。现已成立南、北、中三个片区工作组，实行领导负总责、工作组包片区、技术员包乡镇（街道）的一抓到底工作负责制，各片区工作组安排一辆工作用车，确保技术服务到位，强力推进长毛兔产业发展。

### （二）多措并举，促进产业发展

一是精准贫困户入驻小区养殖。政府在每个村集中建设一个以上养殖小区（产权归村集体），给予每户精准贫困户2万元实物补助（即100只成年种兔计1.5万元和5000元的饲料）进驻养殖，精准贫困户每年每栋兔舍支付村集体200元作为村级集体积累，每个养殖小区至少可帮助6户以上精准贫困户发展长毛兔产业。二是实施兔毛保底收购和饲料补贴政策。按照优质毛每斤90元、一级毛每斤80元的保底价格向养殖户收购兔毛，保底收购价与市场价之间的差额由新普科技股份有限公司和县人民政府各承担50%，并利用宁波对口帮扶资金对养殖户购买的饲料进行补贴，每斤饲料直接补贴养殖户0.4元，切实降低养殖户的饲养成本。三是小微企业扶持。对兔笼位500个以上、兔存栏300只以上的长毛兔养殖户可以纳入小微企业扶持，每个小微企业补助5万元。四是鼓励技术人员带头发展。鼓励支持全县在编事业技术人员和在该产业从事3年以上的管理岗位事业人员离岗发展长毛兔产业。

### （三）加强农民培训，提高技术服务水平

一是利用新普公司、职教中心的技术和培训基地资源，在12个乡镇（街道）设置集中培训点对草地中心技术员、村五人小组、县直部门帮扶人员等进行反复强化培训，实行包宣传发动、包技术指导、包养殖收入、包养殖脱贫的“四包”机制；二是组建三个片区工作组，对养殖小区建设、饲养管理、育种、繁殖、防疫等进行全方面技术服务，提高养殖户的饲养管理水平。

### （四）加强繁育体系建设，确保种兔供应

一是制定种兔供应标准及规格，确保种兔质量。二是由新普公司和养殖户加大繁殖力度繁育符合标准的种兔，实现自繁自养，降低引种风险。三是到省外采购优良种兔进行品种改良，建立长毛兔核心扩繁群，培育出适应普安气候条件的个体大、产毛量高、抗病能力强的种兔。

### （五）强化督导检查，促进工作到位

一是把长毛兔产业工作实绩作为干部实绩考核的重要内容，制定目标考核管理办法，实行目标责任制，适时调度工作进展情况，解决存在的困难和问题，确保长毛兔产业各项工作落到实处。二是严格完成时限，充分发挥长毛兔产业在精准脱贫工作中的作用。

## 三、普安县长毛兔产业发展带动脱贫致富

普安县长毛兔产业，经过12年的发展，初步具备有龙头带动、有技术支撑、有养殖基础、有良好的市场前景“四有”条件，产供销一条龙、工农一体化的格局初具雏形，并形成“一只兔，油盐醋；十只兔，新衣裤；百只兔，娶媳妇；千只兔，进城住”的民间顺口溜。长毛兔产业资金投入小、见效快、效益明显，扶贫农户面广，是一个短平快的扶贫开发新兴产业。

## 案例一：长毛兔脱贫致富典型人物——代太榜

家住普安县高棉乡地泗村捧古坪组村民代太榜，由于家庭经济困难，从18岁起，中专毕业后就南下广东打工。在2013年回家过年时，无意中从村干部口中得知政府要大力发展长毛兔产业，并对长毛兔产业发展提供政策支持，于是放弃了外出打工的念头，在家开始谋划长毛兔养殖。

后来经乡政府组织，代太榜到县新大德信兔业发展有限公司参加了一个星期的长毛兔养殖技术培训，培训结束后代太榜在家修建起兔舍，安装兔笼120个，并将打工挣的钱全部用于购买20只长毛兔进行养殖，开始了他的创业生涯，然而仅仅1个月的时间，饲养的20只兔子出现大量死亡，最后只剩下3只，这样一来，他在外面打工多年的积蓄转眼间化为泡影。

代太榜第一次养殖长毛兔受挫后，决心从养殖长毛兔的基础理论开始学习，并到江西坡东城区养殖小区进行参观学习，向有经验的老养殖户请教和学习，预先购买种兔10只进行饲养，在养殖过程中，加强对疾病疫情的管控和兔笼圈舍的管理，并以入股分红、参与养殖、购买长毛兔参与养殖等方式带动周围村民投身长毛兔养殖中，现养殖场长毛兔笼位从当初的120个发展到现在的1530个，兔存栏1000余只，收入每年达到10多万元，带动贫困户20余户共同发展。

## 案例二：长毛兔脱贫致富典型人物——代基雄

普安县高棉乡地泗村长毛兔养殖户代基雄，是一个地地道道的农民，多年来一直在外打工，2013年底返乡，当了解到长毛兔养殖的各种优惠政策时，萌生了养殖长毛兔的想法。

2013年7月通过在新普公司培训，掌握了基本的长毛兔养殖技术，从2014年2月开始，在各级政府的大力支持下，他一心钻研怎么把兔子养好，但由于经验不足，走了很多弯路，并造成很大的损失。他开始就自建兔房240余平方米，兔笼500余个，自购种兔80余只，但是由于缺乏饲养经验，仅半年时间种兔数减损过半。

在总结教训后，代基雄暗下决心一定要把兔子养好，并付诸行动，多次到其他养殖基地进行实地学习借鉴，到2015年将规模扩大了一倍还多，年产兔毛量达2200斤，除去饲料成本纯利润达6万余元，在2015年10月注册成微型企业（普安县高棉乡丽萍长毛兔养殖场）。经验在不断地总结，困难也在不断的摸索中得以解决，养殖的动力和责任也在不断地加大，为更好地带动贫困户发展，养殖基地的规模不断地在加大，2017年9月普安县高棉乡丽萍长毛兔养殖场兔存栏已达3000余只，带动棉花村贫困户27户，每户每年分红1600元，下一步将会带动更多贫困户脱贫致富。

## 四、长毛兔产业发展存在问题

### （一）因资金缺口，影响小区建设进度

截至2019年5月，全县建设长毛兔养殖小区178个，共需投入资金约2.3亿元，已筹集到位1.5亿元，共缺口资金约0.8亿元，造成部分小区建设进度缓慢。

### （二）农户养殖积极性不高

由于宣传发动不到位和受兔毛市场价格持续低迷的影响，导致养殖农户养殖积极性不高。目前，全县养殖户只有136户，而全县贫困户有5000余户。

### （三）技术力量薄弱

现有技术力量不能满足1个乡镇（街道）有1名技术员，技术服务指导不到位，养殖农户饲养管理水平差。由于养殖技术服务力量弱，无法满足长毛兔养殖的技术服务需求，导致养殖积极性不高，带动脱贫力度不够强。

### （四）养殖小区验收困难

由于养殖小区实施方案对钢材使用规格不细化、部分养殖小区未批复先建设，导致养殖小区验收困难。

## 五、对策思考

促进农村产业发展，特别是特色产业发展，是普安县脱贫攻坚和乡村振兴的关键所在。县委、县政府要认真贯彻落实省委十二届五次全会精神，以“不忘初心、牢记使命”主题教育为契机，强化担当意识，担负农村产业革命主体责任。按照“八要素”要求，切实做好产业布局，大力推进普安县长毛兔产业发展。

### （一）争取资金支持，加快养殖小区建设

一是积极争取资金支持，各乡镇（街道）积极配合做好贷款资料，确保将贷款资金投放到位。二是积极争取财政扶贫、东西部协作、公安部帮扶、贵阳南明区帮扶、社会帮扶等资金投入长毛兔产业发展中。三是多渠道争取和整合财政涉农资金，解决小区建设、土地征用费、精准贫困户入驻养殖等资金。对已获得的贷款资金及时制订分配方案、及时划拨使用，充分发挥资金使用效益。

### （二）加大宣传力度，及时落实养殖户

一是加大全县长毛兔养殖的各种优惠政策的宣传，制作普安县长毛兔产业优惠政策张贴到村组显眼地段和各养殖小区，积极动员有养殖意愿的农户发展长毛兔产业。二是加快能繁公母兔引进，确保能繁公母兔及时供应，采取县内养殖户能繁尽繁和到县外购进优质能繁公母兔，减轻全县能繁公母兔供应压力。三是各乡镇（街道）要按照《普安县2019年长毛兔产业推进工作实施方案》（普委办字〔2019〕18号）要求，切实加大工作力度，确保全面完成养殖小区建设任务和能繁公母兔引进等工作。

### （三）狠抓技术服务管理，提高饲养管理水平

一是在各乡镇（街道）设置长毛兔养殖技术服务站，每个乡镇（街道）招聘2—3名技术员，每月工资3600元（其中600元实行目标绩效考核），由乡镇（街道）和县草地中心共同监管，技术辅导员工资纳入财政

预算。二是技术员负责专抓长毛兔产业技术服务工作，实行包乡镇的网格管理。

### （四）加快小区整改，创新发展机制

一是根据研究的小区建设整改意见，对现有的养殖小区建设进行限期整改，整改完成一个、验收一个、入驻养殖一个，充分发挥养殖小区养殖效益，助力脱贫攻坚。二是养殖小区原则上布局在各乡镇（街道）当年出列的贫困村，每个养殖小区必须有 6 户以上精准贫困户参与发展，具体由乡镇（街道）负责组织实施。三是采取“公司 + 合作社（小区） + 贫困户”的发展模式，对精准贫困户入驻小区养殖的，每栋兔舍支付每年 200 元的租金给村集体，作为村集体积累资金。给予每户精准贫困户 100 只成年种兔、5000 元饲料的补助到小区养殖。

**参考文献**

普安县草地畜牧技术服务中心提供的相关汇报材料、工作总结等.